Interessenkonflikte und Anreizverzerrungen auf dem Ratingmarkt

von Florian Mann

CALLSEN-BRACKER VERLAG

Zum Autor: Florian Mann ist promovierter Wirtschaftsingenieur.

Bibliografische Information der Deutschen Nationalbibliothek:
Die Deutsche Nationalbibliothek verzeichnet diese Publikation in der Deutschen Nationalbibliografie; detaillierte bibliografische Daten sind im Internet über http://dnb.dnb.de abrufbar.

Zugl.: Berlin, Technische Universität, Diss., 2015.

1. Auflage: 2015
ISBN: 978-3-941797-08-6
Callsen-Bracker Verlag, Berlin
Danckelmannstraße 45, 14059 Berlin
www.callsen-bracker-verlag.de

Herstellung: BoD – Books on Demand, Norderstedt
Covergestaltung: Florian Mann

Geleitwort

Eine Intermediation durch Ratingagenturen ist von der Idee her grundsätzlich sinnvoll, weil erstens die Informationsbeschaffung nur von den Agenturen getätigt werden muss und zweitens die Intermediäre eventuell auch Spezialisierungsvorteile mitbringen. Allerdings haben die Agenturen eigene Interessen, die wohlfahrtsschädlich sein können. In der wirtschaftspolitischen Diskussion wird argumentiert, dass Konkurrenz zwischen den Agenturen dieses Problem löst oder wenigstens abmildern hilft. In diese Richtung geht zum Beispiel der aktuelle Vorschlag, in Konkurrenz zu den US-amerikanischen Agenturen eine europäische Agentur zu gründen. Die wirtschaftswissenschaftliche Forschung kommt allerdings nicht zu dieser eindeutigen Empfehlung. An dieser Stelle setzt die vorliegende Arbeit an.

Von besonderem Interesse erweist sich hier der Beitrag von Bolton, Freixas und Shapiro (2012). Sie modellieren die Interaktion zwischen Emittenten, Investoren sowie Ratingagenturen und analysieren Gleichgewichte sowie Wohlfahrtseffekte in Abhängigkeit davon, ob eine monopolistische Agentur oder ob Konkurrenz zwischen zwei Agenturen herrscht. Interessanterweise ergibt sich, dass Konkurrenz zwischen den Agenturen der Wohlfahrt schadet.

Bevor aus diesem Theorieansatz allgemeingültige wirtschaftspolitische Empfehlungen abgeleitet werden, empfiehlt es sich, die Modellkonstruktion zu hinterfragen. Florian Mann identifiziert hier einen besonderen Schwachpunkt: Die Autoren gehen nämlich davon aus, dass öffentlich beobachtbar ist, ob ein Emittent bei einer Agentur nach einem Rating angefragt hat. Diese Annahme ist eher abwegig. Es fragt sich daher, ob sie kritisch für das überraschende Modellergebnis ist. Florian Mann entwickelt den Ansatz weiter, in dem er diese Annahme aufgibt.

Da hierzu die Zeitstruktur der Interaktionen geändert werden muss, wird das Modell „neu aufgerollt“. Zunächst wird analysiert, wie das Modellergebnis bei neuer Zeitstruktur aber weiterhin Beobachtbarkeit der Anfrage des Emittenten aussieht. Diese Modellvariante dient dazu, vorab zu prüfen, ob sich allein aus der neuen Zeitstruktur bei Aufrechterhaltung der Beobachtbarkeit etwas an den

Ergebnissen ändert. Florian Mann ermittelt, dass sich zwar die konkreten Gleichgewichte ändern, aber die entscheidenden Wohlfahrtsergebnisse nicht.

Auf dieser Basis wird im folgenden Schritt die Annahme der Beobachtbarkeit fallengelassen. Dieser Schritt erfordert allerdings eine begleitende Anpassung. Denn wenn eine Anfrage nichts kostet, kann sich im vorliegenden Modellrahmen jeder sicher sein, dass angefragt wurde. Daher werden nicht beobachtbare Kosten der Anfrage eingeführt. Dadurch ergibt sich Unsicherheit über die tatsächliche Anfrage. Im Ergebnis zeigt sich, dass die negativen Auswirkungen von Wettbewerb auf die Wohlfahrt auch unter realistischeren Annahmen Bestand haben.

Florian Mann gelingt es sehr gut, die analytischen Ergebnisse ökonomisch zu plausibilisieren. Die gewonnenen Erkenntnisse sind innovativ und in besonders hohem Maße von praktischem Interesse.

Berlin im Januar 2015 Prof. Dr. Hans Hirth

Vorwort

Die vorliegende Arbeit entstand im Rahmen meiner Promotion am Lehrstuhl für Finanzierung und Investition der Technischen Universität Berlin.

Besonderer Dank gilt meinem Doktorvater Prof. Dr. Hans Hirth für seine wertvollen Anregungen und seine unermüdliche Bereitschaft, über die Inhalte meiner Promotion zu diskutieren und so ihren Fortschritt zu fördern. Sein scharfer analytischer Verstand und seine Begeisterung für die Modelltheorie haben zu vielen konstruktiven Anregungen geführt. Sein Lehrstuhl bietet ein ideales Umfeld zum Promovieren und ich hoffe, dass noch viele Doktoranden davon profitieren werden.

Des Weiteren danke ich Frau Prof. Dr. Radosveta Ivanova-Stenzel für die Übernahme des Zweitgutachtens sowie Herrn Prof. Dr. Maik Lachmann, der den Vorsitz des Promotionsausschusses übernommen hat.

Außerdem möchte ich meinen Kollegen am Lehrstuhl für die schöne gemeinsame Zeit danken und dafür, dass sie mich mit Ideen, Tipps und wertvollen Gesprächen unterstützt haben.

Daneben gilt mein Dank meinem Arbeitgeber für seine Unterstützung und Flexibilität, die es mir ermöglichten, meine Promotion unter hervorragenden Bedingungen durchzuführen.

Zu guter Letzt danke ich meinen Eltern, meinem Bruder und meiner Freundin für ihre Unterstützung während dieser spannenden Phase meines Lebens.

Berlin im Februar 2015 Florian Mann

Inhaltsverzeichnis

Symbolverzeichnis

α	Anteil der naiven Investoren
θ_k	Private Information der Ratingagenturen ($k = 1, 2$)
$\emptyset_k^{m=G}$	Gebühr der Ratingagenturen ($k = 1, 2$) bei unseriösem Verhalten
$\emptyset_k^{m=\theta}$	Gebühr der Ratingagenturen ($k = 1, 2$) bei wahrheitsgemäßem Verhalten
$E(\emptyset)$	Erwartete Gebühreneinnahmen
ρ	Reputationskosten der Ratingagentur im Monopol-Fall
ρ^D	Reputationskosten der Ratingagenturen im Duopol-Fall
ε	Unsicherheit bezüglich der Reputationskosten
e	Qualität der privaten Information θ_k der Ratingagenturen
m_k	Erstellte Ratings der Ratingagenturen ($k = 1, 2$) für die Investition
p	Ausfallwahrscheinlichkeit der betrachteten Investition
A	Wahrscheinlichkeit der Anfrage des Emittenten im Monopol-Fall
C	Wahrscheinlichkeit der Anfrage des Emittenten bei beiden Ratingagenturen im Duopol-Fall
D	Wahrscheinlichkeit der Anfrage des Emittenten bei nur einer Ratingagentur im Duopol-Fall
K	Anfragekosten der Emittenten im Monopol-Fall
K^I	Anfragekosten der Emittenten bei der ersten Agentur im Duopol-Fall

K^{II}	Anfragekosten der Emittenten bei der zweiten Agentur im Duopol-Fall
R	Rückzahlung der Investition
T	Preis der Investition
u	Geforderte Rückzahlung der Investoren für die erste Investitionseinheit
U	Geforderte Rückzahlung der Investoren für die zweite Investitionseinheit
ω	Wahrer Investitionstyp
$\pi_{xy}^{m=G}$	Gewinn xy bei unseriösem Verhalten der Ratingagentur(en)
$\pi_{xy}^{m=\theta}$	Gewinn xy bei wahrheitsgemäßem Verhalten der Ratingagentur(en)
$rev^{I}(\alpha)$	Umsatz des Emittenten bei Beauftragung einer Ratingagentur (ex ante)
$rev^{II}(\alpha)$	Umsatz des Emittenten bei Beauftragung von zwei Agenturen (ex ante)
V^{0}	Grenznutzen für Investoren mit ex ante-Bewertung
V^{G}	Grenznutzen für Investoren bei einem guten Rating
V^{B}	Grenznutzen für Investoren bei einem schlechten Rating
V^{GG}	Grenznutzen für Investoren bei zwei guten Ratings
V^{BB}	Grenznutzen für Investoren bei zwei schlechten Ratings
ΔV	Erhöhung des Investoren-Grenznutzens durch Beauftragung der Agentur
$\Delta V^{m=G}$	Erhöhung des Investoren-Grenznutzens durch Beauftragung der Agentur bei unseriösem Verhalten

$\Delta V^{m=\theta=G}$	Erhöhung des Investoren-Grenznutzens durch Beauftragung der Agentur bei wahrheitsgemäßem Verhalten und gutem Ratingergebnis
W_{FB}	Wohlfahrt bei first-best Marktsituation
W_0	Wohlfahrt bei ex ante-Marktsituation
W_M^G	Wohlfahrt bei unseriösem Agenturverhalten im Monopol-Fall
W_D^G	Wohlfahrt bei unseriösem Agenturverhalten im Duopol-Fall
W_M^{T1}	Wohlfahrt bei seriösem Verhalten im Monopol-Fall, Gleichgewicht 1
W_M^{T2}	Wohlfahrt bei seriösem Verhalten im Monopol-Fall, Gleichgewicht 2
W_D^{T1}	Wohlfahrt bei seriösem Verhalten im Duopol-Fall, Gleichgewicht 1
W_D^{T2}	Wohlfahrt bei seriösem Verhalten im Duopol-Fall, Gleichgewicht 2
W_x^{y*}	Wohlfahrt xy im Rahmen der Modellerweiterung

Abkürzungsverzeichnis

ABS	Asset-backed securities
CMBS	Commercial mortgage-backed securities
CDO	Collateralized debt obligations
DBRS	Dominion Bond Rating Service
EJR	Egan-Jones Ratings Company
EM	Emittent
ESMA	European Securities and Markets Authority
GG	Gleichgewicht
MBS	Mortgage-backed securities
NRSRO	Nationally Recognized Statistical Rating Organization
RA	Ratingagentur(en)
RMBS	Residential mortgage-backed securities
SEC	United States Securities and Exchange Commission
S&P	Standard & Poor's

Abbildungsverzeichnis

Tabellenverzeichnis

1 Einleitung

Die dramatische Entwicklung strukturierter Finanzprodukte mit sehr guten Ratings im Rahmen der Finanzkrise 2007 ff. hat zu wieder erstarkter Aufmerksamkeit[1] und kritischer Analyse des Ratingmarkts geführt. Sowohl im politischen und regulatorischen Umfeld als auch in der wissenschaftlichen Forschung werden das aktuell praktizierte Geschäftsmodell des Ratingmarkts detailliert untersucht und Gründe des Marktversagens analysiert. Die wertschaffende Rolle von Ratingagenturen durch den Abbau asymmetrischer Informationsverteilung zwischen Emittenten und Investoren wird dabei nicht verneint. Die Begutachtung der zunehmend komplexer werdenden Produkte der Finanzindustrie durch einen objektiven Dritten zwecks Schaffung einer verlässlichen Informationsbasis für Investoren ist notwendiger denn je. Vielmehr stehen die Interessenkonflikte der verschiedenen Akteure und die damit einhergehende Anreizverzerrung im Fokus der Aufmerksamkeit, da eben diese Faktoren für das Marktversagen verantwortlich gemacht werden. Die Analyse der dahinter liegenden Gründe führt zwangsläufig zum aktuell praktizierten Geschäftsmodell des Ratingmarkts, welches hausgemachte Probleme aufweist. Elementar ist hierbei die Umstellung vom sogenannten "investor-pays-model", bei dem der Investor für das angefragte Rating zahlt, auf das heute Anwendung findende "issuer-pays-model", bei dem der Emittent die Gebühr für das erbetene Rating übernimmt. Diese Umstellung wurde in den 1970er Jahren auf Grund einer unkontrollierbaren Informations- bzw. Ratingverteilung unter den Investoren notwendig, da die Gebühreneinnahmen der Agenturen drastisch fielen und eine Fortsetzung des "investor-pays-model" nicht darstellbar schien.[2]

Heutzutage finden wir uns in der Situation wieder, dass fast der gesamte Gewinn der großen Ratingagenturen auf das Geschäft mit der Beurteilung

1 Als Reaktion auf die Asienkrise (1997) und die Insolvenzen von Enron (2001) und Worldcom (2002) wurde die Rolle von Ratingagenturen bereits kontrovers diskutiert, was zu einer erhöhten Forschungsleistung bezüglich möglicher Interessenkonflikte auf dem Ratingmarkt führte.

2 OECD (2010), S. 53

strukturierter Finanzprodukte entfällt und dieses im Vorfeld der Finanzkrise dramatisch anstieg.[3] So konnte beispielsweise Moody's seinen Gewinn zwischen 2002 und 2006 verdreifachen und erreichte eine Umsatzrendite von ca. 50 Prozent.[4] Dieses starke Gewinnwachstum der Ratingagenturen im Rahmen der Verbreitung strukturierter Finanzprodukte ab 2002 und die während der Krise folgende Herabstufung vieler Ratings verursacht Skepsis bezüglich der angewandten Ratingstandards und schürt den Verdacht einer Lockerung dieser für die Bewertung essenziellen Standards während der Boom-Jahre.

Für das Verständnis der Geschehnisse muss die stattgefundene Veränderung der Klientel der Ratingagenturen beachtet werden, denn das rapide Wachstum strukturierter Finanzprodukte verursachte eine starke Konzentration. Während bei der Begutachtung von Unternehmensanleihen unzählige kleine Emittenten, mit jeweils weniger als 1 Prozent Umsatzanteil, die Klientel bildeten, waren es bei strukturierten Finanzprodukten wenige Investmentbanken. Auf dem Markt für Hypothekenpapiere ("mortgage-backed securities") beispielsweise erreichten die Top 6 Emittenten einen Marktanteil von 50 Prozent und die Top 12 einen von mehr als 80 Prozent. Die Agenturen sahen sich dadurch einer enormen Marktmacht der Investmentbanken ausgesetzt, die auf Grund des potenziellen Umsatzverlustes einer Agentur ein großes Drohpotenzial besaßen.[5]

Beachtlich ist, dass die Entwicklung auf dem Ratingmarkt in den Jahren vor der Finanzkrise 2007 ff. jenen Lauf nahm, obwohl die potenziellen Reputationsverluste der Ratingagenturen durch überhöhte Ratings groß erscheinen – sie reichten als disziplinierende Maßnahme offensichtlich nicht aus und wurden von neuen Marktzwängen auf Grund der beschriebenen Emittenten-Konzentration überlagert.

Darüber hinaus kann das aus heutiger Sicht übertriebene Vertrauen der Investoren in die Bewertungen der Ratingagenturen sowie die vermeintliche Ausnutzung eben dieser Situation durch die Emittenten als kritisch eingestuft werden. Bereits erkannt haben die regulatorischen Instanzen und der Gesetz-

---

3 Vgl. Lowenstein, R. (2008)

4 Vgl. Lowenstein, R. (2008)

5 Vgl. OECD (2010), S. 41 ff. sowie White, L. (2010), S. 215 und S. 221

geber, dass Investoren und Staaten zukünftig nicht mehr in einer Abhängigkeit von Ratings gefangen sein dürfen, d.h. die Einbindung von Ratings in regulatorische Vorgaben ist kritisch zu überprüfen.

Die politischen Bestrebungen hinsichtlich der Entfachung von mehr Wettbewerb unter den Agenturen als Heilmittel der derzeitigen Probleme des Ratingmarkts sollten jedoch detailliert analysiert werden und finden daher aktuell Eingang in die wissenschaftliche Forschung.

1.1 Problemstellung

Diese Dissertation baut auf dem spieltheoretischen Marktmodell von Patrick Bolton, Xavier Freixas und Joel Shapiro (2012) auf. Es modelliert die Interaktionen von Investoren, Emittenten und Ratingagenturen auf dem Markt für strukturierte Finanzprodukte und Unternehmensanleihen. Ziel ist die Analyse von Gleichgewichtszuständen und resultierender Wohlfahrt in Abhängigkeit der Marktstruktur[6]. Damit können die aktuellen Bestrebungen der Politik in den USA und der EU und eine vermeintlich resultierende regulatorische Intervention auf ihre zu erwartende Wirksamkeit untersucht werden.

Die Forschungsergebnisse von Bolton et al. (2012) belegen die Vorteilhaftigkeit einer Erhöhung des Wettbewerbs nicht und entkräften daher die aktuellen Bestrebungen im Hinblick auf ihre potenzielle Zielerreichung. Sie zeigen, dass die Probleme des praktizierten Geschäftsmodells auf dem Ratingmarkt nicht durch mehr Wettbewerb beseitigt werden können, sondern im Gegenteil der wertschaffende Beitrag von Ratings, gemessen an der Wohlfahrt, bei einer duopolistischen Marktstruktur geringer ausfällt als bei einer monopolistischen. Wird dieser Erkenntnisgewinn zugrunde gelegt, wäre womöglich eine von der EU diskutierte europäische Ratingagentur[7] im Kontext der aktuellen Funktionsweise des Ratingmarkts kontraproduktiv. Bevor daher die Förderung von Wettbewerb in Angriff genommen wird, müssten gemäß Bolton et al. zunächst

6 Verglichen wird ein Monopolmarkt mit einem Wettbewerbsmarkt, welcher zwecks Modellierbarkeit als Duopolmarkt abgebildet wird.

7 Die EU-Kommission plant, bis Ende 2016 einen Bericht zu einer "möglichen Europäischen Ratingagentur" vorzulegen, vgl. HB (2013a).

die Kernprobleme des aktuellen Geschäftsmodells, die zu den für die Wohlfahrt schädlichen Anreizverzerrungen führen, gelöst werden.

1.2 Zielsetzung

Die Erkenntnisse des modelltheoretischen Ansatzes von Bolton et al. (2012) sind für mögliche regulatorische Interventionen von hoher Relevanz und bilden den Ausgangspunkt für diese Arbeit. Sie werden von anderen Autoren sowohl bestätigt als auch entkräftet, was eine Überprüfung der Ergebnisse motiviert, um darauf basierend fundierte Empfehlungen im Hinblick auf politische Handlungsalternativen geben zu können.

Obwohl Erweiterungen und Abwandlungen des Modells von Bolton et al. (2012) bereits erfolgt sind, bleiben Aspekte der Beobachtbarkeit des Marktgeschehens dabei unbehandelt.[8] Diese sind jedoch für die Ableitung des drastischen Ergebnisses der Nachteiligkeit von Wettbewerb elementar. Die vorliegende Arbeit trennt sich daher von der Annahme der *Beobachtbarkeit des Geschäftskontakts* zwischen Emittent und Ratingagentur. Ziel ist es, herauszuarbeiten, welchen Einfluss diese – hinsichtlich des Realitätsbezugs – kritisch zu bewertende Annahme der Autoren auf das Wohlfahrtsergebnis hat und inwiefern die für die politischen Bestrebungen sehr relevanten Ergebnisse von Bolton et al. bestätigt werden können.

Ergebnis dieser Überprüfung im Rahmen der vorliegenden Dissertation ist, dass auch unter den *realistischeren Annahmen* der durchgeführten Modellerweiterung eine Nachteiligkeit von Wettbewerb vorliegt, d.h. der von Bolton et al. (2012) aufgezeigte Wohlfahrtsverlust eines Duopols im Vergleich zu einem Monopol bestätigt wird. Die im Rahmen der Modellerweiterung geänderten Annahmen sind zum einen die *Unbeobachtbarkeit* des Geschäftskontakts zwischen Emittent und Ratingagentur und zum anderen die Existenz von je nach Emittent unterschiedlichen *Kosten der Anfrage* bei einer bzw. zwei Ratingagentur(en). Ursächlich für die Bestätigung des Wohlfahrtsverlusts durch Wettbewerb[9] sind die Probleme des praktizierten Geschäftsmodells auf dem Ra-

[8] Siehe hierzu die Ausführungen in Abschnitt 4.3.3.

[9] Wie bei Bolton et al. ist mit Wettbewerb die Betrachtung eines Duopols gemeint.

tingmarkt, welche die positiven Effekte der Unbeobachtbarkeits-Annahme auf die Wohlfahrt überwiegen. Jene Probleme, die zu den für die Wohlfahrt schädlichen Anreizverzerrungen führen, nämlich unseriöses Verhalten der Ratingagenturen, Ratings-Shopping sowie die Naivität einiger Investorengruppen, werden im Rahmen der vorliegenden Dissertation im Detail beleuchtet.

Die durch diese Arbeit gewonnenen Erkenntnisse legen nahe, dass die Förderung von Wettbewerb auf dem Ratingmarkt nicht an oberster Stelle stehen sollte, da die unterstellte Heilungskraft im Kontext der Funktionsweise des Marktes nicht gegeben ist. Stattdessen sollte zunächst die Lösung der existierenden Kernprobleme in Angriff genommen werden, was durch regulatorische Vorgaben erreicht werden kann.

1.3 Aufbau der Arbeit

Die vorliegende Arbeit gliedert sich in sechs Kapitel. Im Anschluss an diese Einleitung erfolgt im *zweiten Kapitel* eine Einführung in die Grundlagen des Ratingmarkts und ein Exkurs zu den Grundzügen der Spieltheorie, die zum Verständnis des Modells notwendig sind.

Im *dritten Kapitel* wird der aktuelle Stand der Forschung zum Thema Interessenkonflikte und Anreizverzerrungen auf dem Ratingmarkt für strukturierte Finanzprodukte und Unternehmensanleihen dargestellt. Dabei wird insbesondere auf solche Arbeiten fokussiert, welche die Thematik des Einflusses von Wettbewerb untersuchen. Dies soll einen Überblick über die modelltheoretische und empirische Literatur verschaffen, um Modellierungsvarianten und die Bandbreite der Ergebnisse einschätzen zu können.

Im *vierten Kapitel* wird das Marktmodell von Bolton et al. (2012), welches die Grundlage für diese Arbeit bildet, detailliert vorgestellt. Dies dient dazu, die getroffenen Annahmen, den Modellaufbau und die Zusammenhänge aufzuzeigen, um darauf aufbauend die Implikationen für die Ergebnisse beleuchten zu können. Außerdem erfolgen in diesem Kapitel die Darstellung der empirischen Evidenz für die Ergebnisse von Bolton et al. sowie eine Modellkritik.

Im *fünften Kapitel* werden die Erweiterungen des Grundmodells, die den Kern dieser Dissertation darstellen, und die kritische Diskussion der Ergebnisse vorgestellt. Die in diesem Kapitel dargestellte neue Modellvariation dient der Klärung der oben aufgeworfenen Fragestellung, welche Einflüsse von der Beobachtbarkeit des Geschäftskontakts zwischen Emittent und Ratingagentur auf die Wohlfahrt ausgehen. Es soll herausgearbeitet werden, inwiefern die Ergebnisse von Bolton et al. (2012) gegenüber einer Anpassung der Beobachtbarkeits-Annahme stabil sind. Außerdem werden in diesem Kapitel Implikationen für regulatorische Eingriffe abgeleitet und auf Basis der Ergebnisse Empfehlungen für politische Entscheidungsoptionen formuliert.

Im *sechsten* und gleichzeitig letzten *Kapitel* werden die Ergebnisse der Arbeit zusammengefasst.

2 Grundlagen des Ratingmarkts

In diesem Kapitel wird zunächst auf die Funktionsweise des globalen Ratingmarkts eingegangen (2.1). Hierbei steht der Markt für strukturierte Finanzprodukte und Unternehmensanleihen im Vordergrund. Länderratings und der Markt für Staatsanleihen funktionieren ähnlich, weisen jedoch ihre eigene Dynamik auf – insbesondere auf Grund der politischen Komponente – und werden hier nicht betrachtet. Im zweiten Abschnitt (2.2) werden die Gleichgewichtskonzepte der Spieltheorie kurz vorgestellt, die zum Verständnis der in Kapitel 4 folgenden Modelltheorie beitragen.

2.1 Funktionsweise und konstitutive Elemente des Ratingmarkts

Das starke Gewinnwachstum der Ratingagenturen[10] im Rahmen der Verbreitung strukturierter Finanzprodukte in den Jahren 2002 bis 2007 und die folgende Herabstufung vieler Ratings verursacht Skepsis bezüglich der angewandten Ratingstandards. Darüber hinaus kann das aus heutiger Sicht übertriebene Vertrauen der Investoren in die Bewertungen der Agenturen sowie dessen vermeintliche Ausnutzung durch die Emittenten als kritisch eingestuft werden. Diese Marktsituation führte vermutlich zu deutlichen Überbewertungen von Finanzprodukten durch die Agenturen und dadurch zu schwerwiegenden Konsequenzen für das globale Finanzsystem, die sich in der Finanzkrise der Jahre 2007 ff. offenbarten. Um die Funktionsweise des Ratingmarkts sowie seine Probleme und Interessenkonflikte im Rahmen dieser Arbeit untersuchen zu können, werden im Folgenden die für das Marktgeschehen maßgeblichen Elemente[11] vorgestellt. Für einen Überblick über die historische Entwicklung sei z.B. auf White (2010) verwiesen.

Akteure. Emittenten, Ratingagenturen und Investoren stellen die relevanten Parteien auf dem Ratingmarkt dar. Alle drei Akteure haben zu den jeweils

---

[10] Moody's verdreifachte seinen Gewinn zwischen 2002 und 2006 und erreichte eine Umsatzrendite von ca. 50 Prozent, siehe Lowenstein, R. (2008).

[11] Vgl. Bolton et al. (2012a), S. 85-88 und Lowenstein, R. (2008)

anderen beiden eine Verbindung, d.h. der Markt ist durch eine Dreiecksbeziehung geprägt. Abbildung 1 verdeutlicht die jeweilige Rolle der Akteure. Während Emittenten und Ratingagenturen sowie Emittenten und Investoren eine Geschäftsbeziehung verbindet, d.h. regelmäßig Transaktionen stattfinden, ist die Beziehung zwischen Ratingagenturen und Investoren nur informatorischer Natur. Hier existieren keine Transaktionen, sondern die Investoren nutzen lediglich die am Markt beobachtbaren Ratings der Agenturen, um ihre Bewertung einer Investition zu präzisieren bzw. die Investitionen überhaupt einschätzen zu können. Die Entlohnung der Ratingagenturen, d.h. die Bezahlung der Gebühren für die Ratings, wird von den Emittenten übernommen ("issuer-pays-model").

Abbildung 1: Die Akteure auf dem Ratingmarkt und ihre Rolle[12]

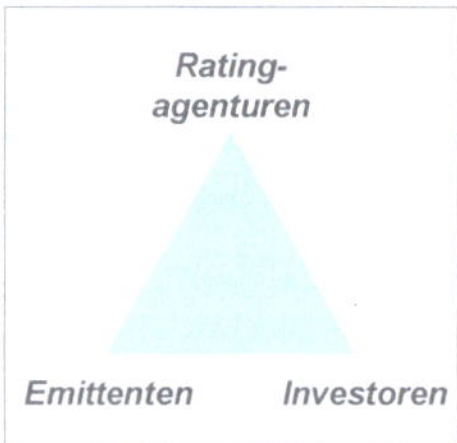

Akteur	Rolle
Ratingagenturen	▪ **Festlegung** der **Gebühren** und **Erstellung** des **Ratings** ▪ **Kommunikation** des **Ratings** an die Investoren im Fall einer positiven **Kaufentscheidung** des Emittenten
Emittenten	▪ **Entscheidung** über den **Kauf** des **Ratings** und ggf. **Zahlung** der **Gebühren** an die Ratingagentur(en) ▪ **Festlegung** des **Investitionspreises** für die Investoren auf Basis des Ratings
Investoren	▪ **Kaufentscheidung** in **Abhängigkeit** des beobachteten **Ratings** und des **Investitionspreises** ▪ **Zahlung** an den **Emittenten** im Fall einer positiven Kaufentscheidung

Der heutzutage große Einfluss der Ratingagenturen begründet sich in ihrer de facto regulatorischen Rolle, die ihnen 1930 vom Gesetzgeber in den USA übertragen wurde. Auf Grund der Unfähigkeit der staatlichen Finanzbehörden,

12 Quelle: eigene Darstellung

selbst umfassende Kreditwürdigkeitsstandards zu definieren, verbunden mit der Notwendigkeit, Investoren an einer Überinvestition in riskante Wertpapiere zu hindern, wurden regulatorische Vorgaben an die Ratings der privaten Agenturen geknüpft.[13]

Im Vorfeld der Finanzkrise 2007 ff. führte die Verbreitung strukturierter Finanzprodukte zu einer starken Konzentration der Emittenten. Während bei der Begutachtung von Unternehmensanleihen unzählige kleine Emittenten die Klientel bildeten,[14] waren es bei den strukturierten Finanzprodukten einige wenige Investmentbanken.[15] Dadurch sahen sich die Ratingagenturen einer enormen Marktmacht der Emittenten ausgesetzt, da diese, gegeben den potenziellen Umsatzverlust einer Agentur, ein großes Drohpotenzial besaßen.[16]

Markteintrittsbarrieren. Die derzeitige Struktur des globalen Ratingmarkts ist durch die Existenz von drei großen Agenturen gekennzeichnet – Moody's, Standard & Poor's und Fitch Ratings erreichen zusammen ca. 95 Prozent Marktanteil.[17] Diese starke Marktkonzentration begründet sich überwiegend in sehr hohen Eintrittsbarrieren. Eine von staatlicher Seite gesetzte Barriere entstand 1975 als die U.S. Securities and Exchange Commission (SEC) die Akkreditierung zur Nationally Recognized Statistical Rating Organization (NRSRO) begründete. Seitdem dürfen in den Vereinigten Staaten für Kapitalmarktzwecke nur noch Ratings von als NRSRO anerkannten Agenturen verwendet werden. Ursprünglich wurden sieben Unternehmen akkreditiert, durch Übernahmen sank diese Zahl jedoch auf drei im Jahr 2003.[18] White (2001) argumentiert, dass durch diese Akkreditierungshürde eine prohibitive Eintrittsbarriere geschaffen wurde, da Regierungen und regulatorische Instanzen die

13 Vgl. OECD (2010), S. 57 f.

14 Keiner der Emittenten erreichte 1 Prozent Anteil am Umsatz der Agenturen.

15 Auf dem Markt für Hypothekenpapiere erreichten beispielsweise die Top 6 Emittenten einen Marktanteil von 50 Prozent und die Top 12 mehr als 80 Prozent, vgl. OECD (2010), S. 42 f.

16 Vgl. OECD (2010), S. 41 ff. und S. 57 f. sowie White, L. (2010), S. 215 und S. 221

17 Vgl. Alessi, C.; Wolverson, R.; Sergie, M. (2013)

18 Mit Stand Januar 2014 sind mittlerweile wieder zehn Unternehmen als NRSRO anerkannt; der Marktanteil der kleinen sieben Ratingagenturen beschränkt sich jedoch zusammen auf ca. 5 Prozent, vgl. Security and Exchange Commission (2013), S. 7-15.

Akkreditierungsanforderung an zu verwendende Ratings übernommen haben.[19] Obwohl diese Hürde in 2006 durch den "Credit Rating Agency Reform Act" der USA entkräftet wurde, konnten die kleinen Wettbewerber der "großen Drei" (Moody's, S&P und Fitch) seither keine Marktanteile gewinnen.[20]

Dies ist vor allem darauf zurückzuführen, dass der Ratingmarkt durch ein natürliches Oligopol gekennzeichnet ist, wofür verschiedene Faktoren verantwortlich sind. Zunächst besteht der Wettbewerbsvorteil einer Agentur hauptsächlich in der Reputation für eine hohe Qualität ihrer Ratings, welche nur langfristig aufgebaut werden kann. Darüber hinaus schätzen Investoren die Konsistenz und Vergleichbarkeit der Bewertungen im Hinblick auf verschiedene Marktsegmente, Geographien und Finanzinstrumente. Die Ratings einer bestimmten Agentur erzeugen quasi einen "Standard", welcher zur Beurteilung von Risiken herangezogen werden kann. Da Investoren tendenziell nur einen geringen Anreiz haben, sich mit verschiedenen Standards zu beschäftigen, stiftet eine Agentur demnach einen höheren Nutzen, je größer sie ist, d.h. je mehr Märkte ihre Ratings abdecken. Außerdem entsteht zwischen Emittenten und Agenturen über Zeit eine vertrauensvolle Zusammenarbeit, weshalb sich ein Emittent typischerweise auf ein bis zwei Agenturen beschränken wird – auf jene, deren Ratings die Investoren am meisten schätzen. In Summe verursacht dies oligopolistische Strukturen, da die Ratingagenturen eher um den Markt als in dem Markt konkurrieren, mit dem Ziel, der "Standard" zu werden.[21]

Auf Grund der bereits angesprochenen Nutzung von Ratings für regulatorische Vorgaben besitzen die "großen Drei" seit 1975 quasi regulatorische Marktmacht.[22] Es sei angemerkt, dass die Verwendung von Ratings als regulatorisches Instrument offensichtlich die Naivität der Investoren begünstigt, vgl. Abschnitt *Investorenvertrauen*.

Gebührensystem. Das im Englischen als "issuer-pays-model" bezeichnete Verfahren, bei dem nicht die Investoren, sondern die Emittenten für die Bewertung ihrer Finanzprodukte Gebühren an die Ratingagenturen bezahlen, ist

[19] Vgl. White (2001), S. 24; SEC (2012), S. 10-12 und Bolton et al. (2012a), S. 87

[20] Vgl. OECD (2010), S. 57 ff.

[21] Vgl. OECD (2010), S. 6 und S. 12 ff.

[22] Vgl. OECD (2010), S. 57 f.

seit den 1970ern gängige Praxis.[23] Es handelt sich hierbei um eine Emissionsgebühr und eine jährliche Grundgebühr für die Lebensdauer des Produkts, die an die Ratingagentur(en) zu entrichten sind. Bemerkenswert ist, dass die Ratingagenturen trotz der Existenz von Gebührensystemen die tatsächliche Höhe der Gebühren mit ihren Stammkunden verhandeln. Darüber hinaus bieten die Ratingagenturen begleitende Beratungsdienstleistungen an – etwa eine Vorbewertung der Finanzprodukte, die z.B. eine Restrukturierung empfehlen kann.[24]

Ratings-Shopping. Eine wesentliche Grundlage für die Anreizverzerrungen auf dem Ratingmarkt liegt in der Tatsache, dass die Emittenten nur dann Gebühren an die Ratingagentur(en) zahlen, wenn diese das Rating auf Wunsch des Emittenten veröffentlichen. Dies bedeutet, dass ein für den Emittenten unerfreuliches Rating ggf. nicht veröffentlicht wird – sondern stattdessen ein weiteres Rating einer anderen Agentur, das höher ausgefallen ist.[25]

Qualität der Bewertungsmodelle. Die von den Agenturen eingesetzten Modelle zur Bewertung der Finanzprodukte und Ableitung eines Ratings haben eine in der Natur der Sache liegende Ungenauigkeit, da Vorhersagen auf historischen Daten und Annahmen über zukünftige Ereignisse basieren. Somit ist die Qualität der Ratings unterschiedlich und abhängig von der Datenverfügbarkeit, der investierten Zeit der Ratingagentur und der Komplexität der verwendeten statistischen Modelle.[26] Im Rahmen der Finanzkrise zeigte sich darüber hinaus ein weiteres Problem:[27] Die bislang von den Emittenten, d.h. den Investmentbanken, mittels einer extern beauftragten "Due Diligence" durchgeführte Überprüfung der Datenqualität bzw. Validierung der bereitgestellten Informationen wurde von jenen eingespart. Dies wurde von den Ratingagenturen nicht kompensiert, d.h. die für die Ratingerstellung genutzten Bewertungsmodelle wurden oft mit unvalidierten Daten gespeist.[28]

---

23 Mit Stand Januar 2014 ist Egan-Jones Ratings Company (EJR) die einzige Ratingagentur, die nicht unter dem "issuer-pays", sondern dem "investor-pays-model" operiert. EJRs Umsatzanteil ist < 1%.

24 Vgl. White, L. (2001), S. 14-15 und Bolton et al. (2012a), S. 86

25 Security and Exchange Commission (2008), S. 9 und Bolton et al. (2012a), S. 86

26 Security and Exchange Commission (2008), S. 3-16

27 Vgl. OECD (2010), S. 44, 46 f. und 60 f.

28 Dies kann offensichtlich zum bekannten "Garbage In, Garbage Out"-Effekt führen.

Ratinganpassungen. Das von den Bewertungsmodellen berechnete Rating ist nicht automatisch das finale gegenüber dem Emittenten und ggf. dem Markt kommunizierte Rating. Die Ratingagenturen greifen überwiegend korrigierend ein, wobei hierbei relevant ist, ob die Ratings tendenziell verbessert oder verschlechtert werden. Griffin und Tang (2012) zeigen in ihrer Untersuchung von 916 CDOs[29] der Jahre 1997-2007, dass die vorgenommenen Ratinganpassungen tendenziell eine Verbesserung im Vergleich zum Modellergebnis bewirken. In der von den Autoren untersuchten Stichprobe wurde die AAA-Tranche durch die nachträglichen Ratinganpassungen um durchschnittlich 12,1 Prozentpunkte vergrößert.[30]

Abbildung 2: Investorenverteilung von Triple-A-Wertpapieren in 2008[31]

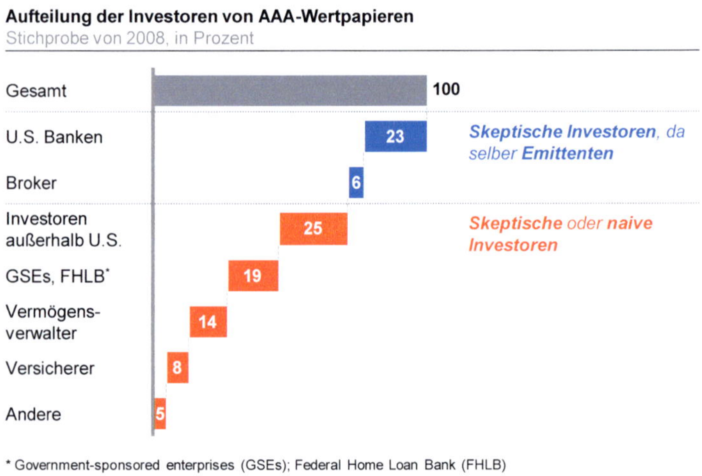

Investorenvertrauen. Die am Ratingmarkt auftretenden Investoren lassen sich grob in zwei Lager einteilen. Zum einen agieren erfahrene Anleger (engl.:

29 "Collateralized debt obligations" (CDO) sind forderungsbesicherte Schuldverschreibungen.

30 Vgl. Griffin, J.; Tang, D. (2012), S. 1303 und 1325-1326

31 Quelle: eigene Darstellung, vgl. Bolton et al. (2012a), S. 88

sophisticated investors), die mögliche Interessenkonflikte der Ratingagenturen und Emittenten verstehen und somit zu hohe, unseriöse Ratings durchschauen. Zum anderen existieren gutgläubige bzw. naive Investoren (engl.: trusting investors), die der Integrität der Ratingagenturen vertrauen und sich auf deren Ratings verlassen – nicht zuletzt vor dem Hintergrund, dass jene Ratings auch regulatorische Verwendung finden. Abbildung 2 zeigt beispielhaft die Investorenverteilung von Triple-A-Wertpapieren in 2008 gemäß einer Stichprobe von Lehman Brothers, wonach maximal rund 70 Prozent der Investoren potenziell naiv sind. Das Nebeneinander von skeptischen und naiven Investoren kann durch unterschiedliche Anreize, eine "Due Diligence" durchzuführen, erklärt werden. Naive Investoren könnten z.B. Manager von Pensionsfonds sein, deren Vergütung geringfügig von der langfristigen Wertentwicklung des Fondsvermögens abhängt. Darüber hinaus ist eine "Due Diligence" komplexer Finanzprodukte kostenintensiv und die Fondsmanager können ggf. auf Grund regulatorischer Vorgaben oder der Anlagepolitik des eigenen Hauses nur Produkte mit hohen Ratings kaufen. Skeptische Investoren könnten z.B. Hedgefonds-Manager sein, deren Vergütung direkt an die Wertentwicklung der verwalteten Vermögen gekoppelt ist.[32]

Es sei angemerkt, dass die regulatorische Verwendung von Ratings tendenziell zu mehr Vertrauen bzw. größerer Naivität der Investoren führt und darüber hinaus eine Abhängigkeit von Ratings erzeugen kann: In ein Finanzprodukt darf nur dann investiert werden, wenn es ein hinreichend hohes Rating erhalten hat.[33]

Reputationskosten. Der Erfolg von Ratingagenturen hängt von ihrer Reputation am Markt ab. Ein Rating ist für einen Emittenten nur dann von Nutzen, wenn die Investoren diesem Beachtung schenken und auf Grund ihrer Überzeugung von Werthaltigkeit und Risikoeigenschaft des begutachteten Produkts dieses kaufen. Somit existieren für die Agenturen Reputationskosten, wenn ein Produkt mit einem sehr guten Rating ausfällt. Die kurzfristigen Gewinne durch überhöhte Ratings können folglich kleiner sein als der Barwert der langfristig entgangenen Gewinne auf Grund geschädigter Investoren, die den unseriösen

---

[32] Vgl. Boot et al. (2006), S. 83; Hirshleifer, D.; Teoh, S. (2003), S. 338; Bolton et al. (2012a), S. 87-88

[33] Vgl. OECD (2010), S. 7 f., 39 f. und 57 f.

Ratings einer Agentur keine Beachtung mehr schenken, wodurch die Emittenten ihre Geschäftstätigkeit mit dieser Ratingagentur einstellen.[34]

2.2 Spieltheoretische Einordnung

In der Spieltheorie existieren verschiedene Gleichgewichtskonzepte, die sich in eine 2x2-Matrix einordnen lassen, vgl. Tabelle 1. Es wird zum einen hinsichtlich der Informationsverteilung und zum anderen hinsichtlich der Spielstruktur unterschieden.

Tabelle 1: Gleichgewichtskonzepte in der Spieltheorie[35]

Informationsverteilung			Verwendetes Gleichgewichtskonzept
Vollständige Information	***Nash-Gleichgewicht***	***Teilspielperfektes Nash-Gleichgewicht***	
Unvollständige Information	***Bayessches Nash-Gleichgewicht***	***Perfektes Bayessches Gleichgewicht*** (verwendet)	
	Statisch (Normalform)	**Dynamisch (Extensivform)**	Spielstruktur

Bei *unvollständiger Information* ist mindestens ein Spieler unsicher über die Auszahlungsfunktion eines anderen Spielers, d.h. die Bedingungen, unter denen das Spiel gespielt wird, sind nicht jedem Spieler bekannt. Im Gegensatz dazu kennt bei *vollständiger Information* jeder Spieler die Auszahlungsfunktionen aller Spieler. Als *statisch* bezeichnet man nicht-sequentielle Spiele, d.h. alle Spieler treffen ihre Entscheidungen gleichzeitig, ohne die der anderen Spieler zu kennen. Im Gegensatz dazu können die Spieler bei *dynamischen* Spielen sequentiell und auch mehr als einmal entscheiden. Spiele mit vollstän-

34 Vgl. White (2010), S. 5 und Bolton et al. (2012a), S. 87

35 Quelle: eigene Darstellung, vgl. Gibbons, R. (1992), S. 173

diger Information können mit dem Konzept des *Nash-Gleichgewichts* gelöst werden, wobei hier je nach Spielstruktur zwischen dem einfachen Nash-Gleichgewicht (statisch) und dem teilspielperfekten[36] Nash-Gleichgewicht (dynamisch) unterschieden wird. Dynamische bzw. sequentielle Strukturen von Spielen machen Lösungskonzepte erforderlich, die über einfache Nash-Gleichgewichte hinausgehen, da diese Drohungen enthalten können, die unglaubwürdig sind, wenn man die sequentielle Struktur des Spiels berücksichtigt. Durch die Anforderung der Teilspielperfektion können solche unplausiblen Gleichgewichte ausgeschlossen werden. Spiele mit unvollständiger Information, sogenannte Bayes-Spiele, werden als Spiele mit vollständiger, aber unvollkommener[37] Information modelliert,[38] da sie sich sonst nur selten analysieren lassen. Der Satz von Bayes[39], der die Berechnung bedingter Wahrscheinlichkeiten ermöglicht, bildet die Grundlage für die Lösungskonzepte dieser Spielart. Auch hier wird je nach Spielstruktur zwischen statischen (*Bayessches Nash-Gleichgewicht*) und dynamischen Spielen (*Perfektes Bayessches Gleichgewicht*) unterschieden. Bei dynamischen Spielen mit unvollständiger Information können unglaubwürdige Nash-Gleichgewichte nicht mehr durch Teilspielperfektion ausgeschlossen werden. Daher muss das Gleichgewichtskonzept um die Komponente der sequentiellen Rationalität und durch sogenannte "Beliefs" (Einschätzungen über Eintrittswahrscheinlichkeiten) erweitert werden. Dieses Lösungskonzept wird *Perfektes Bayessches Gleichgewicht* genannt und geht auf Fudenberg und Tirole (1990) [40] zurück.[41]

Eine besondere Form der Bayes-Spiele sind sogenannte *Signal*-Spiele, bei denen der Sender ein Signal abgibt und der Empfänger versucht, dadurch

---

[36] Unterschieden wird zwischen vollkommener und unvollkommener Information.

[37] *Unvollkommene Information* bedeutet, dass mindestens einer der Spieler nicht die komplette Spiel-Historie kennt, d.h. ihm nicht jede zuvor getroffene Entscheidung (sowohl der Mitspieler als auch Zufallsentscheidungen) bekannt ist. Dementsprechend bedeutet *vollkommene Information*, dass jedem Spieler zum Zeitpunkt einer Entscheidung stets das vorangegangene Spielgeschehen komplett bekannt ist.

[38] Dies wird als Harsanyi-Transformation bezeichnet.

[39] $Pr(A|B) = [Pr(B|A) * Pr(A)]/Pr(B)$

[40] Vgl. Fudenberg, D.; Tirole, J. (1990)

[41] Vgl. Gibbons, R. (1992), S. 1 ff., S. 55 ff., S.143 ff. und S. 173-182 sowie Berninghaus et al. (2005), S. 11 ff., S. 91 ff. und S. 341 ff.

Rückschlüsse auf den Typ des Senders zu ziehen. Die Interaktionen auf dem Ratingmarkt werden in dem dieser Arbeit zugrunde liegenden Modell von Bolton et al. (2012) als ein solches *Signal*-Spiel modelliert. Bei dieser Art Spielen wird die unvollständige Informationslage dadurch abgebildet, dass ein "Naturzug" den Typ des Senders festlegt. Entscheidend ist hierbei, dass ein Sender-Typ bereit ist, ein bestimmtes Signal zu senden, das für einen schlechteren Sender-Typ zu teuer wäre.[42]

Die formalen Anforderungen an ein *Signal*-Spiel und dessen *Perfektes Bayessches Gleichgewichtskonzept* sind dreiteilig: Erstens muss der Empfänger einen "Belief" (Wahrscheinlichkeitsverteilung) darüber haben, welcher Typ das beobachtete Signal gesendet haben könnte. Zweitens muss er für jedes Signal eine Reaktion wählen, die, gegeben die Wahrscheinlichkeitsverteilung der Sender-Typen, seinen erwarteten Nutzen maximiert. Genauso muss jeder Sender-Typ ein *Signal* wählen, das, gegeben die Strategie des Empfängers, seinen Nutzen maximiert. Drittens ist für jedes *Signal* der "Belief" des Empfängers durch die Strategie des Senders und mit Hilfe des Satzes von Bayes bestimmt.[43]

Hinsichtlich der Informationsmengen wird unterschieden, ob sich diese *auf dem Gleichgewichtspfad* oder *neben dem Gleichgewichtspfad* ("off-the-equilibrium-path") befinden. Eine Informationsmenge ist auf dem Gleichgewichtspfad, wenn sie mit positiver Wahrscheinlichkeit erreicht wird, gegeben die Gleichgewichtsstrategien der Spieler. Dementsprechend ist sie neben dem Gleichgewichtspfad, wenn sie, gegeben die Gleichgewichtsstrategien der Spieler, nicht erreicht wird.[44]

---

[42] Die möglichen Strategien des *Senders* lassen sich in "pooling" und "separating" unterteilen. Eine Pooling-Strategie liegt vor, wenn alle Typen das gleiche *Signal* wählen, während eine Separating-Strategie darin besteht, dass jeder Typ ein anderes *Signal* aussendet. Schicken nur einige Typen unterschiedliche Signale, nennt sich diese Strategie "semi-separating", vgl. Gibbons, R. (1992), S. 185 f.

[43] Vgl. Gibbons, R. (1992), S. 183-204 und Kreps, D.; Cho, I. (1987)

[44] Vgl. Gibbons, R. (1992), S. 178 f. und Kreps, D. (1989)

3 Übersicht zum aktuellen Forschungsstand

Die Finanzkrise 2007 ff. und die Staatsschuldenkrise der Eurozone haben ein enormes Interesse an den Ratingagenturen ausgelöst und damit zu einem deutlichen Anstieg der Literatur zum Ratingmarkt und zu verwandten Themen geführt. Es ist nicht der Anspruch dieser Arbeit, auf sämtliche Literatur einzugehen,[45] weshalb in diesem Kapitel stattdessen ein fokussierter Überblick gegeben wird. Hierbei sollen insbesondere solche Arbeiten vorgestellt werden, die sich mit dem Einfluss von Wettbewerb auf dem Ratingmarkt beschäftigen. Dies dient dem Ziel, Modellierungsvarianten und die Bandbreite der Ergebnisse einschätzen zu können. Dazu wird zunächst der aktuelle Stand der *modelltheoretischen* Forschung vorgestellt (3.1), um anschließend einen Überblick über die *empirische* Literatur zu geben (3.2).

3.1 Modelltheoretische Forschung

Ähnlich zu Bolton et al. (2012) ist die Arbeit von Mathis et al. (2009) aufgebaut, bei der die Anreize einer monopolistischen Ratingagentur für überhöhte Ratings in einem Modell mit endogener Reputation untersucht werden. Die Autoren gehen dabei der Frage nach, ob – wie von den Agenturen oft argumentiert – die Sorge um Reputationsverluste stark genug ist, um seriöse Ratings zu gewährleisten. Sie zeigen, dass dies nicht der Fall ist, sondern Reputationszyklen existieren können, wo die Agentur zunächst durch wahrheitsgemäßes Verhalten ihre Reputation aufbaut, um diese später mittels Gebühren für überhöhte Ratings auszunutzen. Außerdem entdecken sie, dass der Anreiz für seriöse Ratings schwächer ist, wenn das Geschäft mit der Bewertung komplizierter Finanzprodukte einen großen Anteil am Agenturgewinn hat. Aus ihren Ergebnissen leiten sie ab, dass zwecks Eliminierung der analysierten Interessenkonflikte eine Abkehr vom "issuer-pays-model" ratsam sei und propagieren die Einführung eines sogenannten "platform-pays-model". Nach ihren Vorstel-

[45] Für eine detaillierte Darstellung der aktuellen Literatur zum Ratingmarkt sei beispielsweise auf Jeon und Lovo (2013) verwiesen.

lungen würde ein Emittent zwecks Ratingbeschaffung eine zentrale Plattform, d.h. eine Art "clearing house", kontaktieren, welche die Bewertung und Ratingerstellung durch eine oder mehrere Agenturen organisiert. Der Emittent müsste bei Beauftragung eine Gebühr an die Plattform zahlen, welche wiederum die Gebührenentrichtung an die Agentur(en) übernehmen würde und auch die Kontrolle über den Ratingprozess innehätte. Dadurch wäre die geschäftliche Verbindung von Agentur und Emittent beseitigt. Die Zahlung der Ratinggebühren wäre unabhängig vom Ratingergebnis und dem Erfolg der Emission. Eine Betrachtung von Wettbewerb erfolgt bei Mathis et al. (2009) nicht.

Auch Wang (2012) geht der Frage nach, ob die Sorge einer monopolistischen Ratingagentur um Reputationsverluste stark genug ist, um seriöse Ratings zu gewährleisten. Im Unterschied zu anderen Modellen wird hier berücksichtigt, dass der erwartete Agenturgewinn im Zeitverlauf je nach Konjunkturzyklus unterschiedlich ausfallen kann. Der Autor betrachtet Ratings für die Emission von Unternehmensanleihen und kann zeigen, dass die Agentur trotz der Reputationsrisiken antizyklisch handelt, indem die Ratings während Rezessions-Phasen überhöht sind und während Boom-Phasen geringer ausfallen.[46] Dies liegt darin begründet, dass die Investoren während einer Rezession eine höhere Risikoaversion aufweisen, wodurch bei einem Rating unterhalb der Erwartungen der geforderte Zinssatz und damit die Kosten für eine Anleiheemission deutlich ansteigen. Dies erhöht die Wahrscheinlichkeit, dass Unternehmen bei einem schlechten Rating die Emission nicht durchführen und die Agentur folglich keine Gebühren verdient. Zwecks Sicherung der Gebühreneinnahmen entsteht daher ein Anreiz für überhöhte Ratings. Außerdem entdeckt der Autor, dass überhöhte Ratings wahrscheinlicher sind, wenn es sich um eine große Emission mit potenziell hohem Gebührenaufkommen handelt, wenn der Emittent ein höheres Risiko aufweist oder wenn das Ausfallrisiko des Emittenten schwieriger zu bewerten ist. Die theoretischen Ergebnisse kann Wang empirisch belegen, wozu er Ratings von S&P, Moody's und Fitch der Jahre 1985 bis 2010 betrachtet. Der Einfluss von Wettbewerb wird bei Wang (2012) jedoch nicht untersucht.

---

[46] Dies widerspricht den Ergebnissen von Bolton et al. (2012), wonach überhöhte Ratings in Boom-Phasen wahrscheinlicher sind auf Grund der tendenziell höheren Naivität der Investoren, vgl. Abschnitt 4.1.2.

Im Gegensatz dazu erweitern Camanho et al. (2012) die Betrachtung von Mathis et al. (2009) um Wettbewerbseffekte, indem sie ein Modell mit unendlichem Zeithorizont und endogenem Marktanteil der Ratingagenturen analysieren. Dabei definieren die Autoren, dass Agenturen mit höherer Reputation mehr Aufträge und somit einen höheren Marktanteil erhalten. Sie können zeigen, dass die Wahrscheinlichkeit für überhöhte Ratings bei Wettbewerb höher ist als bei einer monopolistischen Ratingagentur. Ihre Ergebnisse sind unabhängig von Ratings-Shopping und führen zu einer geringeren erwarteten Wohlfahrt, solange die Reputation der in den Markt eintretenden Agentur(en) geringer ist als jene der etablierten Agentur(en).[47] Die Begründung liegt im Trade-Off zwischen Reputationserhalt und höheren heutigen Gewinnen durch überhöhte Ratings. Durch den Markteintritt neuer Agenturen verbleibt den bereits vorhandenen Agenturen ein kleinerer Marktanteil, wodurch der Vorteil des Reputationserhalts sinkt und folglich der Anreiz für unseriöse Ratings steigt. Die Autoren sprechen Wettbewerb daher zwei Effekte zu: den bereits beschriebenen Marktanteilseffekt sowie den Disziplinierungseffekt. Letzterer schafft Anreize, zwecks Bewahrung oder Verbesserung der eigenen Reputation seriöse Ratings zu erstellen. Da in ihrem Modell der negativ wirkende Marktanteilseffekt überwiegt, führt Wettbewerb zu überhöhten Ratings, weshalb die Autoren regulatorische Bestrebungen hinsichtlich der Schaffung von mehr Wettbewerb kritisch einschätzen. Darüber hinaus weisen sie auf potenzielle Fehlanreize durch mögliche regulatorische Eingriffe hin. Eine künstliche Beschränkung des Marktanteils einer Agentur etwa würde solche Agenturen, die nah an dieser Grenze sind, anreizen, überhöhte Ratings zu erstellen. Ebenso würde eine für Emittenten verpflichtende Rotation der Agenturen einen Marktanteil unabhängig von der Reputation garantieren. Dies würde den Zusammenhang von Reputation und zukünftigen Gewinnen schwächen und folglich einen Anreiz schaffen, überhöhte Ratings zu erstellen.

---

[47] Die Autoren führen an, dass eine in den Markt eintretende Agentur auf Grund ihrer geringen Reputation nur einen kleinen Marktanteil erreichen würde und daher ein Anreiz entstünde, überhöhte Ratings zu erstellen. Als Anhaltspunkt verweisen sie auf die Ratingagentur Dominion Bond Rating Service (DBRS), deren Ratings nach ihrem Eintritt in den europäischen Markt höher ausfielen als jene der etablierten Agenturen, vgl. Camanho et al. (2012), S. 31.

Kashyap und Kovrijnykh (2013) untersuchen den Ratingmarkt in einem Ein-Perioden-Modell, wo ein Unternehmen mehrere Investoren für ein Projekt gewinnen will, dessen Qualität unbekannt ist. Eine Ratingagentur kann einen nicht beobachtbaren Aufwand betreiben, um ein Signal über die Projektqualität zu erhalten und folglich durch Informationsbereitstellung eine Verbesserung der Finanzierungsentscheidungen bewirken.[48] Zunächst analysieren die Autoren die optimale Entlohnung der Agentur in Abhängigkeit davon, wer das Rating beauftragt und bezahlt. Sie können zeigen, dass die Ratingqualität geringer ist, wenn das Unternehmen das Rating bestellt ("issuer-pays-model") anstatt die Investoren ("investor-pays-model"). Dies liegt darin begründet, dass durch die Option, das Projekt ohne Rating zu finanzieren, die Zahlungsbereitschaft des Unternehmens und daher der Aufwand der Agentur beschränkt werden. Die Investoren beauftragen ein Rating allerdings ineffizient häufig, weshalb die Wohlfahrt je nach ex ante-Einschätzung der Projektqualität höher oder geringer sein kann als beim "issuer-pays-model". Darüber hinaus betrachten die Autoren den Einfluss von Wettbewerb mehrerer Agenturen und finden, dass der Kampf um Marktanteile zu geringeren Gebühren führt, worunter der betriebene Aufwand der Agenturen und folglich die Ratingqualität leiden. Allerdings treffen die Autoren die restriktive Annahme, dass trotz der Existenz mehrerer Agenturen nur ein einziges Rating beauftragt wird. Im Unterschied zu Camanho et al. (2012) sind nicht Reputationseffekte ursächlich für die negativen Auswirkungen des Wettbewerbs um Marktanteile, sondern ein unzureichender Aufwand der Signalbeschaffung durch die Agenturen. Neben den beschriebenen Ergebnissen können die Autoren in ihrem Modell zeigen, dass die Ratingqualität bei neuen Wertpapieren bzw. Finanzprodukten, die über eine kurze Historie verfügen, schlechter ausfällt als bei etablierten und dass die optimale Entlohnungspolitik für Agenturen zu Verzögerungen von "ratings downgrades" führt.

Bar-Isaac und Shapiro (2013) betrachten den Zusammenhang von Ratingqualität und Konjunkturzyklus in einem Modell mit endogener Reputation der

---

[48] Kashyap und Kovrijnykh (2013) treffen die restriktive Annahme, dass die Ratingagentur nicht lügen kann, d.h. das Rating entspricht immer dem erhaltenen Signal und ist somit direkt abhängig von dem betriebenen Aufwand der Agentur, vgl. Kashyap, A.; Kovrijnykh, N. (2013), S. 9.

Ratingagentur, in dem verschiedene Emittenten und Investoren in unendlich vielen Perioden interagieren, wobei eine Periode entweder durch eine Rezession oder einen Boom gekennzeichnet ist. Die Autoren definieren Boom-Phasen dadurch, dass im Vergleich zu einer Rezession die Gebühreneinnahmen der Agentur(en) höher sind, der Arbeitsmarkt für Ratinganalysten umkämpft ist und die Ausfallwahrscheinlichkeiten der Investitionen im Schnitt niedriger sind. Sie können zeigen, dass die Ratingqualität in Boom-Phasen geringer ist, d.h. überhöhte Ratings wahrscheinlicher sind, als in Rezessions-Phasen.[49] Dies deutet darauf hin, dass aus Sicht der Agentur die Kosten für eine hohe Ratingqualität und der Nutzen daraus im Zeitverlauf schwanken bzw. von der Konjunktur abhängen. Ähnlich wie bei Mathis et al. (2009) baut die Agentur ihre Reputation für seriöse Ratings zunächst auf, um sie dann in Boom-Phasen mittels überhöhter Ratings auszunutzen. Dieses Ergebnis ist gegensätzlich zu Wang (2012), bei dem Ratings nicht in Boom-, sondern in Rezessions-Phasen überhöht sind. Bar-Isaac und Shapiro erweitern ihr Modell, um den Einfluss von Wettbewerb untersuchen zu können, und bestätigen, dass eine zyklische Ratingqualität auch bei einem Duopol vorliegt. Darüber hinaus zeigen sie, dass ihr Ergebnis auch bei der Existenz von naiven Investoren stabil ist und präsentieren empirische Evidenz.

Im Unterschied zu vielen anderen Autoren untersucht Mariano (2012) den Einfluss von Reputationseffekten auf dem Ratingmarkt ohne Berücksichtigung von Interessenkonflikten und kann zeigen, dass Wettbewerb trotzdem zu überhöhten Ratings führen kann – und zwar dann, wenn die private Information der Agentur eine schlechte Qualität aufweist. Im Modell von Mariano maximieren Ratingagenturen ihre Reputation und schützen ihre Marktmacht, indem sie die ihnen vorliegenden Informationen in Abhängigkeit des Reputationseffekts preisgeben. Zusätzlich zu den öffentlichen Informationen verfügen die Agenturen über private Informationen, die entweder akkurat oder fehlerhaft ("noisy") sein können. Um ihre Reputation und letztlich ihre Gewinne nicht zu gefährden, sind die Agenturen bestrebt, jeglichen Anschein von Fehlern und somit mögliche Zweifel an ihrer Kompetenz zu vermeiden. Dies führt dazu, dass akkurate private Informationen stets in die Ratingerstellung einfließen, um

49 Dies steht im Einklang mit den Ergebnissen von Bolton et al. (2012), vgl. Abschnitt 4.1.2.

eine möglichst hohe Ratingqualität zu erreichen. Liegt hingegen eine private Information von schlechter Qualität vor, verhält sich eine monopolistische Ratingagentur anders als eine Agentur unter Wettbewerb. Erstere wird die private Information in der Regel ignorieren und ein Rating erstellen, das den öffentlichen Informationen entspricht, um zu vermeiden, dass potenzielle Fehler sichtbar werden. Unter bestimmten Voraussetzungen[50] wird die Agentur sogar jegliche Information ignorieren und als Vorsichtsmaßnahme ein schlechtes Rating veröffentlichen. Unter Einfluss von Wettbewerb verändert sich das optimale Verhalten bei fehlerhafter privater Information: Es entsteht ein Anreiz, den öffentlichen Informationen mit einem gegensätzlichen Rating zu widersprechen, um den Besitz akkurater privater Informationen vorzutäuschen. Um die Marktmacht zu schützen, steigt außerdem die Wahrscheinlichkeit eines guten Ratings. Denn für den Fall eines schlechten Ratings hätte ein Wettbewerber die Möglichkeit, mittels eines alternativen guten Ratings seine Reputation zu verbessern. Überhöhte Ratings werden unter Wettbewerb folglich häufiger erstellt. Da nur bei verlässlicher privater Information eine hohe Ratingqualität unabhängig von der Marktstruktur erreicht wird, empfiehlt Mariano eine Verbesserung der Beschaffung und Verarbeitung von Informationen. Demnach könnten eine hohe Datenqualität und fehlerfreie Bewertungsmodelle wichtige Hebel zur Sicherstellung seriöser Ratings sein.

Skreta und Veldkamp (2009) abstrahieren auch von Interessenkonflikten und widmen ihr Modell der Analyse von Ratings-Shopping. Dazu gehen die Autoren jedoch einen Schritt weiter als Mariano (2012) und legen fest, dass die Ratingagenturen sich stets unbefangen verhalten ("unbiased"), d.h. ihre private Information wahrheitsgemäß offenlegen. Sie können zeigen, dass der Anreiz des Emittenten für Ratings-Shopping steigt, wenn die Investition schwieriger zu bewerten ist – wie etwa bei strukturierten Finanzprodukten. Darüber hinaus finden sie, dass die Erhöhung von Wettbewerb das Problem des Ratings-Shopping verstärkt, da die zusätzlichen Ratings dem Emittenten eine noch größere Auswahl bieten. Im Modell der Autoren können Emittenten die Ratings verschiedener Agenturen beobachten und über die zu veröffentlichenden Ratings entscheiden, ohne dass die Investoren ihre Erwartungen korrigieren,

50 Mariano beschreibt hier die Situation, dass die öffentlichen Informationen nur geringfügig ein gutes Rating rechtfertigen, vgl. Mariano, B. (2012), S. 1617.

d.h. den Investoren wird Naivität unterstellt. Wenn die Komplexität der bewerteten Investition gering ist, fallen die unterschiedlichen Ratings sehr ähnlich aus, wodurch Shopping nicht möglich ist. Ab einem gewissen Maß an Komplexität fallen die Ratings jedoch trotz wahrheitsgemäßer Offenlegung der Informationen der Agenturen hinreichend unterschiedlich aus, dass ein Anreiz für Shopping entsteht. Zusätzlich resultiert durch den Zusammenhang von Komplexität und Shopping ein Feedback-Effekt, der Emittenten dazu verleitet, zwecks Erweiterung der Shopping-Möglichkeiten die Komplexität der Investitionen weiter zu erhöhen. Die Autoren analysieren die Umstellung des Geschäftsmodells der Ratingagenturen auf das "investor-pays-model" als mögliche Lösung und finden, dass das Shopping-Problem verschwindet, der Ratingmarkt jedoch auf Grund des Trittbrettfahrer-Verhaltens der Investoren zusammenbrechen könnte.

Ähnlich wie Skreta und Veldkamp (2009) betrachten Sangiorgi et al. (2009) das Shopping-Problem auf dem Ratingmarkt unter der Annahme, dass die Agenturen ihre Informationen wahrheitsgemäß offenlegen und Investoren naiv sind. Sie können zeigen, dass die Shopping-Möglichkeiten des Emittenten zunehmen, wenn die Heterogenität der Bewertungen steigt bzw. die Korrelation der Bewertungsmodelle sinkt.[51] Darüber hinaus finden die Autoren, dass höhere Kosten für die Indikation des Ratings durch die Agentur – oder auch die regulatorische Vorschrift, dass für eine Indikation des Bewertungsergebnisses eine Gebühr zu verlangen ist – den Umfang an angefragten Ratings reduzieren, wodurch die veröffentlichten Ratings im Schnitt höher ausfallen. Der Einfluss von Wettbewerb wird bei Sangiorgi et al. (2009) nicht betrachtet.

Bei Farhi et al. (2013) wird ein dem Ratings-Shopping ähnliches Verhalten auf dem Markt für Zertifizierungen untersucht und betrachtet, wie sich Zertifizierungsunternehmen, z.B. Ratingagenturen oder akademische Zeitschriften, hinsichtlich der Transparenz ihrer Zertifizierungen positionieren. Die Autoren können zeigen, dass das Scheitern einer Zertifizierung nicht veröffentlicht wird, wodurch die "Bewerber" ein Shoppingverhalten wählen, wenn die Nichtveröffentlichung des Scheiterns nicht transparent ist: Zunächst wird die

[51] Dies steht im Einklang mit den Ergebnissen von Skreta und Veldkamp (2009), wo eine höhere Komplexität der Investition und folglich heterogene Bewertungen das Ratings-Shopping begünstigen.

Zertifizierung mit dem höchsten Standard angestrebt und für den Fall des Scheiterns eine mit geringerem Standard.

Doherty et al. (2012) analysieren die Auswirkungen von Markteintritten und können sowohl theoretisch als auch empirisch zeigen, dass Wettbewerb zwischen Agenturen die Ratingqualität steigert. Die Autoren untersuchen dabei nicht den Markt für Ratings von Unternehmensanleihen oder strukturierten Finanzprodukten, sondern jenen für Ratings von Versicherungsunternehmen. Im Unterschied zu vielen anderen Autoren betrachten sie dabei die Ratingstandards als Entscheidungsvariable der Agenturen, d.h. die Ratingabstufungen werden in ihrem Modell endogen abgebildet. Zunächst wird als Referenz die Entscheidung einer monopolistischen Agentur untersucht. Sie können zeigen, dass es für diese optimal ist, Informationen zu klassifizieren, indem eine Zuteilung der bewerteten Unternehmen zu verschiedenen Ratinggraden erfolgt. Auf dieser Basis wird die Eintrittsstrategie einer neuen Agentur analysiert mit dem Ergebnis, dass diese eine von der etablierten Agentur abweichende Klassifizierungslogik mit strikteren Ratingstandards wählt. Denn dadurch werden überdurchschnittliche Unternehmen in den jeweiligen Ratinggraden der etablierten Agentur angereizt, sich mittels eines zweiten Ratings der neuen Agentur von den "schlechteren" Unternehmen in ihren Ratinggraden abzugrenzen. Auf Basis der Klassifizierungslogik der neuen Agentur werden sie mit "besseren" Unternehmen in einem Ratinggrad zusammengefasst. Daneben resultiert die geringere Diversität der Cluster in einem höheren Informationsgehalt der Ratings. Die Autoren untermauern ihre Ergebnisse mit empirischer Evidenz, indem sie den Eintritt von S&P in den Markt für Versicherungsratings, welcher bis dahin ausschließlich von der Agentur A.M. Best abgedeckt wurde, analysieren. Sie finden, dass S&P höhere Standards ansetzte, um ein ähnliches Rating wie A.M. Best zu vergeben, und dass sich Versicherungsunternehmen mit überdurchschnittlicher Qualität je Ratingkategorie von A.M. Best ein zweites Rating von S&P besorgten. Aus ihren Ergebnissen leiten die Autoren ab, dass Transparenz hinsichtlich der Ratingstandards sowie der Ratingqualität entscheidend ist, damit Wettbewerb vorteilhaft wirken kann.

Bouvard und Levy (2013) betrachten auch die Auswirkungen von Eintritten in einen Zertifizierungsmarkt – wie etwa den Ratingmarkt – und finden, dass der Einfluss von Wettbewerb von der Regulierung des Marktes abhängt.

Dabei analysieren die Autoren die unterschiedlichen Effekte von Reputation als Anreizmechanismus und abstrahieren von Shoppingverhalten. In ihrem Modell ist der Gewinn eines Monopolisten direkt von seiner Reputation bezüglich seiner Zertifizierungsqualität abhängig. Eine höhere Reputation ist allerdings durch gegenläufige Effekte gekennzeichnet: "Bewerber" hoher Qualität werden verstärkt angelockt, "Bewerber" geringer Qualität werden eher abgeschreckt. Für eine geringere Reputation gilt dies vice versa. Zwecks Maximierung seines Gewinns strebt der Monopolist eine ausbalancierte Reputation an, die beide Bewerbertypen anlockt. Die Auswirkungen eines Markteintritts durch ein neues Zertifizierungsunternehmen sind von der Marktregulierung abhängig: Wenn ein "Bewerber" nur eine Zertifizierung erhalten kann, werden die negativen Reputationseffekte abgeschwächt, d.h. Wettbewerb erhöht die Zertifizierungsqualität; wenn ein "Bewerber" mehrere Zertifizierungen erwerben darf, wie etwa auf dem Ratingmarkt, werden durch den Konkurrenten die negativen Reputationseffekte verschlimmert, weshalb Wettbewerb die Zertifizierungsqualität verringert.

Manso (2011) untersucht den Einfluss von Ratings und findet, dass die Agenturen die Ausfallwahrscheinlichkeit von Unternehmen nicht nur bewerten, sondern über Feedback-Effekte ihrer Ratings diese auch beeinflussen. Wenn das Rating eines Unternehmens heruntergestuft wird, können die Kapitalkosten dieses Unternehmens ansteigen. Außerdem müssen regulierte Investoren solche Anleihen, die unter einen bestimmten Ratinggrad fallen, eventuell abstoßen und darüber hinaus werden Ratings in Verträgen teilweise als Steuerungsmechanismen ("trigger") verwendet. Manso kann zeigen, dass kurzfristige Veränderungen der Fundamentaldaten selbst bei seriösen Ratings zu Mehrfachherabstufungen ("multi-notch downgrades") oder zum Ausfall führen können. Daneben findet er, dass Wettbewerb zwischen Agenturen sowohl striktere Ratingstandards als auch Herabstufungen bewirken kann, wodurch die Ausfallhäufigkeit erhöht und die Wohlfahrt verringert wird. Mit diesen Ergebnissen stellt Manso in Frage, inwiefern die Kritik an den Agenturen hinsichtlich einer Ratingerstellung zu Gunsten der Emittenten, einer Trägheit bei Herabstufungen und eines oligopolistischen Verhaltens gerechtfertigt ist.

Jeon und Lovo (2012) analysieren die Auswirkungen von Reputation im Hinblick auf ihre Eigenschaft als Eintrittsbarriere in den Ratingmarkt und können zeigen, dass der durch einen freien, d.h. unregulierten, Marktzugang erzeugte Wettbewerb nicht zur Auswahl der kompetentesten Ratingagentur führt. Dies ist an zwei Voraussetzungen geknüpft: Erstens vertrauen Investoren und Emittenten darauf, dass die etablierte Agentur aufrichtige, wenngleich imperfekte Bewertungen vornimmt, und zweitens können Agenturen für schlechtere Ratings keine höheren Gebühren verlangen als für bessere. Wenn diese Bedingungen erfüllt sind, kann gemäß den Ergebnissen der Autoren eine inkompetente, etablierte Ratingagentur den Markt beherrschen – ohne ernsthafte Bedrohung durch neue Agenturen. Die Begründung liegt darin, dass Reputation wie eine natürliche Eintrittsbarriere wirkt. Eine neue Agentur kann erst dann Gewinne machen, wenn ihre Ratings als mindestens so akkurat wie jene der etablierten Agentur wahrgenommen werden. Dies verursacht für die neue Agentur einen Interessenkonflikt: Bei wahrheitsgemäßem Verhalten, d.h. Weitergabe des privaten Signals der Agentur an die Öffentlichkeit, kann sie für den Fall schlechter Ratings ihre Reputation nicht verbessern, da die schlecht bewerteten Investitionen nicht durchgeführt werden. Bei unseriösem Verhalten hingegen führen unbegründet gute Ratings zur Investitionsdurchführung und zur Verbesserung der Reputation. Die Agentur erstellt daher gute Ratings unabhängig von ihrem privaten Signal, wodurch ein geringer Informationsgehalt resultiert. Folglich behält die etablierte Agentur eine bessere Reputation und die neu in den Markt eingetretene Agentur scheidet wieder aus. Die Autoren leiten aus ihren Ergebnissen ab, dass die von der SEC geschaffene Akkreditierungshürde zur NRSRO, vgl. Abschnitt 2.1, zwecks Qualitätsgarantie und demzufolge Reputationssignal an Investoren und Emittenten beibehalten werden sollte. Außerdem plädieren sie für eine vom Ratingergebnis abhängige Gebührenfestlegung, damit schlechtere Ratings teurer sein können als bessere. Bei Beibehaltung unabhängiger Gebühren müsste gemäß den Autoren stattdessen die Verbindung zwischen Reputation und Auftragsvergabe durchbrochen werden, etwa durch eine zentralisierte Zuordnung von Agentur und Emittent.

Neben den bereits vorgestellten Arbeiten beschäftigen sich z.B. auch Faure-Grimaud et al. (2009) mit dem Einfluss von Wettbewerb. Sie analysieren ein Modell mit seriösen Agenturen und rationalen Investoren und können zeigen, dass Emittenten unter bestimmten Bedingungen eine Nichtveröffentlichung ihrer Ratings bevorzugen und dass Wettbewerb zu einer geringeren Informationsbereitstellung führen kann.

Anstatt mit dem Einfluss von Wettbewerb beschäftigen sich z.B. Opp et al. (2013) sowie Stolper (2009) mit den Auswirkungen der Regulierung des Ratingmarkts. Letzterer untersucht ein wiederholtes Prinzipal-Agenten-Problem, wo Ratingagenturen durch eine regulatorische Instanz zugelassen werden. Während die Agenturen den "Typ" eines Emittenten kennen und von diesem für ihre Ratings bezahlt werden, kann der Regulierer weder den Emittenten-Typ noch die Richtigkeit der vergebenen Ratings beurteilen. Eine Begutachtung der Agenturen ist nur möglich, indem die jeweiligen Ausfallhäufigkeiten in den einzelnen Ratinggraden verglichen werden. Der Autor kann zeigen, dass für den Regulierer ein Zulassungssystem existiert, welches die Agenturen von einer konspirativen Erstellung überhöhter Ratings abhält und infolgedessen seriöse Ratings gewährleistet. Dazu muss eine Agentur sowohl abgeschreckt werden, überhöhte Ratings zu erstellen, als auch angereizt werden, von einer gemeinsamen Überbewertungsvereinbarung unter den Agenturen abzuweichen. Die Abschreckung erfolgt über eine potenzielle Nichtzulassung in zukünftigen Perioden und die Belohnung über eine mögliche Reduzierung der Anzahl an Agenturen. Gemäß Stolper wird weder die Droh- noch die Belohnungstaktik explizit von den regulatorischen Instanzen angewendet.

Opp et al. (2013) analysieren Unterschiede in Ratingstandards über Zeit und Wertpapierklassen und beleuchten dabei die Wechselwirkungen der regulatorischen Verwendung von Ratings mit dem Geschäftsmodell ("issuer-pays-model") unter der Annahme rationaler Investoren, welche die Interessenkonflikte des Marktes verstehen. Die Autoren können zeigen, dass die regulatorische Verwendung von sehr guten Ratings zu einem Anstieg des Volumens hoch bewerteter Wertpapiere führt und der Informationsgehalt der Ratings sowohl zu- als auch abnehmen kann. Ab einem gewissen, endogen bestimmten Level des regulatorischen Vorteils hoher Ratings kommt es in ihrem Modell zu einem Zusammenbruch der delegierten Informationsbeschaffung, da die Agenturen nur noch überhöhte Ratings erstellen, ohne sich Informationen zu besorgen und eine Bewertung vorzunehmen. Außerdem zeigen Opp et al., dass geringe Veränderungen der Marktcharakteristiken zu großen Veränderungen der Ratingstandards führen können.

Fulghieri et al. (2012) beschäftigen sich mit der Ausnutzung von Marktmacht durch Ratingagenturen, indem sie die Wirkung nicht angefragter Ratings ("unsolicited") untersuchen. Sie entdecken, dass Agenturen aus zwei Gründen Ratings erstellen, die nicht beauftragt und bezahlt wurden. Erstens werden dadurch höhere Gebühren für beauftragte Ratings ("solicited") möglich, da die Agenturen denjenigen Emittenten, die kein Rating anfragen, mit der Veröffentlichung schlechter, nicht angefragter Ratings drohen können. Zweitens verbessern die Agenturen ihre Reputation, da sie den Investoren mittels schlechter, nicht angefragter Ratings demonstrieren können, dass sie der Versuchung überhöhter Ratings widerstehen. Schließlich vergleichen die Autoren einen Markt mit und ohne "unsolicited" Ratings und finden, dass, obwohl die Ratingagenturen von der zusätzlichen Möglichkeit profitieren, die Auswirkungen auf die Wohlfahrt positiv oder negativ sein können.

Kartik (2009) betrachtet allgemein die strategische Kommunikation zwischen einem uninformierten Empfänger und einem informierten Sender, der seine private Information überbewerten kann und dabei "Lügekosten" in Kauf nimmt. Der Autor kann zeigen, dass der Sender die Informationsasymmetrie trotz der Existenz von Reputationskosten stets ausnutzt, indem er vorgibt, ein "besserer" Typ zu sein. Der Grad an Überbewertung und damit die Entscheidung, wie viel Information offengelegt wird, hängt von der Höhe der "Lügekosten" ab.

Iannotta et al. (2013) untersuchen theoretisch und empirisch, wie viel Beachtung Investoren den Ratings schenken, indem sie den Zusammenhang von Anleihe-Spreads und Ratings je nach Kreditzyklus analysieren. Sie finden, dass eine geringere Transparenz des Anleihemarktes[52] zu weniger Informationsgehalt von Ratings führt, da die Investoren in solchen Phasen zusätzlich nicht-öffentliche Informationen beschaffen und diese einpreisen.

Abschließend seien Strausz (2005) und Hörner (2002) erwähnt, die sich allgemeiner mit für den Ratingmarkt relevanten Themen beschäftigen. Strausz zeigt, dass eine ehrliche Zertifizierung – wie etwa wahrheitsgemäßes Verhalten von Ratingagenturen – typische Eigenschaften eines natürlichen Monopols aufweist. Hörner betrachtet die Auswirkungen von Reputation und findet, dass

[52] Die Markttransparenz wird von den Autoren über den Spread zwischen Anleihen mit Aaa-Rating und solchen mit Baa-Rating bestimmt, vgl. Iannotta, G.; Nocera, G.; Resti, A. (2013), S. 545

Wettbewerb die Produktqualität erhöht, da Reputationsverluste durch die Auswahlmöglichkeiten der Konsumenten eine echte Bedrohung darstellen.

3.2 Empirische Forschung

Neben der im Folgenden vorgestellten Literatur werden zusätzlich in Abschnitt 4.3.2 empirische Arbeiten diskutiert, welche die Ergebnisse von Bolton et al. (2012) mit Evidenz belegen.

Wie auch im Bereich der Modelltheorie beschäftigen sich viele empirische Arbeiten mit dem Einfluss von Wettbewerb auf dem Ratingmarkt. Becker und Milbourn (2011) betrachten beispielsweise den Markteintritt von Fitch, um die Auswirkungen von erhöhtem Wettbewerb zu analysieren. Dazu untersuchen sie, wie sich die Ratingqualität von Moody's und Standard & Poor's entwickelte, während Fitch seinen Marktanteil vergrößerte.[53] Zwecks Bewertung der Ratingqualität fokussieren die Autoren auf zwei Eigenschaften: den Informationsgehalt von Ratings sowie die Eignung zur Risikoklassifizierung. Sie entdecken, dass die Ratings der beiden etablierten Agenturen stiegen und ihre Korrelation mit den Anleiherenditen, d.h. der Informationsgehalt, fiel. Darüber hinaus finden sie, dass sich die Fähigkeit der Ratings, einen Ausfall der bewerteten Anleihen vorherzusagen, deutlich verschlechterte.[54] Diese drei Ergebnisse belegen, dass der verstärkte Wettbewerb durch Fitch zu einer geringeren Ratingqualität führte. Die Autoren schließen daraus, dass die regulatorischen Bestrebungen für eine Steigerung des Wettbewerbs auf dem Ratingmarkt kritisch zu überdenken sind.

Cohen und Manuszak (2013) beschäftigen sich auch mit dem Markteintritt von Fitch und betrachten die Ratings von CMBS[55] der Jahre 2002 bis 2007.

[53] Die Autoren bedienen sich ca. 1,1 Millionen Anleiheratings der Jahre 1995 bis 2006.

[54] Bei geringem Marktanteil von Fitch galt, dass die Wahrscheinlichkeit für eine Insolvenz innerhalb von drei Jahren bei spekulativ bewerteten Firmen ca. 7,7-mal so hoch war wie bei Firmen mit guten Ratings ("Investment Grade"). Bei hohem Marktanteil von Fitch verschlechterte sich dies deutlich und die Wahrscheinlichkeit war nur noch 2,2-mal so hoch, vgl. Becker, B.; Milbourn, T. (2011), S. 496.

[55] "Commercial mortgage-backed securities" (CMBS) sind durch Hypotheken auf Gewerbeimmobilien gesicherte Anleihen/Wertpapiere.

Sie können zeigen, dass ein größerer Marktanteil von Fitch zu einer geringeren Ausstattung von AAA-bewerteten Wertpapieren mit nachrangig zu bedienenden Tranchen führte (kleinere "subordination level"). Dies bedeutet, dass der gesteigerte Wettbewerb in aggressiveren Ratings und somit in einer geringeren Ratingqualität resultierte, was im Einklang mit den Ergebnissen von Becker und Milbourn (2011) steht.

Gegensätzliche Evidenz zu Becker und Milbourn (2011) sowie Cohen und Manuszak (2013) findet beispielsweise Xia (2014), der den Markteintritt der Egan-Jones Ratings Company (EJR) auf seine Auswirkungen hinsichtlich der Ratingqualität von S&P untersucht. Dazu vergleicht der Autor die Ratings von S&P ("issuer-pays-model") bevor und nachdem es ein alternatives Rating von EJR ("investor-pays-model") gab und kann zeigen, dass die Ratingqualität von S&P signifikant zunahm: Zum einen reagierten die Ratings deutlicher auf die Kreditrisiken der bewerteten Firmen[56] und zum anderen wiesen Ratinganpassungen einen größeren Informationsgehalt auf. Außerdem scheint S&P striktere Ratingstandards angewendet zu haben, sobald ein alternatives Rating von EJR existierte. Darüber hinaus kann der Autor zeigen, dass S&P nur dann auf die Ratings von EJR reagierte, wenn diese schlechter, d.h. niedriger, ausfielen als die existierenden von S&P. Er führt dies darauf zurück, dass die Reputationsrisiken von S&P durch niedrigere Ratings von EJR steigen, wodurch eine Verbesserung der Ratingqualität motiviert wird. Im Unterschied dazu entstehen bei höheren Ratings durch EJR keine größeren Reputationsrisiken. Die Ergebnisse von Xia machen deutlich, dass der Einfluss von Wettbewerb offensichtlich davon abhängt, welches Geschäftsmodell die neue Agentur verwendet. Während ein neuer "issuer-paid"-Wettbewerber zum Kampf um zukünftige Gebühreneinnahmen und somit zu einem Anreiz für höhere Ratings führt, vgl. Becker und Milbourn (2011), sorgt ein "investor-paid"-Wettbewerber für höhere Reputationskosten und schafft folglich einen Anreiz für eine bessere Ratingqualität.

Ähnlich wie Xia (2014) beschäftigen sich Milidonis (2013) und Bonsall IV (2014) mit dem Einfluss des Geschäftsmodells der Ratingagenturen. Letzterer

[56] Der Autor findet, dass die Ratings dreimal so stark auf Veränderungen der Kreditrisiken reagierten als vorher, vgl. Xia, H. (2014), S. 451.

untersucht die Umstellung durch Moody's und S&P auf das "issuer-pays-model" Anfang der 1970er Jahre,[57] indem er die Ratings für Unternehmensanleihen im Hinblick auf ihren Informationsgehalt analysiert. Während sich viele Autoren mit den negativen Einflüssen der durch das "issuer-pays-model" hervorgerufenen Interessenkonflikte beschäftigen, fokussiert Bonsall IV auf die wenig beachteten positiven Effekte des gesteigerten Informationsflusses zwischen Emittent und Ratingagentur. Auf Grund der vertraglichen Bindung und folglich des besseren Schutzes privater Informationen sollte ein Emittent im Vergleich zum "investor-pays-model" stärkere Anreize haben, die Agentur mit bewertungsrelevanten Informationen zu versorgen. Hierfür findet der Autor deutliche Evidenz und kann zeigen, dass Anleiheratings im Zuge der Umstellung auf das "issuer-pays-model" einen größeren Informationsgehalt besaßen. Er findet, dass höhere bzw. bessere Ratings einer "issuer-paid"-Agentur im Vergleich zu einer "investor-paid"-Agentur eine größere Profitabilität des bewerteten Unternehmens vorhersagten. Dies bedeutet, dass jene Ratings nicht deshalb besser ausfielen, weil sie überhöht waren, sondern weil sie auf zusätzlichen positiven Informationen basierten. Außerdem entdeckt der Autor, dass die Anleiheratings einer "issuer-paid"-Agentur akkuratere und frühzeitigere Indikatoren für Ausfallrisiken waren. Weitere Analysen legen offen, dass die Erhöhung des Informationsgehalts im Rahmen der Umstellung weniger stark ausfiel bei Unternehmen mit höherem potenziellen Gebührenaufkommen und deutlicher bei Firmen mit schlechter öffentlicher Informationslage. Dies deutet zum einen auf die negativen Auswirkungen der Interessenkonflikte hin und untermauert zum anderen den gesteigerten Informationsfluss. Bonsall IV leitet aus seinen Ergebnissen ab, dass das "issuer-pays-model" allein nicht zu einer Verringerung der Ratingqualität führt, jedoch das Zusammentreffen mit anderen Effekten, wie etwa der regulatorischen Verwendung von Ratings, dafür ursächlich sein könnte.

Milidonis (2013) betrachtet den Zusammenhang von "issuer-paid"- und "investor-paid"-Anleiheratings für Versicherungsunternehmen der Jahre 1996 bis 2007. Je nach Geschäftsmodell entstehen auf Grund der abweichenden

[57] Moody's stellte sein Geschäftsmodell von "investor-pays" auf "issuer-pays" zum Oktober 1970 um, während S&P damit bis zum Juli 1974 wartete, vgl. Bonsall IV, S. (2014), S. 90.

Vergütungsstruktur unterschiedliche Anreize hinsichtlich der Schnelligkeit von Ratingveränderungen. Der Autor findet Evidenz dafür, dass die von Investoren bezahlten Agenturen schneller waren in der Aktualisierung ihrer Ratings und dass die "issuer-paid"-Agenturen jenen zeitlich hinterherhingen. Dieser Effekt blieb erhalten, als Moody's, S&P und Fitch als Konsequenz aus der Finanzkrise 2007 ff. ihre Schnelligkeit verbesserten.

Bongaerts et al. (2012) beschäftigen sich mit der Rolle von Fitch als dritte Agentur im Hinblick auf die regulatorische Verwendung von Ratings. Dabei untersuchen sie Unternehmensanleihen der Jahre 2000 bis 2008 auf drei Hypothesen für die Begründung von Mehrfachratings:[58] (1) Zusätzliche Informationsbereitstellung, d.h. ein weiteres Rating erhöht den Informationsgehalt, (2) Ratings-Shopping und (3) Einhaltung regulatorischer Anforderungen, d.h. zusätzliche Ratings entscheiden über die Klassifizierung der Anleihe als "Investment Grade", was auf Grund der regulatorischen Verwendung von Ratings relevant ist. Im Fokus stehen Anleihen mit Ratings von Moody's und S&P, bei denen der Effekt eines dritten Ratings von Fitch untersucht wird. Die Autoren finden keine Hinweise für einen gesteigerten Informationsgehalt durch Fitch-Ratings, entdecken aber starke Evidenz für Hypothese (3). Sie können zeigen, dass die Wahrscheinlichkeit für ein drittes Rating von Fitch stark damit korrelierte, dass die Ratings von Moody's und S&P gegen eine Klassifizierung als "Investment Grade" sprachen. Das Fitch-Rating konnte somit ausschlaggebend wirken ("tiebreaker") und die Autoren finden, dass ein Viertel der zusätzlichen Ratings von Fitch zu einer Verbesserung und dadurch zu der regulatorisch wichtigen "Investment Grade"-Klassifizierung führte. Außerdem entdecken sie Evidenz für Ratings-Shopping bei solchen Anleihen, deren Bewertung nah an der Klassifizierungshürde lag.

Neben Bongaerts et al. (2012) untersuchen z.B. auch Kisgen und Strahan (2010) die regulatorische Verwendung von Ratings und beleuchten den Einfluss auf die Kapitalkosten der bewerteten Unternehmen. Sie können zeigen, dass die Renditen von Unternehmensanleihen und damit die Kapitalkosten der

[58] Die Autoren betrachten ausschließlich solche Anleiheemissionen, die sowohl ein Moody's-Rating als auch ein S&P-Rating hatten, was einem 95%-Anteil in ihrem Datensatz entspricht. Von diesen Anleihen besaßen ca. 60 Prozent ein drittes Rating von Fitch, vgl. Bongaerts et al. (2012), S. 114.

emittierenden Unternehmen durch die Verwendung von Ratings als regulatorische Messgröße für Risikokapital beeinflusst werden. Die Autoren betrachten die SEC-Zertifizierung von Dominion Bond Rating Service (DBRS) als weltweit vierte NRSRO im Februar 2003 und finden, dass die Anleiherenditen nach der Zertifizierung auf DBRS-Ratings reagierten, wenn diese über den Ratings der drei anderen zertifizierten Agenturen[59] lagen: Ein um eine Stufe höheres Rating von DBRS im Vergleich zu den bereits vorhandenen Ratings führte durchschnittlich zu einer Verringerung der Renditen bzw. Fremdkapitalkosten um 39 Basispunkte. Darüber hinaus entdecken Kisgen und Strahan, dass der Einfluss von besseren DBRS-Ratings stärker ausfiel, wenn die Anleihen nah an der "Investment Grade"-Klassifizierungshürde bewertet waren. Diese Ergebnisse stehen im Einklang mit den Erkenntnissen von Bongaerts et al. (2012) und untermauern die Auswirkungen der regulatorischen Verwendung von Ratings.

Bartels und Weder di Mauro (2013) reichern die Diskussion über eine potenzielle europäische Ratingagentur um eine Faktenbasis an, indem sie für den Zeitraum 1999 bis 2012 monatliche Länderratings der bereits existierenden europäischen Agentur Feri mit den Ratings der "großen Drei" (Moody's, S&P und Fitch) vergleichen.[60] Sie finden, dass die Ratings von Feri für Problemländer der Eurozone im Vorfeld der Staatsschuldenkrise schlechter ausfielen als jene der "großen Drei" und dass Feri diese Länder während der Krise schneller herabstufte; darüber hinaus waren die Ratings volatiler. Ein positiver Bias bzw. eine Voreingenommenheit durch die geographische Nähe von Feri lag daher offensichtlich nicht vor. In Summe können die Autoren Feri ein im Vergleich zu den amerikanischen Agenturen aggressiveres Ratingverhalten nachweisen und halten fest, dass dies wahrscheinlich nicht dem entspricht, was sich die Politik von einer europäischen Agentur im Rahmen der Krise gewünscht hätte. Sie geben zu bedenken, dass politischer Druck und regulatorische Einflüsse für eine private, unabhängige und objektive Agentur nicht von Relevanz sein sollten, sondern stattdessen die Zufriedenheit der Kunden sowie die Reputation für objektive Ratings im Vordergrund stehen muss.

---

59 Moody's, S&P und Fitch

60 Der Datensatz beinhaltet 9.016 Ratings für 56 Länder, darunter 24 Industrienationen und 32 Emerging Markets, vgl. Bartels, B.; Weder di Mauro, B. (2013), S. 6.

He et al. (2012) beschäftigen sich mit dem Einfluss der Emittentengröße und finden Anzeichen dafür, dass die Überbewertung von Ratings teilweise eingepreist wurde, da die Investoren die vorhandenen Interessenkonflikte durchschauten. Die Autoren untersuchen MBS-Emissionen der Jahre 2000 bis 2006, indem sie Renditen, Preisentwicklungen, Ratings und die Marktanteile der Emittenten analysieren. Die zugrunde liegenden Ratings stammen sowohl von Moody's und S&P als auch von Fitch. He et al. entdecken, dass die Renditen von MBS-Tranchen großer Emittenten höher waren als jene von vergleichbaren Tranchen kleiner Emittenten und zwar sowohl bei AAA-bewerteten Tranchen als auch bei solchen mit geringeren Ratings ("non-AAA"). Besonders ausgeprägt ist dieser Effekt in den Boom-Jahren 2004 bis 2006. Außerdem finden die Autoren, dass die Preise von Tranchen großer Emittenten zu Beginn der Krise deutlicher fielen als jene von Tranchen kleiner Emittenten. Diese Ergebnisse deuten darauf hin, dass die Investoren den Anreiz der Agenturen, überhöhte Ratings insbesondere für große Emittenten zu erstellen, mehrheitlich durchschaut haben und dieses Risiko mittels angepasster Renditeforderungen eingepreist wurde. Offensichtlich antizipierten die Investoren überhöhte Ratings auf Grund von Interessenkonflikten besonders stark während der Boom-Phase 2004 bis 2006.

Abschließend sei Alp (2013) erwähnt, der sich mit strukturellen Veränderungen der Ratingstandards beschäftigt und zeigen kann, dass diese je nach Zeitraum und Bewertungsklasse variieren. Alp untersucht Ratings für Unternehmensanleihen im Zeitraum 1985 bis 2007 und differenziert zwischen Anleihen mit "Investment Grade"-Rating und solchen mit "Speculative Grade"-Rating. Er kann zeigen, dass im Zeitraum 1985 bis 2002 je nach Bewertungsklasse eine abweichende Entwicklung der Ratingstandards stattfand: Während die Standards für "Investment Grade" verschärft wurden,[61] war bei "Speculative Grade"-Standards eine Lockerung[62] zu verzeichnen. In 2002 kam es zu einer strukturellen Verschiebung hin zu verschärften Ratingstandards unab-

[61] Verschärfung bedeutet, dass ein Unternehmen mit konstantem Risikoprofil im Laufe der Zeit niedrigere Ratings erhält bzw. sich für ein konstantes Rating das Risikoprofil verbessern muss.

[62] Lockerung meint, dass ein Unternehmen mit konstantem Risikoprofil im Laufe der Zeit höhere Ratings erhält bzw. sich für ein konstantes Rating das Risikoprofil verschlechtern muss.

hängig von der Bewertungsklasse: Unternehmen erlebten bei gleichbleibenden Merkmalen eine durchschnittliche Verschlechterung ihrer Ratings um 1,5 Stufen. Der Autor erklärt die unterschiedliche Entwicklung der Standards bis 2002 damit, dass das Wachstum bei Anleiheratings in diesem Zeitraum überwiegend durch Unternehmen getrieben war, die zum ersten Mal eine Emission tätigten und typischerweise in die "Speculative Grade"-Klasse fielen. Für die Agenturen entstand auf Grund des "issuer-pays-model" daher der Anreiz, in dieser Bewertungsklasse mildere Ratings zu vergeben, um am Wachstum teilzuhaben. Diese Lockerung der Ratingstandards im Zeitraum bis 2002 für riskante, junge Unternehmen steht im Einklang mit der Kritik an den Ratingagenturen im Rahmen der "Dot-com"-Krise. Getrieben durch die kritische Überprüfung sowie weitere Ereignisse, wie etwa den Enron-Skandal, verschärften die Ratingagenturen ihre Standards ab 2002. Alp findet darüber hinaus, dass die Investoren die analysierten Schwankungen der Ratingstandards teilweise durchschauten, da nicht das gesamte Ausmaß der Ratingveränderungen eingepreist wurde.

4 Anreizverzerrungen und resultierende Wohlfahrtsverluste

In Kapitel 3 wurde ein Überblick der aktuellen Literatur zum Ratingmarkt gegeben, wobei modelltheoretische und empirische Forschung, die den Einfluss von Wettbewerb analysiert, im Fokus stand. Hierbei wurde deutlich, dass gegenwärtig keine Einigkeit bezüglich der Vorteilhaftigkeit oder der Nachteiligkeit von Wettbewerb besteht.

In diesem Kapitel wird das spieltheoretische Marktmodell von Patrick Bolton, Xavier Freixas und Joel Shapiro (2012) im Detail vorgestellt. Zunächst werden der Aufbau des Modells, die Modellannahmen sowie die resultierenden Gleichgewichtszustände betrachtet (4.1). Darauf aufbauend erfolgen die Auswahl des für die Bewertung der Marktgleichgewichte zu verwendenden Benchmarks und die Wohlfahrtsbetrachtung (4.2). Im letzten Abschnitt wird das Gesamtergebnis abgeleitet und empirisch betrachtet sowie die Modellkritik vorgestellt (4.3).

4.1 Aufbau des Grundmodells des Ratingmarkts

Bolton et al. (2012) beschränken sich zwecks Vereinfachung ihres Modells auf Wettbewerb zwischen *zwei* Ratingagenturen, führen jedoch an, dass eine Erweiterung auf drei Agenturen möglich ist, was der aktuellen Marktstruktur entspräche (Moody's, Standard & Poor's und Fitch Ratings). In diesem Abschnitt wird der Aufbau des Modells dargestellt, wobei sowohl der *Monopol*- als auch der *Duopol*-Fall betrachtet werden. Für die Grundlagen des globalen Ratingmarkts und seine Funktionsweise sei auf Kapitel 2 verwiesen, in dem auch eine spieltheoretische Einführung gegeben wird.

4.1.1 Marktteilnehmer und Modellannahmen

Emittenten, Ratingagenturen und Investoren stellen die relevanten Akteure auf dem Ratingmarkt dar (vgl. Abschnitt 2.1) und im Modell wird ihnen Risikoneutralität unterstellt. Die von den Emittenten den Investoren zum Kauf angebotene Investition[63] ist durch ihre Ausfallwahrscheinlichkeit p gekennzeichnet, die bei einer *schlechten* Investition (Typ b) positiv ist ($p > 0$) und bei einer *guten* Investition (Typ g) null beträgt. Beide Investitionstypen erbringen eine Rückzahlung R, wenn sie nicht ausfallen. Sollte eine *schlechte* Investition jedoch ausfallen, beträgt die Rückzahlung null – diese Annahme dient der Vereinfachung der Modellkonstruktion und ist irrelevant für das Gesamtergebnis[64]. Die betrachtete Investition hat konstante Skalenerträge, so dass jede Investitionseinheit dasselbe Ertragsprofil aufweist. Außerdem nehmen alle Akteure ex ante an, dass es sich mit einer Wahrscheinlichkeit von 50 Prozent um eine *gute* Investition handelt. Diese Informationslage kann verbessert werden, indem eine Ratingagentur die Investition bewertet und die Emittenten und Investoren darüber informiert, ob die Investition gemäß ihrer Einschätzung *gut* oder *schlecht* ist.[65]

Die Durchführung der Investitionsbewertung durch die Ratingagentur(en) zwecks Erstellung eines Ratings unter Nutzung ihrer statistischen Prognosemodelle wird von Bolton et al. (2012) als private Information $\theta \in \{g, b\}$ modelliert. Die Qualität e dieser Begutachtung ist über die bedingte Wahrscheinlichkeit, dass die private Information dem wahren Investitionstyp ω entspricht, definiert:

$$Pr(\theta = g|\omega = g) = Pr(\theta = b|\omega = b) = e \qquad (4.1\text{-}1)$$

$$Pr(\theta = g|\omega = b) = Pr(\theta = b|\omega = g) = 1 - e \qquad (4.1\text{-}2)$$

63 In der Praxis bieten Emittenten den Investoren unterschiedliche Investitionen in verschiedenen Perioden an. Im Modell wird jedoch auf eine bestimmte Investition in der ersten Periode fokussiert, vgl. Bolton et al. (2012a), S. 91.

64 Bolton, Freixas und Shapiro verwenden in ihren Working Paper-Versionen von 2008 und 2009 eine Restrückzahlung von r > 0 falls die Investition ausfällt, vgl. Bolton et al. (2008), Bolton et al. (2009).

65 Vgl. Bolton et al. (2012a), S. 91

Für $e > \frac{1}{2}$ wird die Informationslage verbessert und bei $e = 1$ würde die private Information Sicherheit herstellen.[66] Daher liegt e im Intervall $\left(\frac{1}{2}, 1\right)$ und es wird angenommen, dass die tatsächliche Ausprägung von e, d.h. die Güte der Information, allen Akteuren bekannt[67] ist.

Bevor die Ratingagentur ihre Bewertung vornimmt, veröffentlicht sie die Gebühr $\emptyset$, zu der das Rating vom Emittenten gekauft werden kann (vgl. Abschnitt 2.1, *Gebührensystem*), d.h. sie kann ihre Gebühr nicht von θ abhängig machen. Anschließend erfolgt die Bewertung, d.h. die Beschaffung der privaten Information θ, und die Erstellung eines Ratings.[68] Der Emittent entscheidet auf Basis des erreichten Ratings, ob er dieses zum Preis $\emptyset$ kaufen und veröffentlichen lassen möchte oder nicht. Somit hat er die Möglichkeit, sich bei Bedarf alternative Ratings zu beschaffen (vgl. hierzu Abschnitt 2.1, *Ratings-Shopping*). Sollte er ein Rating nicht kaufen, können die Investoren dies beobachten[69] und ihre Erwartungen entsprechend anpassen. Naive Investoren (Anteil α), die stets auf die Ratings vertrauen, behalten in diesem Fall ihre ex ante-Einschätzung bei, während skeptische Investoren das Ausbleiben eines Ratings als schlechtes Zeichen deuten und ihre Bewertung der Investition korrigieren (vgl. hierzu Abschnitt 2.1, *Investorenvertrauen*). Die skeptischen Investoren (Anteil $1 - \alpha$) verstehen das Zusammenwirken der Marktteilnehmer sowie deren Anreize und Interessenkonflikte, können die private Information θ jedoch nicht beobachten.

---

66 Bei $e = 0{,}5$ behalten die Akteure ihre ex ante-Einschätzung bei, denn mit Satz von Bayes gilt bei dieser Qualitätsausprägung $Pr(\omega = g|\theta = g) = Pr(\omega = g) = 0{,}5$.

67 Vgl. Bolton et al. (2012a), S. 91 f.

68 Die Darstellung bei Bolton et al. (2012a) ist auf S. 91 f. abweichend und fehlerhaft, da die Agentur hier erst nach Anfrage des Emittenten die Information θ besorgt. Gemäß Bolton et al. (2012a), S. 94 wurde das Timing des Spiels explizit so gewählt, dass die Agentur ihre private Information θ besorgt und ein Rating erstellt, ohne vom Emittenten gefragt zu werden. Dieser Fehler wurde von den Autoren bestätigt und macht einige Korrekturen notwendig, um eine durchgängig richtige Modellierung auf Basis des unterstellten Timings zu erreichen. Die Korrekturen werden an den entsprechenden Stellen kenntlich gemacht.

69 Die Annahme der Beobachtbarkeit wird im Rahmen der Modellerweiterung thematisiert, vgl. Abschnitt 5.2.

Das *veröffentlichte* Rating $m \in \{G, B\}$ ist von allen Investoren beobachtbar und dient deren Bewertung der Investition. Investoren können keine, eine oder zwei Einheiten der Investition kaufen und haben einen steigenden Reservationsnutzen. Wenn alle Investoren zwei Einheiten kaufen, dann erwerben die naiven Investoren insgesamt $\alpha 2$ Einheiten und die skeptischen Investoren insgesamt $(1 - \alpha)2$ Einheiten. Für die erste Investitionseinheit verlangen sie eine Mindestrückzahlung von u und für die zweite eine von U mit $U > u$.[70] Dies kann z.B. dadurch erklärt werden, dass ein Investor für den Verzicht auf Diversifikation eine höhere Rendite fordert[71] oder seinen Barbestand nur dann komplett investiert, wenn dadurch die Rendite steigt. Nach der Veröffentlichung des Ratings oder dessen Ausbleiben bestimmt der Emittent den Preis T, zu dem die Investition gekauft werden kann. T kann als Spread interpretiert werden, da die Kosten der Investition auf null normiert sind. Basierend auf dem Rating und dem Preis entscheiden die Investoren, ob und wie viele Einheiten der Investition sie kaufen wollen.

Zum Zeitpunkt der Emission wissen die Investoren nicht, ob das Rating seriös ist, d.h. ob $m \in \{G, B\}$ der privaten Information der Ratingagentur $\theta \in \{g, b\}$ entspricht. Bei einem Ausfall der Investition können sie jedoch ex post herausfinden[72], ob die Ratingagentur zu hohe, unseriöse Ratings veröffentlicht hat, d.h. $m = G$ bei $\theta = b$. In diesem Fall verlieren sie das Vertrauen in die Agentur und ignorieren deren Ratings zukünftig (vgl. hierzu Abschnitt 2.1, *Ratinganpassungen*). Sollte die Investition hingegen bei einem Rating $m = G$ und einer privaten Information $\theta = g$ ausfallen, wird die Agentur nicht bestraft, da sie nach bestem Wissen gehandelt hat. Für die Ratingagentur ent-

---

70 Der Reservationsnutzen kann unterschiedlich modelliert werden, diese Form wurde von den Autoren zwecks Vereinfachung gewählt.

71 Dies ist allerdings nicht mit Risikoneutralität vereinbar, d.h. die Begründung der Autoren für einen steigenden Reservationsnutzen anhand einer leichten Risikoaversion ist kritikwürdig.

72 Die Annahme, dass Investoren bei Ausfall ex post eindeutig herausfinden können, ob eine Ratingagentur zu hohe, unseriöse Ratings veröffentlicht hat, dient der Vereinfachung der Modellierbarkeit und ist kritikwürdig. Sie kann jedoch darüber motiviert werden, dass die Rückzahlung bei Ausfall als Variable modelliert wird, die im Erwartungswert auf null normiert ist, aber deren Ausprägungen (Rückzahlungshöhe) von θ abhängen und daher ex post auf θ zurückgeschlossen werden kann.

stehen somit Reputationskosten ρ, die einen Anreiz darstellen, wahrheitsgemäße Ratings m zu veröffentlichen (vgl. hierzu Abschnitt 2.1, *Reputationskosten*). Die Reputationskosten werden als Barwert der zukünftigen Gewinne der Ratingagentur, die bei wahrheitsgemäßer Bewertung zur Verfügung stünden, modelliert und als exogen[73] gegeben angenommen. Außerdem besteht bezüglich ρ eine infinitesimal kleine Ungenauigkeit $\varepsilon \to 0$ mit $\rho \in [\tilde{\rho} - \varepsilon, \tilde{\rho} + \varepsilon]$, die sich jedoch bei Erhalt der privaten Information θ auflöst. Dadurch wird der Lösungsraum der Ratingagentur auf reine Strategien begrenzt, denn eine Optimierung der Gebühr $\emptyset$, die die Agentur indifferent zwischen $m = G$ und $m = B$ machen würde, ist nicht möglich.[74]

Bezüglich der Rückzahlung der Investition werden folgende Annahmen getroffen:

$$(1-p)R > u \qquad (A1)$$

$$(1-(1-e)p)R > U \qquad (A2)$$

$$\left(1-\frac{p}{2}\right)R < U \qquad (A3)$$

Annahme $(A1)$ drückt aus, dass die Rückzahlung einer schlechten Investition ausreicht, um den Reservationsnutzen u der Investoren für die erste Investitionseinheit zu erfüllen. Annahme $(A2)$ besagt, dass Investoren zwei Investitionseinheiten kaufen, wenn sie verlässliche Informationen haben, dass die Investition *gut* ist. Darüber hinaus drückt $(A2)$ aus, dass $R > U$ gilt. Entscheidend für die Rolle der Ratingagentur(en) ist Annahme $(A3)$: Investoren, die

73 Damit erreichen die Autoren eine vereinfachte Modellierbarkeit, die u.a. eine Fokussierung auf nur eine Periode erlaubt. Sie folgen mit diesem Ansatz anderen Autoren, vgl. u.a. Morgan, J.; Stocken, P. (2003), Ottaviani, M.; Sorensen, P. (2006), und einer eigenen anderen Publikation, vgl. Bolton et al. (2007). Darüber hinaus prüfen sie in einer Modellabwandlung den Effekt endogener Reputationskosten und können die Ergebnisse des Modells mit exogener Reputation bestätigen, vgl. Bolton et al. (2012a), S. 102-106.

74 Vgl. Bolton et al. (2012a), S. 92, 93

keine Information über die Werthaltigkeit der Investition haben und daher ihre ex ante-Einschätzung zur Bewertung verwenden, kaufen keine zweite Einheit. Somit würde der Emittent auf einem Markt ohne Agenturen nie zwei Investitionseinheiten an einen Investor verkaufen können, da die Wahrscheinlichkeit für eine schlechte Investition schlicht zu hoch ist. Folglich kann eine Agentur die Wohlfahrt erhöhen, indem sie mittels Ratings Informationen bereitstellt. Annahmen dieser Art werden in der Literatur standardmäßig[75] verwendet, um eine wertschaffende Rolle der Informationsbereitstellung zu modellieren.

Der Grenznutzen V^0 für Investoren mit ex ante-Bewertung $Pr(w = b) = \frac{1}{2}$, die folglich nur eine Einheit kaufen, ist definiert als:

$$V^0 = (1 - Pr(w = b)p)R - u = \left(1 - \frac{p}{2}\right)R - u \qquad (4.1\text{-}3)$$

Im *Monopol*-Fall lassen sich der Grenznutzen V^G bei einem *guten* Rating $(m = G)$ und der Grenznutzen V^B bei einem *schlechten* Rating $(m = B)$ definieren als:

$$V^G = (1 - Pr(w = b|\theta = g)p)R - U = (1 - (1 - e)p)R - U \qquad (4.1\text{-}4)$$

$$V^B = (1 - Pr(w = b|\theta = b)p)R - u = (1 - ep)R - u \qquad (4.1\text{-}5)$$

Die Darstellung der Grenznutzen V^G und V^B in dieser Form gilt nur, wenn bei *gutem* Rating zwei Einheiten und bei *schlechtem* Rating eine Einheit gekauft werden. V^G bzw. V^B werden hier mit dem Reservationsnutzen der zweiten bzw. ersten Einheit definiert, da auf Grund der einheitlichen Preisstellung der Emittenten die jeweils letzte Einheit ("marginal unit") relevant ist.[76] Mit $(A1)$ ist sichergestellt, dass V^0 und V^B positiv sind, und mit $(A2)$, dass V^G positiv. Der Emittent schöpft den jeweiligen Grenznutzen über den Preis T der Investition ab, wodurch den Investoren nur ihre geforderte Mindestrückzahlung u bzw. U verbleibt.

75 Vgl. Mathis et al. (2009), S. 660 und 662

76 Vgl. hierzu $(A1)$ bis $(A3)$ sowie Bolton et al. (2012a), S. 94, Fußnote 19

Die Bewertungen V^G und V^B gelten für naive Investoren unabhängig vom Verhalten der Agentur immer bei $m = G$ bzw. $m = B$. Skeptische Investoren, die die Anreizverzerrungen und Interessenkonflikte des Marktes verstehen, verwenden diese Bewertungen nur im Fall *wahrheitsgemäßer* Ratings. Bei einem unseriösen Verhalten der Ratingagentur mit zu hohen Ratings nehmen sie nicht am Marktgeschehen teil, d.h. sie kaufen keine Einheit der Investition vom Emittenten, da dieser einen zu hohen Preis für die Investition setzt.[77]

Die beschriebenen Interaktionen der Akteure auf dem Ratingmarkt stellen ein *Signal*-Spiel dar. Diese Spielart ist eine besondere Form der Bayes-Spiele und wird durch Anwendung des *Perfekten Bayesschen Gleichgewichtskonzepts* gelöst (vgl. Abschnitt 2.2). Abbildung 3 zeigt das Timing des *Signal*-Spiels von Bolton et al. (2012) sowohl für den *Monopol*- als auch den *Duopol*-Fall.

Spieltheoretisch wird zwischen zwei Spielern unterschieden: Zum einen existiert die Ratingagentur (*Sender*), die über die private Information $\theta \in \{g, b\}$ verfügt und das für sie optimale Rating $m \in \{G, B\}$ als *Signal* sendet. Zum anderen gibt es den Emittenten (*Empfänger*), der die private Information θ nicht kennt, aber das Rating m beobachten kann. Es liegt somit asymmetrische Informationsverteilung vor. Basierend auf dem Rating entscheidet der Emittent, ob er es kaufen und veröffentlichen lassen möchte und welchen Preis T er für die Investition setzt. Der *Empfänger*, d.h. hier der Emittent, wählt somit seine für ihn *beste Antwort* in Abhängigkeit seiner Einschätzung, welchen Typ der *Sender* hat, d.h. welche private Information θ der Ratingagentur vorliegt. Der bei *Signal*-Spielen auf Grund der Spielkonstruktion notwendige "Naturzug"[78] entscheidet über den Typ des *Senders*, d.h. hier über die private Information der Ratingagentur. Der *Sender* erfährt anschließend seinen Typ $\theta \in \{g, b\}$ und wählt basierend darauf das für ihn optimale *Signal* $m \in \{G, B\}$. Dabei ist zu beachten, dass per Definition ein bestimmtes *Signal*, das von einem Sender-Typ gesendet wird, für einen schlechteren Sender-Typ zu teuer wäre.[79] Dies ist hier der Fall bei einer wahrheitsgemäß bewertenden Ratinga-

[77] Vgl. Bolton et al. (2012a), S. 93 f.

[78] In der Regel wird davon ausgegangen, dass die Wahrscheinlichkeitsverteilung den Spielern bekannt ist. Dies ist auch hier der Fall, da die Spieler $Pr(\theta = g) = Pr(\theta = b) = \frac{1}{2}$ kennen.

Vgl. Gibbons, R. (1992), S. 183-204 und Kreps, D.; Cho, I. (1987)

gentur, die bei der privaten Information $\theta = g$ (Typ) das Rating $m = G$ (*Signal)* wählt, während dies beim Typ $\theta = b$ auf Grund der zu erwartenden Reputationskosten $ep\rho$ nicht geschieht (vgl. hierzu Abschnitt 4.1.2). Die Investoren können neben der Gebühr nur das Rating m, falls veröffentlicht, beobachten und sind daher ein von dem *Signal*-Spiel betroffener Dritter. Ihre Bewertung der Investition bildet allerdings die Grundlage für die Preisbildung des Emittenten und die Gebührenoptimierung der Ratingagentur. Dies wird insbesondere bei der Lösung des *Signal*-Spiels in Abschnitt 4.1.2 deutlich. Im Unterschied zu den naiven Investoren können die skeptischen Investoren durch die veröffentlichte Gebühr auf das Verhalten der Agentur schließen.

Abbildung 3: Zeitliche Abfolge des Signal-Spiels auf dem Ratingmarkt[80]

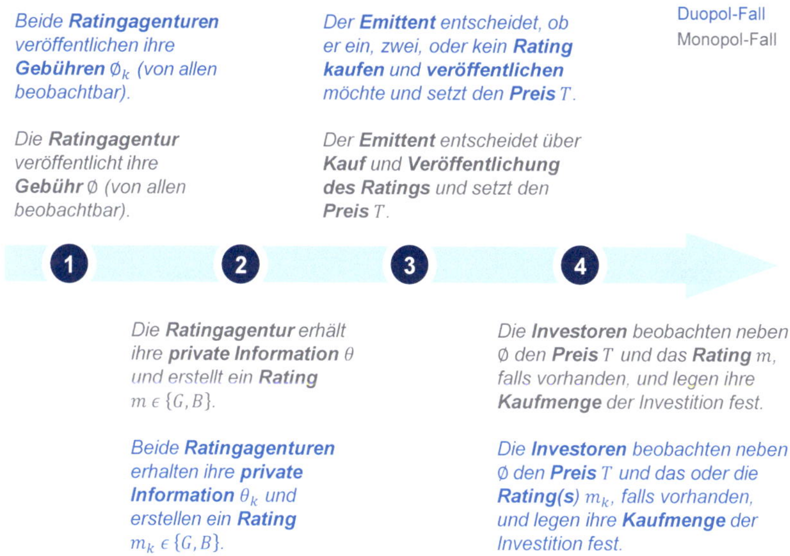

Bei Wettbewerb von zwei Ratingagenturen $k = 1, 2$ (*Duopol*-Fall) stehen immer zwei Ratings zur Verfügung, die entweder übereinstimmen oder sich

[80] Quelle: eigene Darstellung, vgl. Bolton et al. (2012a), S. 94 und 96

unterscheiden können, da die private Information der Agenturen $\theta_k \in \{g, b\}$ ungenau ist ($e < 1$). Je nach Ratingergebnis der Agenturen kauft der Emittent ein, zwei oder kein Rating. Zwei Ratings haben einen höheren Informationsgehalt als nur eins, weshalb der Emittent beide kaufen würde, wenn er dadurch eine höhere Bewertung der Investoren erhält.

Der Grenznutzen für Investoren V^{GG} bei zwei *guten* Ratings und der Grenznutzen V^{BB} bei zwei *schlechten* Ratings sind definiert als:

$$V^{GG} = (1 - Pr(w = b|\theta_1 = g \cap \theta_2 = g)p)R - U \qquad (4.1\text{-}6)$$
$$= \left(1 - \frac{(1-e)^2}{e^2+(1-e)^2}p\right) R - U$$

$$V^{BB} = (1 - Pr(w = b|\theta_1 = b \cap \theta_2 = b)p)R - u \qquad (4.1\text{-}7)$$
$$= \left(1 - \frac{e^2}{e^2+(1-e)^2}p\right) R - u$$

Ähnlich dem *Monopol*-Fall gilt die Darstellung in dieser Form nur, wenn bei zwei *guten* Ratings zwei Einheiten und bei zwei *schlechten* Ratings eine Einheit gekauft werden. Die Bewertungen V^{GG} und V^{BB} gelten für naive Investoren nach wie vor unabhängig vom Verhalten der Ratingagenturen immer bei $m_1 = m_2 = G$ bzw. $m_1 = m_2 = B$. Skeptische Investoren verwenden diese Bewertungen wiederum nur im Fall *wahrheitsgemäßer* Ratings. Bei unseriösem Verhalten der Ratingagenturen mit zu hohen Ratings kaufen sie auf Grund des zu hohen Preises keine Einheit der Investition. Die im *Duopol*-Fall neue Konstellation $m_1 \neq m_2$, bei der eine Ratingagentur ein *gutes* und die andere ein *schlechtes* Rating veröffentlicht, führt bei den Investoren zu einer ex ante-Bewertung, d.h.

$$V^{GB} = V^{BG} = V^0. \qquad (4.1\text{-}8)$$

Sollte der Emittent bei dieser Konstellation jedoch nur das *gute* Rating erwerben und veröffentlichen lassen, so bewerten naive Investoren mit V^G und kaufen zwei Einheiten der Investition. Skeptische Investoren hingegen durchschauen das fehlende Rating, da Investoren dies beobachten können (vgl. Seite 38, inkl. Fußnote 69), und entlarven es als nicht veröffentlichtes Rating $m_2 = B$. Folglich kaufen sie keine Einheit, da der Preis V^G zu hoch ist; wobei noch zu zeigen ist, dass der Emittent den Preis $T = V^G$ verlangt.[81]

Für den Vergleich der Grenznutzen der Investoren bei einem bzw. zwei *guten* Ratings (V^G bzw. V^{GG}) gilt:

$$V^{GG} - V^G = \left(1 - \frac{(1-e)^2}{e^2+(1-e)^2} p\right) R - U - [(1-(1-e)p)R - U] \overset{?}{\geq} 0 \quad (4.1\text{-}9)$$

Durch Umformungen ergibt sich:

$$(1-e)(2e^2 - e) \overset{!}{\geq} 0 \quad \Rightarrow \quad \frac{1}{2} \leq e \leq 1 \; und \; e \leq 0 \qquad (4.1\text{-}10)$$

Für den relevanten Bereich $e \in \left(\frac{1}{2}, 1\right)$ gilt daher $V^{GG} > V^G$. Für den Vergleich der Grenznutzen bei einem bzw. zwei *schlechten* Ratings gilt analog $V^{BB} < V^B$. Ein zweites Rating hat folglich einen mehrwertstiftenden Informationsgehalt. Die im Anhang dargestellte Abbildung 14, vgl. S. 154, verdeutlicht den graphischen Verlauf der Grenznutzen bei einem bzw. zwei *guten* Rating(s) sowie bei einem bzw. zwei *schlechten* Rating(s). Bei $e = \frac{1}{2}$ bzw. $e = 1$ stiftet ein zweites Rating keinen Nutzen, da die Qualität der privaten Information θ der Ratingagentur zu schlecht ist bzw. das erste Rating bereits Sicherheit herstellt, und es gilt $V^{GG} = V^G$ sowie $V^{BB} = V^B$.

Für den Grenznutzen eines zweiten positiven Ratings wird folgende Annahme[82] getroffen:

$$\alpha 2V^G - V^0 > 2(V^{GG} - \alpha V^G) \qquad (A4)$$

---

[81] Vgl. Bolton et al. (2012a), S. 96 f.

[82] Annahme ($A4$) ist relevant für die Eindeutigkeit der Marktgleichgewichte (vgl. Abschnitt 4.1.2) und die Sicherstellung der Existenz naiver Investoren, da durch diese Annahme eine untere Begrenzung für α festgelegt wird, vgl. Bolton et al. (2012a), S. 97.

Die linke Seite dieser Ungleichung stellt für den Fall unseriösen Verhaltens der Agentur (immer $m = G$) den Nutzen eines *guten* Ratings dar, der vom Emittenten über den Preis der Investition abgeschöpft werden kann. Der Term $\alpha 2V^G$ drückt aus, dass naive Investoren (Anteil α) zwei Einheiten der Investition kaufen, von der sie denken, dass sie *gut* ist (Bewertung mit V^G). Hiervon wird V^0subtrahiert, da diese Bewertung dem Emittenten ohne Kauf des Ratings zur Verfügung steht, denn er kann seine Investition in diesem Fall an alle Investoren verkaufen, die jene auf Grund des fehlenden Ratings mit ihrer ex ante-Einschätzung V^0 bewerten würden. Für die skeptischen Investoren stellt diese Situation einen "Belief" *neben dem Gleichgewichtspfad* dar, der, wie noch zu zeigen ist, zur Bewertung mit V^0 führt. Die rechte Seite der Ungleichung ($A4$) stellt für den Fall wahrheitsgemäßen Verhaltens der Agentur (immer $m = \theta$) den Nutzen eines zweiten *guten* Ratings dar, den der Emittent im *Duopol*-Fall abschöpfen kann. Der Term $2V^{GG}$ drückt aus, dass alle Investoren zwei Einheiten der Investition kaufen, von der sie denken, dass sie *gut* ist (Bewertung mit V^{GG}). Hiervon wird $\alpha 2V^G$ subtrahiert, da diese Bewertung dem Emittenten im *Duopol*-Fall zur Verfügung steht, wenn er nur ein gutes Rating kauft. In diesem Fall schließen die skeptischen Investoren darauf zurück, dass das zweite nicht veröffentlichte Rating schlecht sein muss ($m_2 = B$) und kaufen auf Grund des hohen Preises der Investition (V^G) keine Einheit.

In Summe drückt Annahme ($A4$) aus, dass der Nutzen des ersten *guten* Ratings für naive Investoren größer ist als der Nutzen des zweiten *guten* Ratings für alle Investoren, wodurch ein fallender[83] Grenznutzen *guter* Ratings modelliert wird. Darüber hinaus impliziert ($A4$) eine untere Begrenzung für den Anteil naiver Investoren (α), wodurch *Ratings-Shopping* gewährleistet wird:

$$2(V^{GG} - \alpha V^G) \geq 0 \Rightarrow \alpha 2V^G - V^0 > 0 \Leftrightarrow \alpha > \frac{V^0}{2V^G} \qquad (4.1\text{-}11)$$

An dieser Stelle sei angemerkt, dass die Annahme ($A4$) in Bolton et al. (2012a) leicht abweichend angegeben wird. Sie enthält bei Bolton et al. einen

[83] Annahme ($A4$) ist strikter als ein proportional fallender Grenznutzen, vgl. Bolton et al. (2012a), S. 97.

Fehler, der im Rahmen der vorliegenden Arbeit korrigiert wurde, vgl. Anhang [2], S. 155.

Für den *Duopol*-Fall werden neben $(A4)$ noch zwei weitere Annahmen getroffen:

$$\alpha 2V^G - V^0 - min[2(V^{GG} - \alpha V^G), ep\rho^D] < e^2 p\rho^D \qquad (A5)$$

$$mit \quad Pr(\theta_1 = b \cap \theta_2 = b | \omega = b) = e^2 \qquad (4.1\text{-}12)$$

$$\frac{V^0}{2V^G} < \frac{V^{BB}}{V^0} \qquad (A6)$$

Annahme $(A5)$[84] stellt sicher, dass im *Duopol*-Fall Marktgleichgewichte existieren, in denen die Agenturen wahrheitsgemäße Ratings erstellen, indem definiert wird, dass die Zusatzrente durch einseitiges Abweichen einer Ratingagentur von wahrheitsgemäßer Bewertung (linke Seite) geringer ist als die erwarteten Reputationskosten $e^2 p\rho^D$ (rechte Seite). Hierbei stellt der erste Term $\alpha 2V^G - V^0$den Nutzen eines *guten* Ratings für naive Investoren dar, vgl. $(A4)$, den der Emittent über den Preis der Investition abschöpfen würde und an die Ratingagentur mittels der Gebühr weiterreichen müsste. Der zweite Term $\min[2(V^{GG} - \alpha V^G), ep\rho^D]$ repräsentiert die im *Duopol*-Fall an die Agenturen zu zahlende Gebühr, vgl. $(A4)$, und wird in Abschnitt 4.1.2 genauer betrachtet. Die Differenz aus beiden Termen stellt somit die Zusatzrente dar, die einer von wahrheitsgemäßer Bewertung abweichenden Ratingagentur zur Verfügung stünde. Diese Zusatzrente ist per Annahme $(A5)$ jedoch kleiner als die zu erwartenden Reputationskosten $e^2 p\rho^D$, wodurch keine der beiden Agenturen abweicht. Der Term e^2 entspricht der bedingten Wahrscheinlichkeit, dass bei *schlechtem* Investitionstyp $(\omega = b)$ beide Ratingagenturen eine private Information $\theta = b$ erhalten, d.h. $Pr(\theta_1 = b \cap \theta_2 = b | \omega = b)$.

[84] Diese Annahme enthält in Bolton et al. (2012a) den gleichen Fehler wie Annahme $(A4)$ und wurde hier korrigiert, vgl. Anhang [2].

Ohne Annahme $(A5)$ gäbe es im *Duopol*-Fall weniger wahrheitsgemäße Ratings und die Effekte auf die Wohlfahrt wären noch stärker. Die Reputationskosten ρ^D werden als Barwert der zukünftigen Gewinne einer Ratingagentur im *Duopol*-Fall, die bei wahrheitsgemäßer Bewertung zur Verfügung stünden, definiert und sind exogen[85] gegeben.

Annahme $(A6)$ hat keine Relevanz für die Wohlfahrtsergebnisse, erleichtert jedoch die Modellierbarkeit, indem festgelegt wird, wann *Ratings-Shopping* erfolgt. Der rechte Term V^{BB}/V^0 stellt eine obere Grenze für α dar, unter der es bei zwei *schlechten* Ratings Sinn macht, anstatt V^0, bei dem nur naive Investoren die Investition kaufen würden, den für alle Investoren richtigen Preis V^{BB} zu wählen. Diese obere Grenze liegt per Annahme über der unteren α-Begrenzung $V^0/2V^G$ (links), vgl. Gleichung *(4.1-11)*.[86]

4.1.2 Resultierende Marktgleichgewichte

Nachdem die Marktteilnehmer und Modellannahmen vorgestellt wurden, erfolgt in diesem Abschnitt die Lösung des *Signal*-Spiels gemäß der Logik der Rückwärtsinduktion. Es sei angemerkt, dass bei dem *Perfekten Bayesschen Gleichgewichtskonzept* keine Einschränkungen bezüglich der "Beliefs" *neben dem Gleichgewichtspfad* existieren. Bolton et al. (2012) beschränken diese jedoch auf ex ante-"Beliefs", d.h. $Pr(\omega = g) = \frac{1}{2}$.[87]

Die Betrachtung der Marktgleichgewichte erfolgt getrennt für beide Marktstrukturen, d.h. zunächst werden die Gleichgewichte für den *Monopol*-Fall und anschließend für den *Duopol*-Fall rückwärts abgeleitet.

---

85 Die Annahme exogener Reputationskosten ist im *Duopol*-Fall strikter als im *Monopol*-Fall, da die Interaktionen bzw. Abhängigkeiten der beiden Agenturen relevant sind. So könnte z.B. eine wahrheitsgemäß bewertende Ratingagentur höhere Gewinne erzielen, wenn die andere Agentur auf Grund unseriöser Ratings bestraft wird. Außerdem könnte die Entlarvung einer unseriösen Bewertung abhängig sein vom Verhalten der zweiten Agentur oder es könnten immer beide Agenturen bestraft werden, sollte nur eine von ihnen unseriös handeln, vgl. Stolper, A. (2009), S. 1270 und Hörner, J. (2002), S. 656 f. sowie Bolton et al. (2012a), S. 97.

86 Vgl. Bolton et al. (2012a), S. 97

87 Vgl. Bolton et al. (2012a), S. 95, Fußnote 20

Monopol

Abbildung 4 verdeutlicht die sequentielle Struktur des *Signal*-Spiels sowie die Entscheidungen der Spieler für den *Mono*pol-Fall.

Abbildung 4: Spielstruktur und Entscheidungen im Monopol-Fall[88]

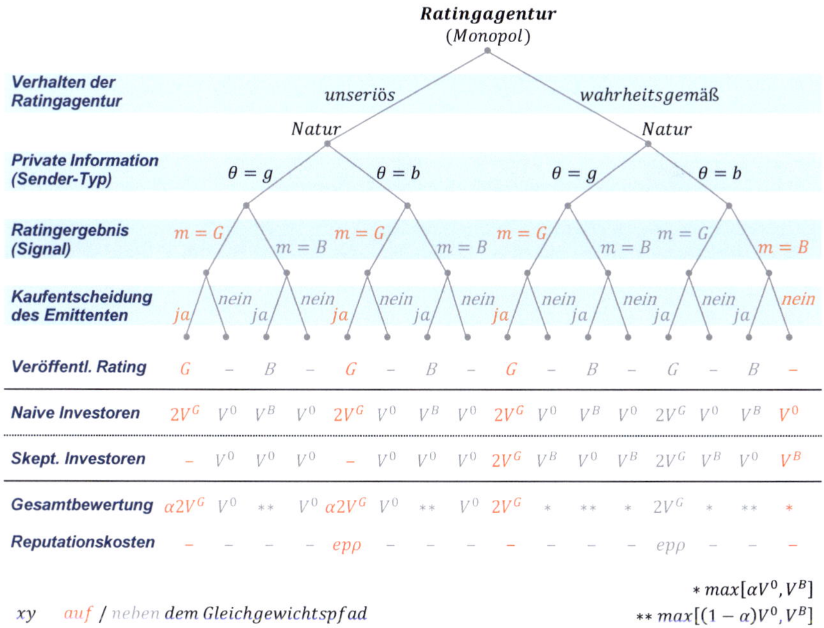

Die Agentur wählt zunächst ihr Verhalten und veröffentlicht die davon abhängige Gebühr $\emptyset$. Im Anschluss entscheidet der Naturzug über den Typ des *Senders*, d.h. über die private Information θ der Agentur. Basierend auf ihrem Typ $\theta \in \{g, b\}$ wählt die Agentur das für sie optimale *Signal* $m \in \{G, B\}$. Der Emittent beobachtet dieses Signal und entscheidet über den Kauf bzw. die Veröffentlichung des Ratings. Die Investoren können neben der Gebühr nur das veröffentlichte Rating, falls vorhanden, beobachten und legen auf Basis

[88] Quelle: eigene Darstellung

ihrer Bewertung die Kaufmenge fest. Ihre Bewertung der Investition, d.h. ihr Grenznutzen, bildet die Grundlage für die Preisbildung des Emittenten und die Gebührenoptimierung der Ratingagentur. Im Unterschied zu den naiven Investoren können die skeptischen Investoren und der Emittent anhand der veröffentlichten Gebühr das von der Agentur gewählte Verhalten erkennen.

Bei gegebenen Gebühren $\emptyset$ wählt die Ratingagentur im *Monopol*-Fall stets folgendes Verhalten (bzw. Strategie) in Abhängigkeit der Reputationskosten:[89]

LEMMA 1

Unseriöses Verhalten (immer $m = G$*) bei* $$\emptyset > ep\rho \qquad (4.1\text{-}13)$$

Wahrheitsgemäßes Verhalten (immer $m = \theta$ *) bei* $$0 < \emptyset < ep\rho \qquad (4.1\text{-}14)$$

Beweis LEMMA 1[90]

Der Emittent kann nach Beobachtung des Ratings entscheiden, ob er dieses kaufen möchte (vgl. Abschnitt 2.1 und 4.1.1), wodurch die Ratingagentur nicht immer, sondern nur bei positiver Entscheidung, ihre Gebühr erhält. Bei einer privaten Information $\theta = g$ kann die Ratingagentur ein *gutes* oder *schlechtes* Rating vergeben und erhält:

$$\pi(m = G|\theta = g) = \emptyset_G + \rho \qquad (4.1\text{-}15)$$

oder $$\pi(m = B|\theta = g) = \emptyset_B + \rho, \qquad (4.1\text{-}16)$$

d.h. die jeweilige Gebühr ($\emptyset_G$ bzw. $\emptyset_B$ bei gutem bzw. schlechtem Rating) und den Barwert der zukünftigen Gewinne, da sie bei einem *schlechten* Rating (basierend auf $\theta = g$) keine Bestrafung erfährt, vgl. Abschnitt 4.1.1. Bei einer privaten Information $\theta = b$ kann die Agentur wiederum ein *gutes* oder *schlechtes* Rating vergeben und erhält:

---

89 Vgl. Bolton et al. (2012a), S. 95 und Bolton et al. (2012b), S. 1 f.

90 Vgl. Bolton et al. (2012b), S. 1 f.

$$\pi(m = G|\theta = b) = \emptyset_G + (1 - ep)\rho \tag{4.1-17}$$

oder
$$\pi(m = B|\theta = b) = \emptyset_B + \rho. \tag{4.1-18}$$

Hier wird die Ratingagentur bestraft, sollte sie ein *gutes* Rating basierend auf $\theta = b$ veröffentlichen (unseriöses, erhöhtes Rating) und später die Investition ausfallen. Somit erhält sie den Barwert ihrer zukünftigen Gewinne nur, wenn die Investition nicht ausfällt, d.h. mit Wahrscheinlichkeit $(1 - ep)$. Sie muss daher entscheiden, wann sie ein *gutes* Rating und wann sie ein *schlechtes* Rating vergibt, indem sie ihren erwarteten Gewinn maximiert. Die Gewinndifferenzen bei $\theta = g$ bzw. $\theta = b$ können wie folgt dargestellt werden:[91]

$$\pi(m = G|\theta = g) - \pi(m = B|\theta = g) = \emptyset_G - \emptyset_B \tag{4.1-19}$$

$$\pi(m = B|\theta = b) - \pi(m = G|\theta = b) = \emptyset_B - \emptyset_G + ep\rho \tag{4.1-20}$$

Dadurch entstehen für die Agentur drei verschiedene Verhaltensmöglichkeiten:

1) Sie erstellt immer $m = G$ *, wenn gilt* $$\emptyset_G - \emptyset_B > ep\rho \tag{4.1-21}$$

2) Sie erstellt immer $m = \theta$ *, wenn gilt* $$0 < \emptyset_G - \emptyset_B < ep\rho \tag{4.1-22}$$

3) Sie erstellt immer $m = B$ *, wenn gilt* $$\emptyset_G - \emptyset_B < 0 \tag{4.1-23}$$

Es existiert keine Möglichkeit, durch ein *schlechtes* Rating einen Grenznutzen skeptischer Investoren von mehr als V^0 (ex ante) zu bewirken. Außerdem würde ein *schlechtes* Rating die Bewertung der naiven Investoren nur verringern. Auf Grund dieser Herabsetzung des Investorennutzens wird der Emittent ein *schlechtes* Rating $(m = B)$ nie kaufen, d.h. es gilt $\emptyset_B = 0$. Folg-

91 Vgl. Bolton et al. (2012b), S. 2

lich erhält die Agentur nur für ein *gutes* Rating ($m = G$) eine Gebühr, d.h. es gilt $\emptyset = \emptyset_G$ und die Verhaltensmöglichkeit *3)* ist nicht relevant. Die Agentur wählt daher in Abhängigkeit der Reputationskosten entweder unseriöses Verhalten (Pooling-GG) oder wahrheitsgemäßes Verhalten (Separating-GG) und erzielt folgende Gebühren bzw. Gewinne in diesen Gleichgewichten: [92]

BEHAUPTUNG 1

A) Wenn $\alpha 2V^G - V^0 > ep\rho$ gilt, wählt die Ratingagentur unseriöses Verhalten und erstellt nur Ratings $m = G$. Sie veröffentlicht die Gebühr

$$\emptyset^{m=G} = \alpha 2V^G - V^0 \qquad (4.1\text{-}24)$$

und erzielt Gewinne in Höhe von

$$\pi_{RA}^{m=G} = \alpha 2V^G - V^0 + \left(1 - \frac{1}{2}ep\right)\rho. \qquad (4.1\text{-}25)$$

B) Wenn $\alpha 2V^G - V^0 < ep\rho$ gilt, wählt die Ratingagentur wahrheitsgemäßes Verhalten und erstellt nur Ratings $m = \theta$. Sie veröffentlicht die Gebühr

$$\emptyset^{m=\theta} = min[2V^G - max[\alpha V^0, V^B], ep\rho] \qquad (4.1\text{-}26)$$

und erzielt Gewinne in Höhe von

$$\pi_{RA}^{m=\theta} = \frac{1}{2}min[2V^G - max[\alpha V^0, V^B], ep\rho] + \rho. \qquad (4.1\text{-}27)$$

Der Beweis von Behauptung 1 befindet sich im Anhang [3], S. 158. Erkenntnis von Behauptung 1 ist, dass die Ratingagentur ihren erwarteten Gewinn maximiert, indem sie unseriöses anstatt wahrheitsgemäßes Verhalten wählt, wenn die Gewinndifferenz der beiden Strategien $\alpha 2V^G - V^0 - ep\rho$ positiv ist, d.h. wenn gilt: $\alpha 2V^G - V^0 > ep\rho$. Dies bedeutet, dass die Überbewertung einer Investition mit erhöhten Ratings ein Gleichgewichtszustand ist,

92 Vgl. Bolton et al. (2012a), S. 95

obwohl Reputationskosten existieren.[93] Die Gewinndifferenz ist ausschlaggebend für das rationale Verhalten der Ratingagentur und ist abhängig von dem Anteil naiver Investoren α und den erwarteten Reputationskosten $ep\rho$. Ein höherer Anteil und geringere Reputationskosten machen ein unseriöses Verhalten der Ratingagentur, und somit überhöhte Ratings, wahrscheinlicher – die Leidtragenden sind die naiven Investoren. Bei höheren Reputationskosten und/oder einem größeren Anteil skeptischer Investoren wird ein wahrheitsgemäßes Verhalten der Ratingagentur wahrscheinlicher. Bolton et al. (2012) schließen daraus, dass überhöhte Ratings in Boom-Phasen wahrscheinlicher sind, da dann die ex ante-Qualität der Investitionen höher ist und die Investoren somit durch einen geringeren Anreiz für eine eigene "Due Diligence" naiver sind. Außerdem spielt die Qualität e der Bewertungssysteme der Ratingagenturen (private Information) eine Rolle und hat gegenläufige Effekte: Sie erhöht zum einen die Grenznutzen der Investoren und dadurch die kurzfristigen Gewinne der Ratingagentur bei unseriösem Verhalten. Zum anderen erhöht sie die erwarteten Reputationskosten, da die Wahrscheinlichkeit, erwischt zu werden (ep), steigt.[94]

Wettbewerb (Duopol)

Wie im *Monopol*-Fall werden die Marktgleichgewichte bei Wettbewerb von zwei Agenturen rückwärts abgeleitet. Bei gegebenen Gebühren $\emptyset_k$ mit $k = 1, 2$ wählen die Agenturen im *Duopol*-Fall stets folgendes Verhalten bzw. folgende Strategie in Abhängigkeit der Reputationskosten:[95]

<u>LEMMA 2</u>

Unseriöses Verhalten (immer $m = G$) bei $$\emptyset_k > ep\rho^D \quad (4.1\text{-}28)$$

Wahrheitsgemäßes Verhalten (immer $m = \theta$) bei $$0 < \emptyset_k < ep\rho^D \quad (4.1\text{-}29)$$

[93] Zu diesem Ergebnis kommen auch Mathis et al. (2009), vgl. Mathis, J.; McAndrews, J.; Rochet, J.-C. (2009), S. 657 und S. 668 f.

[94] Vgl. Bolton et al. (2012a), S. 95

[95] Vgl. Bolton et al. (2012a), S. 98

Der Beweis von Lemma 2 ist analog dem von Lemma 1 und wird daher nicht dargestellt. Die Agenturen wählen in Abhängigkeit der Reputationskosten im *Duopol*-Fall ($ep\rho^D$) entweder unseriöses Verhalten (Pooling-GG) oder wahrheitsgemäßes Verhalten (Separating-GG) und erzielen damit folgende Gebühren bzw. Gewinne in diesen Gleichgewichtszuständen: [96]

BEHAUPTUNG 2

A) Wenn $\alpha 2(V^{GG} - V^G) > ep\rho^D$ *gilt, wählen beide Ratingagenturen unseriöses Verhalten und erstellen nur Ratings* $m_k = G$. *Sie veröffentlichen die Gebühr*

$$\emptyset_k^{m=G} = \alpha 2(V^{GG} - V^G) \quad (4.1\text{-}30)$$

mit $k = 1, 2$ *und erzielen Gewinne in Höhe von*

$$\pi_{RA}^{m=G} = \alpha 2(V^{GG} - V^G) + \left(1 - \frac{1}{2}ep\right)\rho^D. \quad (4.1\text{-}31)$$

B) Wenn $\alpha 2(V^{GG} - V^G) < ep\rho^D$ *gilt, wählen die Ratingagenturen wahrheitsgemäßes Verhalten und erstellen nur Ratings* $m_k = \theta_k$. *Sie veröffentlichen die Gebühr*

$$\emptyset_k^{m=\theta} = min[2(V^{GG} - \alpha V^G), ep\rho^D] \quad (4.1\text{-}32)$$

mit $k = 1, 2$ *und erzielen Gewinne in Höhe von*

$$\pi_{RA}^{m=\theta} = \frac{1}{2}min[2(V^{GG} - \alpha V^G), ep\rho^D] + \rho^D. \quad (4.1\text{-}33)$$

Es sei angemerkt, dass Behauptung 2 in Bolton et al. (2012a) leicht abweichend angegeben wird. Sie enthält dort – wie auch Annahme ($A4$) – einen Fehler, der hier korrigiert wurde, vgl. Anhang [2], S. 155.

[96] Vgl. Bolton et al. (2012a), S. 98

Beweis BEHAUPTUNG 2[97]

Bei *unseriösem* Verhalten der Agenturen (immer $m = G$, d.h. Pooling-Strategie) muss der Emittent entscheiden, ob er kein, ein, oder zwei Ratings kauft. Sollte er kein Rating kaufen, erhält er V^0, da alle Investoren die Investition auf Grund der fehlenden Ratings mit ihrer ex ante-Einschätzung bewerten würden (für skeptische Investoren stellt diese Situation einen "Belief" *neben dem Gleichgewichtspfad* dar). Wenn der Emittent ein Rating kauft, erhält er einen Gewinn von

$$\alpha 2V^G - min[\emptyset_1, \emptyset_2], \qquad (4.1\text{-}34)$$

während er beim Kauf von zwei Ratings einen Gewinn erhält von

$$\alpha 2V^{GG} - (\emptyset_1 + \emptyset_2). \qquad (4.1\text{-}35)$$

Folglich bevorzugt der Emittent zwei Ratings gegenüber einem, wenn gilt:

$$\alpha 2V^{GG} - (\emptyset_1 + \emptyset_2) > \alpha 2V^G - min[\emptyset_1, \emptyset_2]$$

$$\Rightarrow \quad \emptyset_k^{m=G} \leq \alpha 2(V^{GG} - V^G) \qquad (4.1\text{-}36)$$

Sollten beide Ratingagenturen ihre Gebühr wählen wie in *(4.1-36)*, so kauft der Emittent beide Ratings, solange ihn dies besser stellt als kein Rating zu kaufen (V^0). Es muss

$$\alpha 2V^{GG} - \alpha 4(V^{GG} - V^G) > V^0 \qquad (4.1\text{-}37)$$

gelten, was durch Annahme $(A4)$ sichergestellt ist. Die beiden Ratingagenturen erzielen damit jeweils einen erwarteten Gewinn von

$$\pi_{RA}^{m=G} = \frac{1}{2}(e^2 + (1-e)^2)\big[\pi_G(\theta_{1,2} = g) + \pi_G(\theta_{1,2} = b)\big] \qquad (4.1\text{-}38)$$

$$+2e(1-e)\pi_G(\theta_1 \neq \theta_2),$$

[97] Vgl. Bolton et al. (2012b), S. 4 ff. und Anhang [2]

mit $$\pi_G(\theta_{1,2} = g) = \emptyset_k + \rho^D, \tag{4.1-39}$$

$$\pi_G(\theta_{1,2} = b) = \emptyset_k + (1 - ep)\rho^D, \tag{4.1-40}$$

$$\pi_G(\theta_1 \neq \theta_2) = \emptyset_k + \frac{1}{2}[\rho^D + (1 - ep)\rho^D] \tag{4.1-41}$$

Durch Umformung ergibt sich *(4.1-31)*. Eine Abweichung von diesem Gleichgewicht durch eine der beiden Ratingagenturen ist nicht plausibel:

- Würden beide Agenturen die Gebühr wie im *Monopol*-Fall wählen, d.h. $\alpha 2V^G - V^0$, wäre der Emittent nur an einem Rating interessiert. Da die Ratings homogene Güter darstellen, würde dies jedoch Bertrand-Wettbewerb[98] zwischen den Agenturen auslösen, die sich folglich im Preis immer weiter unterbieten würden. Aus diesem Grund stellt diese Abweichung kein Gleichgewicht dar.
- Eine Veränderung des Verhaltens einer der Agenturen hin zu wahrheitsgemäßen Ratings stellt genauso wenig eine rationale Abweichung dar. Wenn die Gebühr bei wahrheitsgemäßem Verhalten geringer wäre als $\alpha 2(V^{GG} - V^G)$, so ist die Abweichung nicht profitabel; wenn sie höher wäre, so wird sich diese Agentur auf Grund von Lemma 2 doch nicht wahrheitsgemäß verhalten, denn $\alpha 2(V^{GG} - V^G) > ep\rho^D$.

Bei *wahrheitsgemäßem* Verhalten der Ratingagenturen ($m = \theta$, d.h. Separating-Strategie) optimieren diese ihre Gebühren wiederum so, dass der Emittent beide *guten* Ratings kauft. Dieser bevorzugt zwei *gute* Ratings gegenüber einem, wenn gilt:

$$2V^{GG} - (\emptyset_1 + \emptyset_2) > \alpha 2V^G - min[\emptyset_1, \emptyset_2]$$

$$\Rightarrow \quad \emptyset_k^{m=\theta} \leq 2(V^{GG} - \alpha V^G) \tag{4.1-42}$$

Außerdem bevorzugt der Emittent zwei *gute* Ratings gegenüber keinem, wo er nur $\max[\alpha V^0, V^{BB}]$ erhalten würde, da diese Situation für die skepti-

98 Beim Bertrand-Wettbewerb handelt es sich um Preiswettbewerb im Duopol, d.h. die beiden Firmen setzen den Preis und nicht die Menge fest (wie etwa bei Cournot), vgl. Gibbons, R. (1992), S. 22 f.

schen Investoren einen "Belief" *auf dem Gleichgewichtspfad* darstellt.[99] Sollte es ein *gutes* und ein *schlechtes* Rating geben, so kauft der Emittent das *gute* Rating.[100] Unter Berücksichtigung von Lemma 2 für die Obergrenze von wahrheitsgemäßem Verhalten wählen die beiden Ratingagenturen ihre Gebühren daher wie in *(4.1-32)* angegeben und erzielen damit jeweils einen erwarteten Gewinn von

$$\pi_{RA}^{m=\theta} = \frac{1}{2}(e^2 + (1-e)^2)\left[\pi_G(\theta_{1,2} = g) + \pi_B(\theta_{1,2} = b)\right] \quad (4.1\text{-}43)$$

$$+2e(1-e)\pi_{G,B}(\theta_1 \neq \theta_2),$$

mit

$$\pi_G(\theta_{1,2} = g) = \emptyset_k + \rho^D, \quad (4.1\text{-}44)$$

$$\pi_B(\theta_{1,2} = b) = \rho^D, \quad (4.1\text{-}45)$$

$$\pi_{G,B}(\theta_1 \neq \theta_2) = \frac{1}{2}\emptyset_k + \rho^D. \quad (4.1\text{-}46)$$

Durch Umformung ergibt sich *(4.1-33)*. Eine Abweichung von diesem Gleichgewicht durch eine der beiden Ratingagenturen ist nicht plausibel:

- Ein einseitiges Abweichen einer Ratingagentur von wahrheitsgemäßer Bewertung und Erstellung unseriöser Ratings, um die Gebühr $\alpha 2V^G - V^0$ zu erhalten und Gewinne zu erwirtschaften, wenn die andere Agentur wahrheitsgemäß ein *schlechtes* Rating erstellt, ist mit Annahme $(A5)$ ausgeschlossen. Die Zusatzrente wäre gemäß $(A5)$ geringer als die erwarteten Reputationskosten $e^2 p\rho^D$.
- Ein Gleichgewicht, in dem eine Agentur $(k = 1)$ wahrheitsgemäß bewertet, während die andere $(k = 2)$ unseriöse Ratings erstellt, ist nicht möglich. Für dieses Szenario müsste $\emptyset_1 < ep\rho^D$ und $\emptyset_2 > ep\rho^D$ gelten, was

[99] $\max[\alpha V^0, V^{BB}]$ ist weniger als V^0 und daher ist gemäß Annahme $(A4)$ kein Rating schlechter als der Kauf von zwei *guten* Ratings.

[100] Gemäß Annahme $(A4)$ ist ein *gutes* Rating für den Emittenten besser als kein Rating.

durch das Kaufverhalten des Emittenten und die Gebührenfestlegung der Agentur $k = 1$ ausgeschlossen ist.

Erkenntnis von Behauptung 2 ist, dass die Ratingagenturen auch im *Duopol*-Fall ihren erwarteten Gewinn maximieren, indem sie unseriöses anstatt wahrheitsgemäßes Verhalten wählen, wenn die Gewinndifferenz beider Strategien $\alpha 2(V^{GG} - V^{G}) - ep\rho^{D}$ positiv ist, d.h. wenn $\alpha 2(V^{GG} - V^{G}) > ep\rho^{D}$ gilt. Dies bedeutet, dass – wie im *Monopol*-Fall – die Überbewertung einer Investition mit erhöhten Ratings ein Gleichgewichtszustand ist, obwohl Reputationskosten auftreten. Es existieren bei Wettbewerb daher zwei Marktgleichgewichte: Entweder verhalten sich die Ratingagenturen beide unseriös oder beide ehrlich.

Die Gewinndifferenz ist ausschlaggebend für das rationale Verhalten der Ratingagenturen und abhängig von dem Anteil naiver Investoren α und den erwarteten Reputationskosten $ep\rho^{D}$. Ein höherer Anteil und geringere Reputationskosten machen ein unseriöses Verhalten der Agenturen mit überhöhten Ratings wahrscheinlicher. Die Leidtragenden sind wie auch beim *Monopol* die naiven Investoren. Bei höheren Reputationskosten und/oder einem größeren Anteil skeptischer Investoren wird ein wahrheitsgemäßes Verhalten der Ratingagenturen wahrscheinlicher. Wie beim *Monopol* hat die Qualität e der Bewertungssysteme der Ratingagenturen (bzw. der privaten Information) gegenläufige Effekte: Zum einen erhöhen sich die erwarteten Reputationskosten, wodurch wahrheitsgemäßes Verhalten wahrscheinlicher wird. Zum anderen steigen die kurzfristigen Gewinne der Ratingagenturen bei unseriösem Verhalten. Im Unterschied zum *Monopol* ist dies jedoch nur für geringe e-Werte der Fall. Bei einer hohen Qualität e sind die kurzfristigen Gewinne mit steigender Qualität fallend,[101] d.h. heutige und zukünftige Anreize wirken nicht mehr gegenläufig, sondern machen wahrheitsgemäßes Verhalten der Agenturen wahrscheinlicher.[102]

Beim Vergleich von *Monopol* und *Duopol* fällt außerdem auf, dass der Gewinn durch unseriöses Verhalten im *Monopol*-Fall höher ist, da der Grenz-

[101] Dies liegt darin begründet, dass V^{GG} für große e-Werte weniger stark wächst als V^{G}, d.h. die Differenz $V^{GG} - V^{G}$ fällt.

[102] Vgl. Bolton et al. (2012a), S. 98

nutzen eines *guten* Ratings fallend ist, vgl. Annahme ($A4$). Im Gegensatz dazu sind die Reputationskosten des Monopolisten auf Grund der höheren potenziellen Gewinne größer ($\rho > \rho^D$), wodurch die höheren Gebühren abgeschwächt werden. Es bleibt anzumerken, dass unabhängig von der Marktstruktur der Anreiz der Agenturen für unseriöses Verhalten hoch ist, wenn naive Investoren die Qualität e überschätzen. In diesem Fall steigen die heutigen Gewinne ($\alpha 2V^G - V^0$ bzw. $\alpha 2[V^{GG} - V^G]$) bei gleichbleibenden Reputationskosten in der Zukunft ($ep\rho$ bzw. $ep\rho^D$).[103]

Tabelle 2: Gebühren und Gewinne in den Marktgleichgewichten[104]

	Monopol	Duopol
Unseriöses Verhalten	$\emptyset = \alpha 2V^G - V^0$	$\emptyset = \alpha 2(V^{GG} - V^G)$
	$\pi_{RA} = \alpha 2V^G - V^0 + \left(1 - \frac{ep}{2}\right)\rho$	$\pi_{RA} = \alpha 2(V^{GG} - V^G) + \left(1 - \frac{ep}{2}\right)\rho^D$
	$\pi_{EM} = V^0$	$\pi_{EM} = \alpha 2(2V^G - V^{GG})$ *mit* $\pi_{EM} > V^0$
Wahrheitsgemäßes Verhalten	$\emptyset = min[2V^G - max[\alpha V^0, V^B], ep\rho]$	$\emptyset = min[2(V^{GG} - \alpha V^G), ep\rho^D]$
	$\pi_{RA} = \frac{1}{2} min[2V^G - max[\alpha V^0, V^B], ep\rho] + \rho$	$\pi_{RA} = \frac{1}{2} min[2(V^{GG} - \alpha V^G), ep\rho^D] + \rho^D$
	$\pi_{EM} = max[\alpha V^0, V^B]$	$\pi_{EM} = \frac{1}{2}(e^2 + (1-e)^2) max[\alpha V^0, V^{BB}] + (1 + 2e(1-e))(\alpha 2V^G - V^{GG})$

Tabelle 2 zeigt zusammenfassend die Gebühren und Gewinne der Ratingagentur(en) sowie die Gewinne des Emittenten (π_{EM}) in den jeweiligen Marktgleichgewichten. Es sei angemerkt, dass der Emittent bei unseriösem Verhalten der Agenturen im *Duopol*-Fall auf Grund des Wettbewerbs einen höheren Gewinn erzielt als im *Monopol*-Fall, denn es gilt:

$$\alpha 2(2V^G - V^{GG}) > V^0 \qquad (4.1\text{-}47)$$

103 Vgl. Bolton et al. (2012a), S. 99

104 Quelle: eigene Darstellung

Nachdem in diesem Abschnitt der Aufbau des Grundmodells von Bolton et al. (2012) im Detail vorgestellt und die Marktgleichgewichte abgeleitet wurden, liegt der Fokus des nächsten Abschnitts auf der Analyse der resultierenden Wohlfahrtsergebnisse.

4.2 Benchmark und Wohlfahrtsbetrachtung

In diesem Abschnitt erfolgen die Auswahl des für die Bewertung der Marktgleichgewichte zu verwendenden Benchmarks (4.2.1) und die Wohlfahrtsbetrachtung (4.2.2).

4.2.1 Herleitung relevanter Benchmarks

Um die abgeleiteten Marktgleichgewichte bewerten und eine Aussage über die Vorteilhaftigkeit von Wettbewerb auf dem Ratingmarkt machen zu können, bedarf es eines Benchmarks, an dem die Ergebnisse gemessen werden können. Auf Grund der Existenz verschiedener Investorengruppen (naive und skeptische), ist es nicht offensichtlich, welches Benchmark verwendet werden sollte. Bolton et al. (2012) wenden das Konzept des "total ex ante surplus" an, d.h. sie betrachten die Wohlfahrt aller Marktteilnehmer ex ante aus Sicht eines erfahrenen bzw. skeptischen Investors und nehmen damit den Standpunkt ein, dass Regulierung naive Investoren vor Fehlern schützen sollte, welche diese auf Basis falscher Informationen begehen. Die Motivation dahinter besteht darin, dass naive Investoren diese Regulierung befürworten würden, wenn sie sich ihrer Naivität bewusst wären. In einer früheren Working Paper-Version zeigen Bolton et al. außerdem, dass sich die Ergebnisse bei Verwendung eines "investor surplus"[105] nicht verändern, weshalb auf die Darstellung im Rahmen dieser Arbeit verzichtet wird.[106]

Im Folgenden werden zwei konkrete Benchmarks definiert, mit denen die Wohlfahrt der Marktgleichgewichte verglichen werden kann. Die erste Benchmark (W_{FB}) betrachtet eine perfekte Informationslage, d.h. alle Markt-

[105] Hierbei wird der Nutzen betrachtet, den die Investoren über den gezahlten Preis hinaus erhalten.

[106] Vgl. Bolton et al. (2012a), S. 99 f.

teilnehmer sind vollständig informiert, und wird als "first-best" bezeichnet. Sie ist definiert als

$$W_{FB} = \frac{1}{2}(2R - u - U) + \frac{1}{2}\big((1-p)R - u\big) \tag{4.2-1}$$

$$= V^0 + \frac{1}{2}(R - U). \tag{4.2-2}$$

Gleichung *(4.2-1)* zeigt den erwarteten Überschuss einer *guten* Investition, von der alle Investoren zwei Einheiten kaufen, plus den erwarteten Überschuss einer *schlechten* Investition, von der alle Investoren nur eine Einheit kaufen. Beide Fälle haben ex ante eine Wahrscheinlichkeit von $\frac{1}{2}$. Diese Situation läge bei einem wahrheitsgemäßen Rating mit $e = 1$ vor. Die zweite Benchmark (W_0) betrachtet eine Marktsituation ohne Ratingagenturen, für die daher

$$W_0 = V^0 \tag{4.2-3}$$

gilt, da alle Investoren in diesem Fall nur eine Einheit der Investition kaufen würden, vgl. Annahme ($A3$). Der Vergleich von *(4.2-2)* und *(4.2-3)* zeigt, dass der maximale Wohlfahrtsgewinn durch die Bereitstellung von Ratings bei $\frac{1}{2}(R - U)$ liegt. Diese Wohlfahrtssteigerung basiert auf der zusätzlichen zweiten Einheit, welche die Investoren im Fall einer *guten* Investition auf Grund des vorhandenen Ratings kaufen.[107]

4.2.2 Wohlfahrt in Abhängigkeit der Marktstruktur

Im Folgenden werden die Wohlfahrtsergebnisse für die verschiedenen Marktstrukturen hergeleitet, d.h. für den *Monopol*- und den *Duopol*-Fall. Dabei wird die Gesamtwohlfahrt betrachtet, indem die Überschüsse der Investoren, der Ratingagentur(en) und des Emittenten addiert werden. Die Gebühr der Agentur(en) und der Preis der Investition (T) werden hierbei nicht berücksich-

[107] Ohne Investoren entsteht kein Überschuss, da der Emittent die Investition nicht selber hält (Liquiditätsbeschränkung).

tigt, da sie sich auf Grund der Gesamtbetrachtung rauskürzen.[108] Darüber hinaus ist anzumerken, dass zukünftige Überschüsse nicht betrachtet werden, sondern die kurzfristig erzeugte Wohlfahrt im Mittelpunkt steht. Dies liegt darin begründet, dass die Reputationskosten (ρ und ρ^D) exogen gegeben sind.

Die Wohlfahrtsbetrachtung erfolgt unter Berücksichtigung der durch Annahme ($A4$) definierten unteren Begrenzung für α, d.h. im Intervall $\alpha \in \left[\frac{V^0}{2V^G}, 1\right]$, vgl. *(4.1-11)*.

Monopol[109]

Abbildung 5 zeigt die für die Berechnung der Wohlfahrtsergebnisse im *Monopol*-Fall relevanten ex ante-Wahrscheinlichkeiten.

Bei *unseriösem Verhalten* der Ratingagentur ($\alpha 2V^G - V^0 > ep\rho$) nehmen auf Grund der hohen Preise der Investition nur die naiven Investoren am Marktgeschehen teil. Sie kaufen stets zwei Einheiten, da sie das *gute* Rating glauben, während die skeptischen Investoren keine Einheit der Investition kaufen. Für die Wohlfahrt gilt daher:

$$W_M^G = \alpha\left[\frac{1}{2}(2R - u - U) + \frac{1}{2}\big((1-p)2R - u - U\big)\right] \qquad (4.2\text{-}4)$$

$$= \alpha[V^0 + (V^0 + u - U)] \qquad (4.2\text{-}5)$$

Der erste Term V^0 ist positiv und entspricht der Wohlfahrt auf einem Markt ohne Ratingagenturen (W_0), während der zweite Term ($V^0 + u - U$) negativ ist auf Grund von Annahme ($A3$). Die naiven Investoren erhalten für die zweite Investitionseinheit nur eine Rückzahlung von u anstatt von U, d.h. sie verlieren $U - u$. In Summe ist W_M^G zwar noch positiv, aber die Existenz

[108] Der Emittent erhält den Kaufpreis (T) und zahlt die Gebühr ($-\emptyset$), während die Investoren den Kaufpreis zahlen ($-T$) und die Agentur die Gebühr erhält ($\emptyset$), d.h. im Ergebnis eine Nullsumme.

[109] Im Folgenden werden detailliertere Herleitungen dargestellt als in Bolton et al. (2012a), S. 100 f.

einer monopolistischen Ratingagentur verringert in dieser Marktsituation die Wohlfahrt, d.h. ein Markt ohne Agentur ist einem mit einer unseriös arbeitenden, monopolistischen Agentur vorzuziehen. Dieses Ergebnis ist wenig überraschend.

Abbildung 5: Ex ante-Wahrscheinlichkeitsbaum im Monopol-Fall[110]

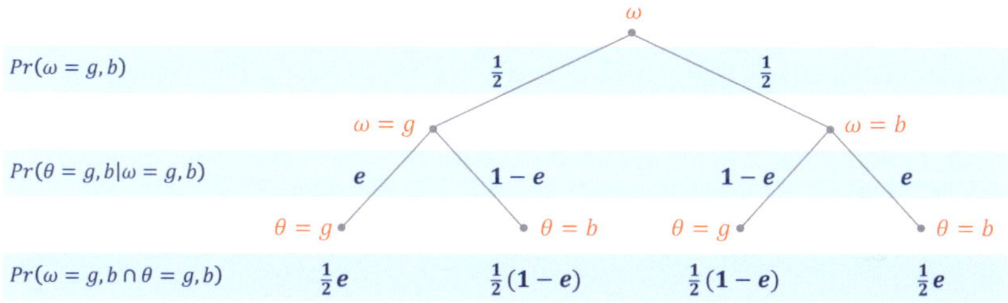

Bei *wahrheitsgemäßem Verhalten* der Ratingagentur ($\alpha 2V^G - V^0 < ep\rho$) muss zwischen zwei Szenarien unterschieden werden. Dies liegt darin begründet, dass der Emittent im Fall eines *schlechten* Ratings, das er nicht kauft (vgl. Abschnitt 4.1.1), entscheiden muss, welchen Preis er für die Investition festsetzt. Bei einem geringen Anteil naiver Investoren, so dass $\alpha V^0 < V^B$ gilt, wählt der Emittent den fairen Preis V^B und verkauft seine Investition an alle Investoren (Szenario 1). Bei einem hohen Anteil naiver Investoren mit $\alpha V^0 > V^B$ wählt der Emittent den zu hohen Preis V^0 und verkauft seine Investition nur an die naiven Investoren (Szenario 2). Die skeptischen Investoren haben bei diesem Preis kein Interesse an der Investition, da sie das fehlende Rating richtigerweise als *B-Rating* entlarven.

In Szenario 1 gilt für die Wohlfahrt

$$W_M^{T1} = \frac{1}{2}[e(2R - u - U) + (1 - e)(R - u)] \\ + \frac{1}{2}\big[(1 - e)\big((1 - p)2R - u - U\big) + e\big((1 - p)R - u\big)\big] \quad (4.2\text{-}6)$$

[110] Quelle: eigene Darstellung

und durch Umformungen ergibt sich

$$W_M^{T1} = V^0 + \frac{1}{2}V^G. \tag{4.2-7}$$

Die Existenz einer seriös arbeitenden, monopolistischen Ratingagentur (wahrheitsgemäßes Verhalten) steigert somit die Wohlfahrt im Vergleich zu einem Markt ohne Agentur, da $V^G > 0$ gilt, vgl. Annahme ($A2$). Bei perfekter Qualität der privaten Information θ der Agentur, d.h. $e = 1$, entspräche die Wohlfahrt W_M^{T1} dem "first-best" Ergebnis, da in diesem Fall $V^G = R - U$ gilt.

Für Szenario 2 ergibt sich auf Grund des zu hohen Preises im Fall eines *schlechten* unveröffentlichten Ratings eine geringere Wohlfahrt in Höhe von

$$\begin{aligned} W_M^{T2} = &\frac{1}{2}[e(2R - u - U) + \alpha(1 - e)(R - u)] \\ &+\frac{1}{2}\big[(1 - e)\big((1 - p)2R - u - U\big) + \alpha e\big((1 - p)R - u\big)\big]. \end{aligned} \tag{4.2-8}$$

Durch Umformungen ergibt sich

$$W_M^{T2} = V^0 + \frac{1}{2}V^G - \frac{1}{2}(1 - \alpha)V^B \tag{4.2-9}$$

$$\text{bzw.} \qquad W_M^{T2} = W_M^{T1} - \frac{1}{2}(1 - \alpha)V^B. \tag{4.2-10}$$

Gleichung *(4.2-10)* zeigt, dass die Wohlfahrt in Szenario 2 (W_M^{T2}), auf Grund der Verzerrung durch den zu hohen Preis V^0, im Vergleich zu Szenario 1 (W_M^{T1}) um den Term $\frac{1}{2}(1 - \alpha)V^B$ geringer ist. Der Wohlfahrtsverlust entsteht dadurch, dass die skeptischen Investoren (Anteil $1 - \alpha$) im Fall eines fehlenden Ratings auf Grund $\theta = b$, was ex ante mit Wahrscheinlichkeit $\frac{1}{2}$ eintritt, nicht am Markt teilnehmen und somit der mögliche Nutzen V^B nicht realisiert wird.

Wettbewerb (Duopol)[111]

Abbildung 6 zeigt die für die Berechnung der Wohlfahrtsergebnisse im *Duopol*-Fall relevanten ex ante-Wahrscheinlichkeiten. Bei *unseriösem Verhalten* der beiden Ratingagenturen ($\alpha 2(V^{GG} - V^{G}) > ep\rho^{D}$) nehmen – wie im *Monopol*-Fall – nur die naiven Investoren am Marktgeschehen teil. Sie kaufen stets zwei Einheiten, während die skeptischen Investoren keine Einheit der Investition kaufen. Es gilt daher:

$$W_D^G = W_M^G = \alpha[V^0 + (V^0 + u - U)] \qquad (4.2\text{-}11)$$

Die Wohlfahrt ist bei Wettbewerb folglich nicht höher, sondern entspricht jener bei einer monopolistischen Agentur – gegeben, dass die Agentur(en) *unseriöses Verhalten* wählt/wählen. Bei der Existenz von fixen Betriebskosten der Agenturen wäre der *Monopol*-Markt sogar effizienter als der Wettbewerbsmarkt. In Summe ist ein Markt ohne Agenturen einem mit einer oder mehreren unseriös arbeitenden Agentur(en) vorzuziehen ($W_0 > W_M^G = W_D^G$).

Abbildung 6: Ex ante-Wahrscheinlichkeitsbaum im Duopol-Fall[112]

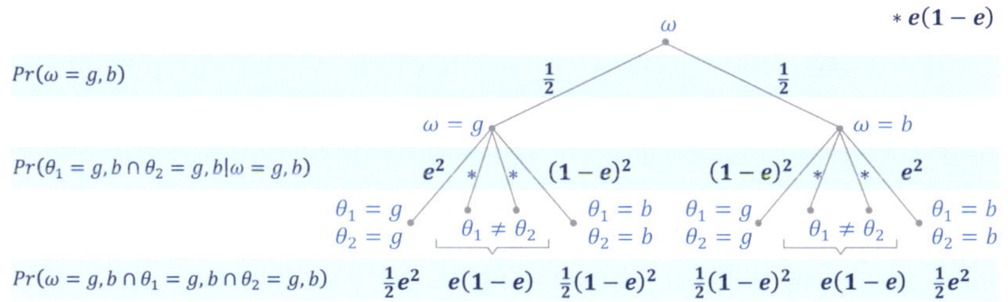

Für den Emittenten entsteht durch den Wettbewerb der Ratingagenturen allerdings ein Vorteil, denn die Verteilung der Überschüsse ist unterschiedlich.

[111] Im Folgenden werden detailliertere Herleitungen dargestellt als in Bolton et al. (2012a), S. 101 f.

[112] Quelle: eigene Darstellung

Im *Monopol*-Fall erhält der Emittent $\alpha 2T - \emptyset = \alpha 2V^G - (\alpha 2V^G - V^0) = V^0$, während im *Duopol*-Fall

$$\alpha 2T - 2\emptyset = \alpha 2V^{GG} - 2\big(\alpha 2(V^{GG} - V^G)\big) \tag{4.2-12}$$

als Überschuss übrig bleibt. Auf Grund von $(A4)$ gilt

$$2\alpha 2V^G - \alpha 2V^{GG} = \alpha 2(2V^G - V^{GG}) > V^0, \tag{4.2-13}$$

weshalb der Emittent sich durch den Wettbewerb der Agenturen verbessert, vgl. auch Tabelle 2 und Gleichung *(4.1-47)*.

Bei *wahrheitsgemäßem Verhalten* der Agenturen ($\alpha 2(V^{GG} - V^G) < ep\rho^D$) muss wiederum zwischen zwei Szenarien unterschieden werden. Im Fall von zwei *schlechten* Ratings, die der Emittent nicht kauft, muss jener entscheiden, welchen Preis er für die Investition festsetzt. Bei einem geringen Anteil naiver Investoren, so dass $\alpha V^0 < V^{BB}$ gilt, wählt er den fairen Preis V^{BB} und verkauft seine Investition an alle Investoren (Szenario 1). Bei einem hohen Anteil naiver Investoren mit $\alpha V^0 > V^{BB}$ wählt der Emittent den zu hohen Preis V^0 und verkauft die Investition ausschließlich an naive Investoren (Szenario 2). Da skeptische Investoren die fehlenden Ratings richtigerweise als *B-Ratings* deuten, haben sie bei diesem Preis kein Interesse.

In beiden Szenarien kauft der Emittent bei der Konstellation $m_1 \neq m_2$, bei der eine Ratingagentur ein *gutes* und die andere ein *schlechtes* Rating vergibt, nur das *gute* Rating, so dass naive Investoren mit V^G bewerten und zwei Einheiten der Investition erwerben. Skeptische Investoren entlarven das fehlende Rating als "nicht veröffentlichtes Rating" $m_2 = B$ und kaufen folglich keine Einheit der Investition, da der Preis V^G zu hoch ist.

In Szenario 1 des *Duopol*-Falls, d.h. $\alpha \in \left[\frac{V^0}{2V^G}, \frac{V^{BB}}{V^0}\right]$, gilt für die Wohlfahrt

$$\begin{aligned} W_D^{T1} = &\tfrac{1}{2}[e^2(2R - u - U) + (1-e)^2(R - u)] \\ &+ \tfrac{1}{2}\big[(1-e)^2\big((1-p)2R - u - U\big) + e^2\big((1-p)R - u\big)\big] \\ &+ e(1-e)\alpha\big[(2R - u - U) + \big((1-p)2R - u - U\big)\big] \end{aligned} \tag{4.2-14}$$

und durch Umformungen[113] ergibt sich

$$W_D^{T1} = (e^2 + 2e(1-e)\alpha + (1-e)^2)V^0 + \frac{1}{2}(e^2 - (1-e)^2)(R-U)$$
$$+ (2e(1-e)\alpha + (1-e)^2)(V^0 + u - U). \qquad (4.2\text{-}15)$$

Für Szenario 2, d.h. für $\alpha \in \left[\frac{V^{BB}}{V^0}, 1\right]$, ergibt sich auf Grund des zu hohen Preises im Fall zweier *schlechter* unveröffentlichter Ratings eine geringere Wohlfahrt, für die gilt:

$$W_D^{T2} = \frac{1}{2}[e^2(2R - u - U) + (1-e)^2\alpha(R-u)] \qquad (4.2\text{-}16)$$
$$+\frac{1}{2}\big[(1-e)^2\big((1-p)2R - u - U\big) + e^2\alpha\big((1-p)R - u\big)\big]$$
$$+ e(1-e)\alpha\big[(2R - u - U) + \big((1-p)2R - u - U\big)\big]$$

Durch Umformungen[114] ergibt sich

$$W_D^{T2} = (e^2 + 2e(1-e)\alpha + (1-e)^2)V^0 + \frac{1}{2}(e^2 - (1-e)^2)(R-U)$$
$$+ (2e(1-e)\alpha + (1-e)^2)(V^0 + u - U)$$
$$- \frac{1-\alpha}{2}\big[(1-e)^2(R-u) + e^2\big((1-p)R - u\big)\big] \qquad (4.2\text{-}17)$$

bzw. zwecks Vergleich mit W_D^{T1} ergeben weitere Umformungen

$$W_D^{T2} = W_D^{T1} - \frac{1}{2}(1-\alpha)(e^2 + (1-e)^2)V^{BB}. \qquad (4.2\text{-}18)$$

Analog zum *Monopol*-Fall zeigt Gleichung *(4.2-18)*, dass die Wohlfahrt im zweiten Szenario, auf Grund der Verzerrung durch den zu hohen Preis, im

113 Für eine ausführliche Darstellung der Herleitung vgl. Anhang [4].

114 Für eine ausführliche Darstellung der Herleitung vgl. Anhang [5].

Vergleich zum ersten Szenario um den Term $\frac{1}{2}(1-\alpha)(e^2+(1-e)^2)V^{BB}$ geringer ist. Der Wohlfahrtsverlust entsteht wiederum dadurch, dass die skeptischen Investoren $(1-\alpha)$ bei fehlenden Ratings auf Grund von $\theta_1 = \theta_2 = b$, was ex ante mit Wahrscheinlichkeit $\frac{1}{2}[e^2+(1-e)^2]$ eintritt, nicht am Markt teilnehmen und somit der mögliche Nutzen V^{BB} nicht realisiert wird.

Der Vergleich der Wohlfahrtsergebnisse *unter Wettbewerb* mit denen eines *monopolistischen* Ratingmarkts liefert ein überraschendes Ergebnis: Bei wahrheitsgemäßem Verhalten der Ratingagentur(en) ist die Wohlfahrt im *Duopol*-Fall geringer als im *Monopol*-Fall, denn

$$W_M^{T1} > W_D^{T1} \geq W_D^{T2} \qquad \textit{und} \qquad W_M^{T2} > W_D^{T2}. \qquad (4.2\text{-}19)$$

Dieses Ergebnis wird im nächsten Abschnitt im Detail beleuchtet.

4.3 Ergebnis und Implikationen

In diesem Abschnitt erfolgen die Betrachtung des Gesamtergebnisses (4.3.1) und die Vorstellung der empirischen Evidenz für die Ergebnisse (4.3.2). Darüber hinaus wird die Modellkritik (4.3.3) diskutiert, welche die Basis für die Modellerweiterungen in Kapitel 5 legt.

4.3.1 Gesamtergebnis

Das im vorherigen Abschnitt hergeleitete Ergebnis, vgl. (*4.2-19*), kann in folgender Behauptung festgehalten werden:[115]

BEHAUPTUNG 3

Eine monopolistische, wahrheitsgemäß arbeitende Ratingagentur dominiert unter Wohlfahrtsgesichtspunkten zwei wahrheitsgemäß arbeitende Ratingagenturen, d.h. bei seriösem Verhalten der Agenturen verringert Wettbewerb die Wohlfahrt.

---

[115] Vgl. Bolton et al. (2012a), S. 101

Dieses zunächst überraschende Ergebnis liegt darin begründet, dass der Emittent bei Existenz verschiedener Agenturen mehr Möglichkeiten hat, die Naivität bzw. das Vertrauen der Investoren auszunutzen. So kann er zum einen bei zwei unterschiedlichen Ratings $m_1 = G$ und $m_2 = B$ nur das *gute* Rating m_1 kaufen und erhält von den naiven Investoren trotzdem den hohen Preis V^G. Zum anderen kann der Emittent bei zwei *schlechten* Ratings $m_1 = m_2 = B$ beide nicht kaufen und von den naiven Investoren den Preis V^0 verlangen. Zum Vergleich: Im *Monopol*-Fall kann der Emittent naive Investoren nur dann ausnutzen, wenn die monopolistische Ratingagentur ein *schlechtes* Rating $m = B$ vergibt, indem er dieses nicht kauft und V^0 als Preis verlangt.

Auf Grund dieser Möglichkeiten, naive Investoren im *Duopol*-Fall auszunutzen, setzen Emittenten zu hohe Preise, durch welche skeptische Investoren vom Markt ausgeschlossen werden, obwohl sie unter Wohlfahrtsgesichtspunkten am Markt teilnehmen sollten. Darüber hinaus wird die zusätzliche Information des zweiten Ratings verschwendet, da diese bei Nicht-Veröffentlichung jenes Ratings nicht für die Bewertung der Investition genutzt wird.

Es folgt der Beweis der für diese Arbeit elementaren Behauptung 3:

Beweis BEHAUPTUNG 3[116]

Die Wohlfahrt im *Duopol*-Fall bei *wahrheitsgemäßem Verhalten* hängt vom Anteil der naiven Investoren ab, d.h. davon, ob $\alpha \in \left[\frac{V^0}{2V^G}, \frac{V^{BB}}{V^0}\right]$ oder $\in \left[\frac{V^{BB}}{V^0}, 1\right]$. Im ersten Intervall steigt W_D^{T1} linear mit α an:

$$\frac{d}{d\alpha} W_D^{T1} = e(1-e)(2R - 2U + 2(1-p)R - 2u) \qquad (4.3\text{-}1)$$

Im zweiten Intervall hat die Wohlfahrt (W_D^{T2}) auf Grund des Terms $\frac{1}{2}\alpha(e^2 + (1-e)^2)V^{BB}$, vgl. *(4.2-18)*, eine größere positive Steigung als im ersten Intervall (W_D^{T1}). Für $\alpha < 1$ gilt $W_D^{T1} > W_D^{T2}$. Für $\alpha = 1$ gilt

116 Vgl. Bolton et al. (2012b), S. 6 ff.

$$W_D^{T1}(\alpha = 1) = W_D^{T2}(\alpha = 1) \tag{4.3-2}$$
$$= V^0 + \frac{1}{2}(e^2 + (1-e)^2)V^{GG} + 2e(1-e)(V^0 + u - U).$$

Die zusammengefasste Kurve W_D^T steigt somit zunächst linear mit α an (W_D^{T1}), fällt bei $\alpha = \frac{V^{BB}}{V^0}$ ab auf W_D^{T2} und steigt dann wieder linear mit α bis der Wert von Gleichung *(4.3-2)* erreicht wird, vgl. die dicke blaue Kurve in Abbildung 7.

Auch im *Monopol*-Fall hängt die Wohlfahrt bei *wahrheitsgemäßem Verhalten* von α ab, d.h. davon, ob $\alpha \in \left[\frac{V^0}{2V^G}, \frac{V^B}{V^0}\right]$ oder $\in \left[\frac{V^B}{V^0}, 1\right]$. Im ersten Intervall ($W_M^{T1}$) ist die Wohlfahrt unabhängig von α, vgl. Gleichung *(4.2-7)*, während die zusammengefasste Kurve W_M^T im zweiten Intervall auf W_M^{T2} abfällt und dann linear mit α steigt, vgl. die dicke schwarze Kurve in Abbildung 7. Bei $\alpha = 1$ gilt

$$W_M^{T1}(\alpha = 1) = W_M^{T2}(\alpha = 1) = V^0 + \frac{1}{2}V^G. \tag{4.3-3}$$

Für einen Vergleich des *Duopols* mit dem *Monopol* müssen die verschiedenen Terme gegenübergestellt werden. Für W_D^{T1} und W_M^{T1} gilt bei $\alpha = 0$:

$$W_M^{T1}(\alpha = 0) - W_D^{T1}(\alpha = 0) \tag{4.3-4}$$
$$= V^0 + \frac{1}{2}\left[\big(e - (1-e)\big)(R - U) + (1-e)2(V^0 + u - U)\right]$$
$$-\left[(e^2 + (1-e)^2)V^0 + \frac{1}{2}(e^2 - (1-e)^2)(R - U) + (1-e)^2(V^0 + u - U)\right]$$

und durch Umformungen ergibt sich

$$W_M^{T1}(\alpha = 0) - W_D^{T1}(\alpha = 0) = e(1-e)(3V^0 + u - U) > 0. \tag{4.3-5}$$

Dieser Ausdruck ist positiv, da $2V^0 + u - U = V^G + V^B > 0$. Für $\alpha = 1$ ergibt sich:

$$
\begin{aligned}
&W_M^{T1}(\alpha = 1) - W_D^{T1}(\alpha = 1) \\
&\quad = V^0 + \frac{1}{2}\left[\big(e - (1-e)\big)(R - U) + (1-e)2(V^0 + u - U)\right] \\
&\quad\quad - \left((e^2 + 2e(1-e) + (1-e)^2)V^0 + \frac{1}{2}(e^2 - (1-e)^2)(R - U)\right) \\
&\quad\quad - (2e(1-e) + (1-e)^2)(V^0 + u - U)
\end{aligned} \tag{4.3-6}
$$

Mittels Umformungen wird daraus

$$W_M^{T1}(\alpha = 1) - W_D^{T1}(\alpha = 1) = -e(1-e)(V^0 + u - U) > 0. \tag{4.3-7}$$

Dieser Ausdruck ist auch positiv, da $V^0 + u - U < 0$, vgl. Annahme ($A3$). Aus Gleichung *(4.3-5)* und *(4.3-7)* folgt, dass $W_M^{T1} > W_D^{T1}$ für alle $\alpha \leq 1$. Aus den oberen Ausführungen ergibt sich außerdem, dass $W_D^{T1} \geq W_D^{T2}$ für alle $\alpha \leq 1$ (vgl. *(4.3-5)*)[117] und damit, dass $W_M^{T1} > W_D^{T2}$.

Als letztes muss untersucht werden, ob sich W_D^{T2} und W_M^{T2} schneiden können. Mit Gleichung *(4.3-7)* ist offensichtlich, dass

$$W_M^{T1}(\alpha = 1) = W_M^{T2}(\alpha = 1) > W_D^{T2}(\alpha = 1) = W_D^{T1}(\alpha = 1) \tag{4.3-8}$$

und für W_D^{T2} und W_M^{T2} gilt bei $\alpha = 0$:

$$
\begin{aligned}
&W_M^{T2}(\alpha = 0) - W_D^{T2}(\alpha = 0) \\
&\quad = \frac{1}{2}[e(2R - u - U) + (1-e)(2(1-p)R - u - U)] \\
&\quad\quad - \frac{1}{2}[e^2(2R - u - U) + (1-e)^2(2(1-p)R - u - U)]
\end{aligned} \tag{4.3-9}
$$

117 Beide Kurven steigen linear mit α und $W_D^{T1}(\alpha = 0) > W_D^{T2}(\alpha = 0)$.

Durch Umformungen ergibt sich

$$W_M^{T2}(\alpha = 0) - W_D^{T2}(\alpha = 0) = e(1-e)(2V^0 + u - U) > 0. \quad (4.3\text{-}10)$$

Da W_D^{T2} und W_M^{T2} linear mit α steigen, gibt es keinen Schnittpunkt im Bereich $0 \leq \alpha \leq 1$, wodurch der Beweis von Behauptung 3 abgeschlossen ist. Abbildung 7 zeigt zusammenfassend den Verlauf der Wohlfahrtskurven je Marktstruktur.

Abbildung 7: Wohlfahrt in Abhängigkeit von α und der Marktstruktur[118]

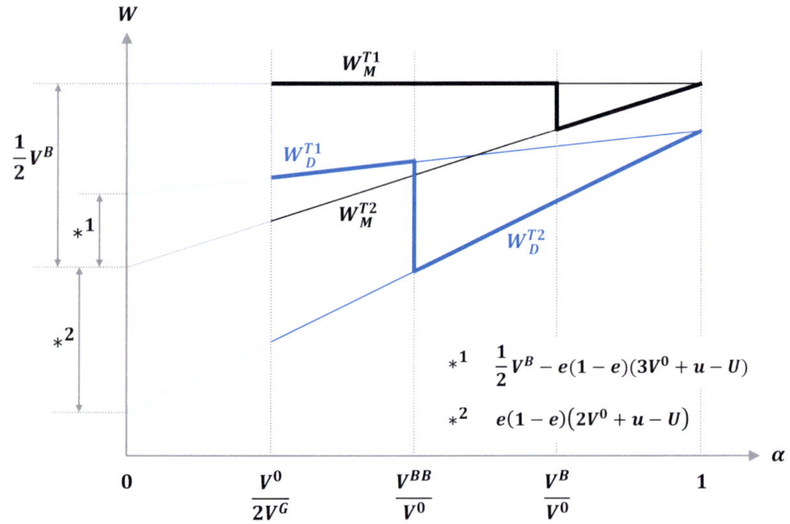

In Verbindung mit den Wohlfahrtsergebnissen bei *unseriösem Verhalten* der Ratingagenturen, wo die Wohlfahrt im *Duopol*-Fall jener im *Monopol*-Fall entspricht bzw. unter Berücksichtigung fixer Betriebskosten geringer ist, kann festgehalten werden, dass Wettbewerb wohlfahrtsmindernd wirkt, solange das

[118] Qualitativer Verlauf ohne konkrete Werte für R, p, u, U; Quelle: eigene Darstellung

gegenwärtige "issuer-pays-model" Anwendung findet und *Ratings-Shopping* möglich ist.[119]

Dieses Ergebnis wird jedoch erreicht, indem die Wohlfahrtsergebnisse unter Wettbewerb mit denen des *Monopol*-Falls für das jeweils gleiche Agenturverhalten verglichen werden, d.h. separat für *unseriöses Verhalten* (Fall 1) und *wahrheitsgemäßes Verhalten* (Fall 2). Formal ausgedrückt bedeutet dies:

$$W_M^T > W_D^T \qquad und \qquad W_M^G \geq W_D^G \tag{4.3-11}$$

Es muss daher untersucht werden, ob Wettbewerb nicht dadurch wohlfahrtserhöhend wirken kann, dass dieser das Agenturverhalten hin zu *wahrheitsgemäßem Verhalten* verbessert. Zunächst kann festgehalten werden, dass die Wohlfahrt bei einer *monopolistischen, wahrheitsgemäß* arbeitenden Agentur nicht nur höher ist als bei einem *wahrheitsgemäß* arbeitendem *Duopol* ($W_M^T > W_D^T$), sondern auch im Vergleich zu einem *unseriös* arbeitenden *Duopol* ($W_M^T > W_D^G$). Allerdings ist ein *wahrheitsgemäß* arbeitendes *Duopol* einem *unseriös* arbeitenden *Monopol* zu bevorzugen, da $W_D^T > W_M^G$:[120]

LEMMA 3

Ein wahrheitsgemäß arbeitendes Duopol dominiert unter Wohlfahrtsgesichtspunkten eine unseriös arbeitende monopolistische Ratingagentur.

Der Beweis von Lemma 3 befindet sich im Anhang [6], S. 164. Dieses Ergebnis unterstreicht die negativen Effekte eines unseriösen Verhaltens mit zu guten Ratings. Von Relevanz ist Lemma 3 allerdings nur dann, wenn es Parameterkonstellationen gäbe, für die ein *wahrheitsgemäß arbeitendes Duopol* und ein *unseriös arbeitendes Monopol* simultan auftreten. Dafür müssten die beiden folgenden Ungleichungen erfüllt sein:

---

119 Zu einem ähnlichen Ergebnis kommen z.B. Becker und Milbourn (2011), die eine sinkende Ratingqualität im Rahmen des Markteintritts von Fitch empirisch nachweisen konnten, vgl. Abschnitt 3.2 sowie Becker, B.; Milbourn, T. (2011), S. 513.

120 Vgl. Bolton et al. (2012a), S.102

$$\alpha 2(V^{GG} - V^{G}) < ep\rho^{D} \qquad (4.3\text{-}12)$$

$$\alpha 2V^{G} - V^{0} > ep\rho \qquad (4.3\text{-}13)$$

Ungleichung *(4.3-12)* stellt sicher, dass die Agenturen eines *Duopols* ein *wahrheitsgemäßes* Verhalten bevorzugen, während *(4.3-13)* gewährleistet, dass eine *monopolistische* Agentur *unseriöses* Verhalten wählt.

Diese beiden Ungleichungen können nur bei einem geringen Anteil naiver Investoren simultan erfüllt sein, da das *Duopol* bei großen α-Werten einem *unseriösen* Verhalten nicht widerstehen wird. Darüber hinaus ist ein *wahrheitsgemäßes* Verhalten des *Duopols* wahrscheinlicher, wenn der Informationsgehalt des zweiten Ratings gering ausfällt ($V^{GG} \approx V^{G}$), d.h. paradoxer Weise würde ein *Duopol* ein *Monopol* nur dann dominieren, wenn der Mehrwehrt einer zweiten Ratingagentur niedrig ist.

Abgesehen davon, dass diese Parameterkonstellationen somit unwahrscheinlich sind, zeigen Bolton et al. (2012), dass ein *Monopol* und ein *Duopol* bei einer Endogenisierung der Reputationskosten[121] immer das gleiche Verhalten wählen (*wahrheitsgemäß* bzw. *unseriös*). Folglich ist das in Lemma 3 festgehaltene Ergebnis nicht von Relevanz. Daneben sei angemerkt, dass das Problem des *Ratings-Shopping* nach wie vor bestünde, selbst wenn Lemma 3 relevant wäre, d.h. das *Duopol* das *Monopol* dominieren würde.

Abschließend sei festgehalten, dass ein *reguliertes Duopol*, bei dem der Emittent das Rating von beiden Agenturen kaufen und veröffentlichen lassen muss, im Vergleich zu einem *nicht regulierten Duopol* wohlfahrtssteigernd wäre. Denn durch diese regulatorische Vorgabe würden drei Verbesserungen erreicht:[122]

121 Auf die Darstellung der Modellabwandlung mit endogenen Reputationskosten wird in dieser Arbeit verzichtet und stattdessen auf Bolton et al. (2012a), S. 103 f. verwiesen.

122 Vgl. Bolton et al. (2012a), S. 103

1. *Die Ratingagenturen würden stets wahrheitsgemäße Ratings erstellen, da der Kauf ihrer Ratings nicht mehr von der Ausprägung jener abhängen würde.*
2. *Das Ratings-Shopping des Emittenten wäre unterbunden, da dadurch kein Vorteil mehr erreicht werden kann – denn schlechte Ratings ($m = B$) können von den Marktteilnehmern beobachtet werden.*
3. *Die Investitionen würden basierend auf der maximal verfügbaren Informationslage bewertet, d.h. auf Basis der privaten Information $\theta_{1,2}$ beider Agenturen.*

Ohne die Interessenkonflikte der Agenturen und ohne die Möglichkeit des *Ratings-Shopping* des Emittenten entspräche die Wohlfahrt dem "first-best" Ergebnis – jedoch beeinflusst von der Qualität e der privaten Information $\theta_{1,2}$ der Ratingagenturen.

4.3.2 Empirische Evidenz

Um die sehr interessanten und zum Teil überraschenden Ergebnisse des Marktmodells auf empirisch nachweisbare Relevanz zu untersuchen, führen Bolton et al. (2012) überprüfbare Implikationen der Modellergebnisse an. Das Modell bietet vier Ergebnisse, die sich empirisch testen lassen:[123]

a. Im Modell zeigt sich, dass eine *geringe Ratingqualität*, d.h. überhöhte Ratings, positiv korreliert ist mit dem Anteil naiver Investoren und den heutigen Rückflüssen der Agentur(en). Daneben besteht eine negative Korrelation mit den Reputationskosten bzw. der Wahrscheinlichkeit, erwischt zu werden. Da es schwierig ist, diese Parameter zu messen, kann stattdessen untersucht werden, ob eine *geringe Ratingqualität* in *Boom-Phasen* wahrscheinlicher ist. Diese Kausalität lässt sich dadurch begründen, dass die Ausfallwahrscheinlichkeit in *Boom-Phasen* geringer ist, wodurch Investoren seltener eine "Due Diligence" durchführen und naiver werden. Als Folge entsteht ein höheres Emissionsvolumen,

[123] Vgl. Bolton et al. (2012a), S. 106 ff.

was wiederum mehr Gebühreneinnahmen für die Ratingagenturen bewirkt.

b. Im Gegensatz zu einigen anderen Arbeiten, die sich mit den Anreizverzerrungen auf dem Ratingmarkt beschäftigen, können im Modell von Bolton et al. (2012) *überhöhte Ratings* allein auf Grund von *Interessenkonflikten* entstehen, ohne dass *Ratings-Shopping* erfolgt. Um dies empirisch zu testen, kann der Markt für Unternehmensanleihen auf Grund der dort fehlenden Shopping-Möglichkeiten auf die Bedeutung von Interessenkonflikten[124] untersucht werden.

c. Im Modell zeigt sich außerdem, dass *Ratings-Shopping* beim Duopol wahrscheinlicher wird, wenn die Qualität e der privaten Information der Ratingagenturen, d.h. die Güte ihrer statistischen Prognosemodelle, geringer ist.

d. Das letzte überprüfbare Ergebnis besteht darin, dass der Emittent die naiven Investoren mittels *Ratings-Shopping* ausnutzt, da diese jenes im Modell nicht erkennen. Dieses Ergebnis kann empirisch getestet werden, indem zum einen untersucht wird, ob die Abhängigkeit der Rendite von den Ratings bei viel Shopping steigt und zum anderen, ob eine geringere Anzahl veröffentlichter Ratings mit niedrigeren realisierten Rückflüssen (ex post-Betrachtung) korreliert.

Um diese vier Ergebnisse zu untersuchen, bedienen sich Bolton et al. (2012) aktueller empirischer Literatur zum Thema *Ratingqualität*. Dabei wird die Investition des Emittenten, für die im Modell das Rating vergeben wird, als strukturiertes Finanzprodukt oder Unternehmensanleihe interpretiert. Die Resultate der Untersuchung auf empirische Relevanz sind wie folgt:[125]

a. Der Zusammenhang, dass *überhöhte Ratings*, d.h. eine geringe Ratingqualität, in *Boom-Phasen* wahrscheinlicher sind, wurde von vielen Autoren empirisch untersucht und bestätigt. Ashcraft et al. (2010) zeigen

---

[124] Gemeint ist hierbei der Trade-Off zwischen höheren heutigen Gewinnen und erwarteten zukünftigen Gewinnen. Variablen, welche die Gewinne beeinflussen, wie etwa der Wettbewerbsgrad, können mit der Ratingqualität verglichen werden, vgl. Bolton et al. (2012a), S. 107.

[125] Vgl. Bolton et al. (2012a), S. 107 ff. sowie die jeweils angegebenen Quellen.

zum Beispiel, dass die Ratingqualität sank, als sich das MBS[126]-Volumen in den Jahren 2005-2007 vervielfachte.[127] Darüber hinaus entdecken sie, dass nachträgliche Ratingkorrekturen hin zum Schlechteren, sogenannte "ratings downgrades", bei den Emissionen der Jahre 2005-2007 deutlich häufiger waren als bei früheren Emissionen. Daneben zeigen Griffin und Tang (2012), dass die manuellen Ratinganpassungen der Agenturen, die eine Verbesserung im Vergleich zum Ergebnis der statistischen Prognosemodelle bewirken (vgl. Abschnitt 2.1), bei den von ihnen untersuchten CDOs[128] eine nachträgliche Ratingkorrektur nach unten wahrscheinlicher machten. In der von Griffin und Tang (2012) untersuchten Stichprobe vergrößerte sich die AAA-Tranche eines durchschnittlichen CDOs um 12,1 Prozentpunkte. Außerdem zeigen sie, dass 98,7 Prozent der untersuchten CDOs mit AAA-Rating aus den Jahren 1997-2007 den von der Ratingagentur definierten AAA-Standard bzgl. der Ausfallwahrscheinlichkeit nicht einhalten konnten. Ganz im Gegenteil: 92,4 Prozent der CDOs erreichten nur den definierten AA-Standard der Agentur und die übrigen 6,3 Prozent noch geringere Standards. Schließlich zeigen sie, dass die manuellen Ratinganpassungen den Wert der CDOs um durchschnittlich 14,7 Mio. USD erhöhten, d.h. bei einem durchschnittlichen Emissionserlös der Investmentbanken von 1,25-1,5 Prozent des Volumens betrug der Extraerlös auf Grund von Ratinganpassungen ca. 0,2 Mio. USD pro CDO.[129]

Den Zusammenhang, dass *überhöhte Ratings* mit der Höhe der heutigen Rückflüsse positiv korreliert sind, untersuchen z.B. He et al. (2011). Sie zeigen, dass sich der Marktpreis von MBS-Emissionen der Jahre 2004-2006 deutlich schlechter entwickelte, wenn jene von großen Emittenten begeben wurden anstatt von kleinen. Daneben zeigt Faltin-Traeger (2009), dass eine Ratingagentur mit höherer Wahrscheinlichkeit von ei-

[126] "Mortgage-backed securities" (MBS) sind durch Hypotheken gesicherte Anleihen bzw. Wertpapiere.

[127] Hierbei untersuchen sie die "subordination levels" von MBS-Geschäften im "Subprime"- und "Alternative-A-paper"-Bereich, vgl. Ashcraft et al. (2010), S. 31 f.

[128] "Collateralized debt obligations" (CDO) sind forderungsbesicherte Schuldverschreibungen.

[129] Vgl. Griffin, J.; Tang, D. (2012), S. 1296, 1303 und 1325-1326

nem Emittenten bei der nächsten Emission ausgewählt wurde, wenn sie bei seiner letzten Emission ein höheres Rating vergeben hatte, d.h. Emittenten halten Agenturen mit höheren Ratings die Treue.[130]

b. Die im Modell getrennten Ursachen für *überhöhte Ratings*, nämlich zum einen *Interessenkonflikte* (unseriöses Verhalten der Agenturen) und zum anderen *Ratings-Shopping* des Emittenten, können in der Praxis nur schwierig separat betrachtet werden. Stattdessen kann der Vergleich des Marktes für Unternehmensanleihen mit dem Markt für strukturierte Finanzprodukte zweckdienlich sein. Der Markt für Unternehmensanleihen bietet quasi keine Möglichkeit für *Ratings-Shopping*, da sowohl Standard & Poor's als auch Moody's für fast alle Emissionen ein Rating veröffentlichen. Im Modell können auch ohne *Ratings-Shopping* allein auf Grund der *Interessenkonflikte* überhöhte Ratings entstehen: Der Trade-Off zwischen heutigen und zukünftigen Rückflüssen verleitet die Ratingagentur(en) zu *unseriösem Verhalten*, aus dem überhöhte Ratings resultieren. Becker und Milbourn (2011) finden hierfür empirische Evidenz: Ein steigender Marktanteil von Fitch Ratings, d.h. mehr Wettbewerb, führte zu höheren Ratings.[131] Diese Erkenntnis unterstreicht, dass Wettbewerb eine schlechtere *Ratingqualität* verursachen kann und unterstützt folglich die Ergebnisse von Bolton et al. (2012), vgl. auch Abschnitt 3.2.

c. Bei der Überprüfung des Ergebnisses, dass *Ratings-Shopping* wahrscheinlicher wird, wenn die Qualität e der privaten Information der Agenturen, d.h. die Güte ihrer statistischen Prognosemodelle, geringer ist, kann wiederum der Vergleich der Märkte für Unternehmensanleihen und strukturierte Finanzprodukte dienen. Die Ratingerstellung für Unternehmensanleihen ist deutlich standardisierter und die Anleihen selbst sind weniger komplex, d.h. die Prognosemodelle der Ratingagenturen haben hier eine höhere Güte als bei strukturierten Finanzprodukten. Ashcraft et al. (2010) zeigen für strukturierte Finanzprodukte, dass diejenigen MBS-Emissionen, die undurchsichtiger und daher schwieriger zu bewerten waren, mit höherer Wahrscheinlichkeit an Wert verloren

[130] Vgl. Faltin-Traeger, O. (2009) sowie He, J.; Qian, J.; Strahan, P. (2011), S. 135

[131] Vgl. Becker, B.; Milbourn, T. (2011), S. 502 ff. und 513 sowie Abschnitt 3.2.

bzw. ausfielen. Undurchsichtig meint, dass für die Anleihen nur eine begrenzte Historie[132] vorhanden war und die verbrieften Hypotheken eine geringe oder keine Dokumentation besaßen.[133]

d. Das Modellergebnis, dass der Emittent die naiven Investoren mittels *Ratings-Shopping* ausnutzt, kann mit den Arbeiten mehrerer Autoren beleuchtet werden. Bezüglich der Abhängigkeit von Rendite und Rating zeigt Adelino (2009), dass die MBS-Renditen von AAA-Tranchen keine Rückschlüsse auf Ausfallwahrscheinlichkeit und nachträgliche Ratingkorrekturen nach unten zulassen, d.h. eine signifikante Korrelation konnte in dem verwendeten Datensatz nicht nachgewiesen werden.[134] Bezüglich des Zusammenhangs, dass eine geringere Anzahl veröffentlichter Ratings zu niedrigeren realisierten Rückflüssen für die Investoren führt, existiert unterschiedliche Evidenz. Griffin und Tang (2012) können nicht zeigen, dass CDOs mit Ratings mehrerer Agenturen seltener ausfallen oder weniger an Wert verlieren als solche mit nur einem Rating.[135] Im Gegensatz dazu zeigen Benmelech und Dlugosz (2009), dass "ratings downgrades" bei ABS wahrscheinlicher sind und deutlicher ausfallen, wenn nur ein einzelnes Rating vorliegt.[136] Ashcraft et al. (2010) können dieses Ergebnis auch für RMBS[137] zeigen.[138]

Abgesehen von den Modellergebnissen stellt sich die Frage, inwiefern die Annahme der *Existenz naiver Investoren* systematisch belegt werden kann. Grundsätzlich können zwei verschiedene Erklärungsansätze motiviert werden, warum diese Investorengruppe keine ausreichende "Due Diligence" bzw. Analyse durchführt: Erstens können *Fehlanreize* die Ursache sein und zweitens könnte die erforderliche *Analysearbeit* schlicht *zu kompliziert* und zeitaufwändig sein. Während die zweite Ursache nur schwierig untersucht werden kann,

---

132 Ashcraft et al. (2010) beziehen sich auf eine geringe Transparenz der historischen Wertentwicklung.

133 Vgl. Ashcraft et al. (2010), S. 4, 14 f. und 31 f.

134 Vgl. Adelino, M. (2009), S. 16 ff. und 36 f.

135 Vgl. Griffin, J.; Tang, D. (2012)

136 Vgl. Benmelech, E.; Dlugosz, J. (2009), S. 195 ff., 203

137 RMBS steht für "residential mortgage-backed securities".

138 Vgl. Ashcraft et al. (2010), S. 27 f. Allerdings sind nur 1% des Datensatzes Anleihen (RMBS) mit nur einem Rating, d.h. die statistische Relevanz ist zweifelhaft.

zeigen verschiedene Autoren[139], dass Ratings für Unternehmensanleihen für einige Investoren ausschließlich zur Erfüllung regulatorischer Vorgaben von Bedeutung sind.

Bezogen auf den Markt für strukturierte Finanzprodukte kann Adelino (2009) deutliche Anzeichen für Investorennaivität finden: Während die Nominalrenditen von Tranchen unterhalb AAA gut als Indikator für die Ausfallwahrscheinlichkeit und für zukünftige Ratingkorrekturen taugten, war dies bei jenen von AAA-Tranchen nicht der Fall. Investoren von AAA-Tranchen nutzten wohl nur Ratings als Informationsquelle.[140]

Nachdem die Modellergebnisse von Bolton et al. (2012) in diesem Abschnitt auf empirische Evidenz untersucht wurden, wird im nächsten Abschnitt die Modellkritik diskutiert, welche die Grundlage für die Modellerweiterungen in Kapitel 5 darstellt.

4.3.3 Modellkritik

Das in diesem Kapitel im Detail vorgestellte Grundmodell von Bolton et al. (2012) wurde im letzten Abschnitt (4.3.2) auf empirische Evidenz untersucht. In diesem Abschnitt erfolgt abschließend eine kritische Würdigung.

Bolton et al. (2012) stellen ein Modell des Ratingmarkts auf, das nur die erste Periode einer bestimmten Investition betrachtet. Damit wird dem Ziel der Modelltheorie gerecht, mittels Beschränkung auf das Wesentliche eine vereinfachte Abbildung der Realität zu erlangen, welche die Analyse konkreter ökonomischer Effekte und Wirkungszusammenhänge ermöglicht. Um eine beherrschbare Modellform zu erreichen, treffen Bolton et al. (2012) einige vereinfachende, von der Realität abstrahierende Annahmen, die nachfolgend genauer beleuchtet werden sollen.

Ratingunterteilung. In der Realität existiert eine detaillierte Abstufung der Ratings, die eine Zuordnung der zu bewertenden Investition in fein abgestufte Güteklassen ermöglicht, vgl. Tabelle 3. Hier stellt sich die Frage, ob es plausi-

---

139 Vgl. Kisgen, D., Strahan, P. (2010), S. 4332 ff., 4345 f. sowie Bongaerts et al. (2011), S. 132 ff, 151.

140 Vgl. Adelino, M. (2009), S. 16 ff. und 36 f.

bel ist, eine Zweipunktverteilung anzunehmen, nach der eine Investition entweder ein gutes Rating *G* oder ein schlechtes Rating *B* erhält.

Tabelle 3: Ratingabstufungen von Moody's, S&P und Fitch Ratings[141]

Internat. Bezeichnung	Beschreibung	Moody's	S&P	Fitch
Prime (Triple A)	Höchste Bonität, Ausfallrisiko auch längerfristig quasi vernachlässigbar	Aaa	AAA	AAA
High grade	Sichere Anlage, Ausfallrisiko quasi vernachlässigbar, längerfristig aber etwas schwerer einzuschätzen	Aa1 Aa2 Aa3	AA+ AA AA-	AA+ AA AA-
Upper medium grade	Sichere Anlage, sofern keine unvorhergesehenen Ereignisse die Gesamtwirtschaft oder die Branche beeinträchtigen	A1 A2 A3	A+ A A-	A+ A A-
Lower medium grade	Durchschnittlich gute Anlage, bei Verschlechterung der Gesamtwirtschaft ist aber mit Problemen zu rechnen	Baa1 Baa2 Baa3	BBB+ BBB BBB-	BBB+ BBB BBB-
Non-investment grade speculative	Spekulative Anlage, bei Verschlechterung der Lage ist mit Ausfällen zu rechnen	Ba1 Ba2 Ba3	BB+ BB BB-	BB+ BB BB-
Highly speculative	Hochspekulative Anlage, bei Verschlechterung der Lage sind Ausfälle wahrscheinlich	B1 B2 B3	B+ B B-	B+ B B-
Substantial risks *Extremely speculative*	Nur bei günstiger Entwicklung sind keine Ausfälle zu erwarten	Caa1 Caa2	CCC+ CCC	
Default imminent with little prospect for recovery	In Zahlungsverzug (Moody's) bzw. hohe Wahrscheinlichkeit eines Zahlungsausfalls, aber noch nicht in Zahlungsverzug (S&P)	Caa3 Ca	CCC- CC C	CCC
In default	Zahlungsausfall	C - -	D	DDD DD D

Dies lässt sich mit Blick auf die Abhängigkeit der erlangten Ergebnisse klären: Eine feinere Unterteilung der Ratings als *G* und *B* würde die Entscheidung, *wahrheitsgemäßes* oder *unserioses Verhalten* zu wählen (Interessenkonflikte), nicht ändern. Auch das Problem des *Ratings-Shopping* wäre davon nicht betroffen. In Summe beeinflusst die Vereinfachung der Ratingunterteilung die Existenz *überhöhter Ratings* und die Modellergebnisse wohl nicht.

[141] Quelle: eigene Darstellung, vgl. Angaben der drei Agenturen ("long term ratings").

Nachträgliche Ratingkorrekturen. Ratingagenturen korrigieren ihre veröffentlichten Ratings teilweise im Nachgang ("ratings upgrades/downgrades"), um einer Veränderung der Bewertungslage einer Investition gerecht zu werden.[142] Von diesem in der Realität gängigen Umstand wird im Modell abstrahiert. Auch dies ist für die Modellergebnisse unschädlich, da es die *Interessenkonflikte* und *Fehlanreize* nicht beeinflusst.[143]

Exogene Reputationskosten. Die Reputationskosten $e\rho\rho$ bzw. $e\rho\rho^D$ der Ratingagentur(en) sind im Modell exogen gegeben, vgl. Abschnitt 4.1.1 und Fußnote 73, wodurch eine Beschränkung auf eine Periode ermöglicht wird. Diese Annahme ist kritisch zu bewerten, weshalb Bolton et al. (2012) ihre Ergebnisse ein einer Modellabwandlung mit *endogenen* Reputationskosten überprüfen, vgl. Bolton et al. (2012a), S. 103 f. Sie können zeigen, dass die Modellergebnisse stabil sind bzw. durch die Endogenisierung noch verstärkt werden, vgl. Abschnitt 4.3.1.

Bekanntheit der Güte der privaten Information. Die Qualität bzw. Güte e der privaten Information der Ratingagentur(en) θ ist allen Marktteilnehmern im Modell bekannt, vgl. Abschnitt 4.1.1. In der Realität wird die Genauigkeit der Bewertungsmodelle der Agenturen den Akteuren nicht bekannt sein. Die Akteure wissen jedoch, dass es sich hierbei um statistische Prognosemodelle handelt, die auf Basis historischer Daten und mit Hilfe von Annahmen bezüglich der zukünftigen Entwicklung arbeiten, d.h. die vorhandene Unsicherheit bzw. das Fehlen perfekter Information ist ihnen bewusst. Daher lässt sich die Annahme der Bekanntheit von e darüber motivieren, dass es den Akteuren sehr wohl möglich ist, einzuschätzen, ob eine Investition einfacher oder schwieriger zu bewerten ist und dementsprechend, ob die Güte der Bewertung höher oder geringer ist. Bei strukturierten Finanzprodukten wird e folglich

[142] In "normalen" Zeiten erfahren ca. 1-3% der Emissionen ein "rating downgrade". Während der Finanzkrise wurden teilweise mehr als 7% der Produkte nachträglich im Rating korrigiert und die Korrekturen fielen deutlich stärker aus, vgl. Benmelech, E.; Dlugosz, J. (2009), S. 170 ff.

[143] Die Strategie, zunächst ein G-Rating zwecks Gebührenerhalt zu veröffentlichen und dies im Nachgang zwecks Vermeidung der Reputationskosten auf ein B-Rating zu korrigieren, ist unplausibel, da sie dem Image der Agentur hinsichtlich verlässlicher Ratings erheblich schaden würde.

niedriger sein als bei Unternehmensanleihen, vgl. Abschnitt 4.3.2 c. Darüber hinaus ist öffentlich beobachtbar, wie stabil bzw. genau vergangene Ratings einer Agentur waren. Bei Unsicherheit bezüglich der Bewertungsqualität, d.h. bei Verwendung von Erwartungswerten, dürften die untersuchten *Interessenkonflikte* und *Fehlanreize* intakt bleiben. Für die Modellergebnisse ist die Annahme der Bekanntheit von *e* daher als unkritisch einzustufen.

Bestrafung von unseriösem Verhalten. Im Modell erfahren die Ratingagenturen im Fall von unseriösem Verhalten eine Bestrafung durch die Investoren, da diese unseriösen Ratings einer Agentur zukünftig keine Beachtung mehr schenken und damit die Gebühreneinnahmen der Agentur(en) entfallen würden. In der Realität existieren daneben noch weitere Quellen für potenzielle Bestrafungen von Fehlverhalten: Investoren können eine (Sammel-)Klage anstreben und die U.S. Börsenaufsicht SEC[144] oder die europäische ESMA[145] können Strafzahlungen gegen unseriös arbeitende Ratingagenturen verhängen.[146] Obwohl für die Praxis sehr relevant, ist dieser Aspekt modelltheoretisch nicht interessant, da eine mögliche Strafzahlung schlichtweg höhere Reputationskosten im Modell begründen würde. Die Ergebnisse wären somit stabil gegenüber einer Anpassung dieser Annahme.

Zeithorizont. Das Modell betrachtet die Interaktionen auf dem Ratingmarkt zwecks Analyse von Interessenkonflikten und Fehlanreizen in Abhängigkeit der Marktstruktur, indem eine *einzelne Periode* betrachtet wird. Damit abstrahieren die Autoren von der "Unendlichkeit" der Realität und verzichten auf die Analyse langfristiger Effekte des Marktgeschehens. Sie selbst erwähnen die

---

[144] Die United States Securities and Exchange Commission (SEC) ist als Börsenaufsichtsbehörde für die Kontrolle des Wertpapierhandels in den USA zuständig.

[145] Die European Securities and Markets Authority (ESMA) ist eine unabhängige EU-Behörde, die einen Beitrag zur Stabilitätssicherung des Finanzsystems der Europäischen Union leistet, indem sie die Integrität, Transparenz, Effizienz und das ordnungsgemäße Funktionieren der Wertpapiermärkte sicherstellt und den Anlegerschutz verbessert. Im Rahmen dieser Aufgabe ist sie u.a. zuständig für die Zulassung und Überwachung von Ratingagenturen, vgl. ESMA (2014).

[146] Das U.S. Justizministerium hat Standard & Poor's im Februar 2013 auf eine Strafe von 5 Milliarden USD verklagt mit dem Vorwurf, die Ratingagentur habe wissentlich zu gute Noten für amerikanische Hypothekenpapiere (MBS) vergeben und damit Investoren betrogen, die anschließend solche Papiere gekauft haben, vgl. HB (2013b) und Franken, A.; Wicker, R. (2013).

Anpassung des Zeithorizonts jedoch als interessante und forschungswürdige Erweiterung ihres Modells. Obwohl sie im Rahmen der Endogenisierung der Reputationskosten eine Modellerweiterung auf zwei Perioden betrachten, bleibt insgesamt die Frage offen, inwiefern eine Dynamisierung die Interaktionen der unter Wettbewerb stehenden Ratingagenturen und somit die Modellergebnisse beeinflussen würde. Soll heißen: Könnte Wettbewerb bei der Betrachtung eines *längeren Zeithorizonts* eine wohlfahrtssteigernde Wirkung entfalten, oder wäre das Ergebnis, dass eine *monopolistische* Marktstruktur eine solche mit Wettbewerb unter Wohlfahrtsgesichtspunkten dominiert, stabil? Diese von den Autoren genannte Erweiterungsmöglichkeit wurde von Stefan Hirth (2013)[147] aufgegriffen. Die Ergebnisse seines Working-Papers sollen im Folgenden kurz skizziert werden:[148]

Hirth (2013) nutzt die Modellierungslogik der "Evolutionären Spieltheorie"[149], um das Modell von Bolton et al. (2012) derart zu verändern, dass ein Markt mit einer *beliebigen Anzahl* an Ratingagenturen über einen *unendlich langen Zeithorizont* betrachtet werden kann. Dabei können sich im Zeitablauf sowohl die Ratingagenturen in ihrem Verhalten anpassen (*wahrheitsgemäß* vs.

147 Daneben existiert eine frühere Version seiner Arbeit, vgl. Hirth, S. (2011).

148 Vgl. Hirth, S. (2013), S. 2 f., 4, 15 ff., 26 ff. sowie 32

149 Die Evolutionäre Spieltheorie (ES) ist eine neuere Entwicklung im Bereich der Theoretischen Biologie, welche – unter Anwendung der Methoden und Modelle der Spieltheorie – die Erforschung evolutionärer Prozesse, der Ausbreitung und Verteilung von Verhaltensmustern in Tierpopulationen durch natürliche Selektion und der Infektionsausbreitung zum Ziel hat. Die ES untersucht dabei die zeitliche und räumliche Entwicklung verschiedener Typen einer Population, die im Wechsel aufeinander einwirken und verschiedene Strategien einsetzen. Im Gegensatz zu normalen, nicht-kooperativen Spielen bei denen ein bekanntes Spiel von *vollständig rationalen* Spielern gespielt wird, handeln die Spieler bei evolutionären Spielen auf ihrer Suche nach optimierenden Lösungen *nicht (vollständig) rational.* Sie werden als mit einer bestimmten Strategie "vorprogrammiert" modelliert und ihre Überlebenswahrscheinlichkeit hängt vom Erfolg ihrer Strategie ab, d.h. sie suchen nicht nach einer Lösung, sondern scheiden im Fall einer weniger erfolgreichen Strategie im Zeitablauf aus der Population aus. In Summe ergibt sich Rationalität hierbei nicht aus der Optimierung *rationaler Akteure*, sondern als Folge eines *Selektions- bzw. Lernmechanismus*, vgl. Schweinzer, P. (2009), S. 4. Diese Modellierungslogik lässt sich auf ökonomische Fragestellungen anwenden, da ökonomische Institutionen nur dann überleben, wenn sie Gleichgewichtsphänomene darstellen, vgl. Schweinzer, P. (2009), S. 5.

unseriös) als auch die Investoren (*naiv* vs. *skeptisch*), d.h. spieltheoretisch betrachtet variieren die "Populationen" der verschiedenen Spieler-Typen. Neu ist im Gegensatz zu Bolton et al. (2012) die Tatsache, dass sich die Investorengemeinschaft in ihrer Zusammensetzung über Zeit verändern kann. Dies bedeutet, dass nicht nur die Agenturen ihr Verhalten in Abhängigkeit des Anteils naiver Investoren wählen, sondern auch die Investoren in Abhängigkeit des Agenturverhaltens ihr eigenes Verhalten ändern: Auf einem Markt mit vielen *überhöhten Ratings* (d.h. die Ratingagenturen wählen *unseriöses Verhalten*) schneiden *skeptische Investoren* besser ab, was dazu führt, dass *naive Investoren* entweder *skeptischer* werden oder gar nicht mehr am Marktgeschehen teilnehmen. Abweichend zu Bolton et al. (2012) müssen die skeptischen Investoren für die Durchführung ihrer "Due Diligence" zwecks Überprüfung des Ratings *Kosten* in Kauf nehmen, welche bei den naiven Investoren nicht anfallen. Im Gegenzug haben diese das Nachsehen, wenn sie auf Grund ihrer Naivität schlechte Investitionen zu einem überhöhten Preis kaufen. Eine weitere Abweichung besteht darin, dass bei Hirth (2013) eine *perfekte Informationslage* bezüglich der Investitionsqualität auf Seiten der Agentur(en) angenommen wird[150], d.h. $e = 1$, was realitätsfern und kritikwürdig erscheint.

Zunächst bestätigt Hirth (2013) das Ergebnis von Bolton et al. (2012), dass eine geringe *Ratingqualität*, d.h. *überhöhte Ratings*, mit steigendem Anteil naiver Investoren wahrscheinlicher wird. Darüber hinaus wird gezeigt, dass im Gegenzug eine geringe *Ratingqualität* den Anteil naiver Investoren im Zeitablauf reduziert. In Summe entsteht durch das Zusammenspiel dieser beiden Effekte eine *zyklische Dynamik* der Verteilung der Spieler-Typen[151]. Daneben wird dargestellt, dass die Marktdynamik bei einer hohen Bedeutung naiver Investoren für die Reputation der Agenturen einen *Sattelpunkt* bewirkt (anstatt Zyklen). Dieser Sattelpunkt kann zwei mögliche Gleichgewichtspopulationen erzeugen: Entweder existieren nur *skeptische* Investoren und *unseriöse* Agenturen oder es existieren nur *naive* Investoren und *seriöse*[152] Agenturen. Welches Gleichgewicht entsteht kann durch eine "Unruhe/Störung" der Spieler-Typen beeinflusst werden (z.B. durch den Markteintritt einer seriösen Ratinga-

[150] Vgl. Hirth, S. (2013), S. 4, Fußnote 4

[151] Naive/skeptische Investoren und seriöse/unseriöse Ratingagenturen

[152] Wahrheitsgemäßes Verhalten

gentur), woraus abgeleitet wird, dass, gegeben hoher potenzieller Reputationskosten durch die naiven Investoren, durch zeitlich begrenzte *regulatorische Eingriffe* eine hohe *Ratingqualität* (seriöse Agenturen) erreicht werden kann. Auf Grund der Abhängigkeit der dafür notwendigen Parameterkonstellationen von der Anzahl der Agenturen und der Wettbewerbsintensität wird abgeleitet, dass *seriöses Rating-Verhalten* durch *Wettbewerb* erzielt werden kann.[153]

Es stellt sich jedoch die Frage, ob die Effekte der Veränderung der Investorenpopulation im Zeitablauf nicht auch bereits im *Monopol*-Fall relevant sind und eine *hohe Ratingqualität* fördern könnten. Wenn ja, wäre die "Heilungskraft" des Wettbewerbs wiederum in Zweifel gezogen. Darüber hinaus muss angemerkt werden, dass Hirth (2013) eine sehr restriktive Annahme trifft: Die *Reputationskosten* betragen im *Monopol*-Fall null[154], da für Investoren keine Alternative existiert, und steigen mit der Anzahl der Agenturen an. Dies stellt eine deutliche Abweichung zu Bolton et al. (2012) dar und erschwert bzw. verhindert eine Vergleichbarkeit der Ergebnisse: Auch im Modell von Bolton et al. (2012) könnte das *Duopol* dominieren, wenn es im *Monopol*-Fall keine Reputationskosten gäbe. Denn das *Monopol* würde stets *unseriöses Verhalten* wählen, während das *Duopol* in Abhängigkeit der Reputationskosten *wahrheitsgemäß* arbeiten würde, vgl. Lemma 1, Lemma 2 sowie Lemma 3.

Hirth (2013) präsentiert keine empirische Überprüfung seiner Ergebnisse. Es erfolgt stattdessen der Verweis auf diverse Literatur, die zum Teil die Ergebnisse von Bolton et al. (2012) bestätigt und zum Teil jenen widerspricht, d.h. für die Vorteilhaftigkeit von Wettbewerb argumentiert.

Abgesehen von der bereits erfolgten Modellanpassung durch Hirth (2013) bestehen bei dem Modell von Bolton et al. (2012) prinzipiell verschiedene Möglichkeiten für eine Erweiterung bzw. Abwandlung. Von Interesse sind allerdings nur solche Modellerweiterungen, die in die Konstruktionsweise des Modells und/oder die Annahmen derart eingreifen, dass die Auswirkungen auf die relevanten Effekte und Wirkzusammenhänge nicht ohne weiteres eingeschätzt werden können. Bei den Themen *Ratingunterteilung*, *nachträgliche Ratingkorrekturen*, *Bekanntheit von e* und *Bestrafungsausmaß* ist dies mut-

[153] Vgl. Hirth, S. (2013), S. 22 ff., 27 und 32 sowie Hirth,, S. (2011), S. 33

[154] Vgl. Hirth, S. (2011), S. 29 und Hirth, S. (2013), S. 27

maßlich nicht der Fall. Beim Thema *Zeithorizont* ist dieser Anspruch gegeben, eine Modellabwandlung jedoch bereits erfolgt.

Eine weitere, in der Literatur bislang zu kurz gekommene Thematik im Rahmen der Anreizverzerrungen auf dem Ratingmarkt ist die *Beobachtbarkeit des Marktgeschehens* und ihre Auswirkungen auf das Verhalten der Akteure. Im Modell von Bolton et al. (2012) wird unterstellt, dass die skeptischen Investoren wissen, ob Emittent und Ratingagentur(en) ein *Geschäftskontakt* verbindet. Dies bedeutet: Auch ohne die Veröffentlichung eines Ratings ist am Markt beobachtbar (vgl. Abschnitt 4.1.1), dass der Emittent bei einer Ratingagentur die Erstellung eines solchen angefragt hat, was bei fehlendem Rating den Investoren Rückschlüsse auf das Ratingergebnis ermöglicht. Da von regulatorischer Seite keine Offenlegungspflichten existieren, die Transparenz bezüglich der Geschäftskontakte verlangen, ist diese Annahme fragwürdig und als kritisch einzustufen. Denn auf Grund der angenommenen Beobachtbarkeit, welche einzig von den *skeptischen Investoren* genutzt wird, entstehen Marktgleichgewichte, in denen nur die naiven Investoren am Markt teilnehmen, obwohl aus Wohlfahrtsgesichtspunkten auch die skeptischen Investoren teilnehmen sollten, vgl. Abschnitt 4.3.1. Dies ist insbesondere für den *Duopol*-Fall von hoher Relevanz und das Resultat sind die überraschenden, in Behauptung 3 festgehaltenen Ergebnisse, vgl. Seite 68.

Es stellt sich folglich die Frage, welchen Einfluss eine Anpassung der *Beobachtbarkeit* des Interagierens der Akteure hin zu einer *realistischeren Annahme* auf die Ergebnisse von Bolton et al. (2012) hätte. Der oben formulierte Anspruch nicht unmittelbar absehbarer Auswirkungen ist gegeben, weshalb dieser Frage im nächsten Kapitel im Rahmen einer Modellerweiterung nachgegangen wird.

5 Einfluss der Beobachtbarkeit des Marktgeschehens

In Kapitel 4 wurde zunächst der Aufbau des Modells von Bolton et al. (2012) im Detail vorgestellt, um basierend darauf die Wohlfahrtsbetrachtung der hergeleiteten Marktgleichgewichte zu präsentieren. Anschließend wurde das Gesamtergebnis diskutiert sowie die empirische Evidenz vorgestellt. Im letzten Abschnitt wurde das Modell kritisch gewürdigt und aufgezeigt, welche Erweiterungen von Interesse sein könnten.

In diesem Kapitel erfolgt eine Erweiterung des Modells in *zwei Schritten*. Als erstes wird die *Interaktionslogik* angepasst, wodurch das Timing des Signal-Spiels verändert wird (5.1). Dies bildet die Grundlage, um im zweiten Schritt eine Anpassung der *Beobachtbarkeit* des Marktgeschehens vornehmen zu können (5.2). Im letzten Abschnitt werden das *Gesamtergebnis* diskutiert sowie Möglichkeiten für eine *Regulierung des Ratingmarkts* abgeleitet (5.3).

5.1 Interaktionen der Marktteilnehmer

Im *ersten Schritt* der Modellerweiterung erfolgt die Anpassung der Zeitstruktur des Signal-Spiels, die notwendig ist, damit die Annahme der *Beobachtbarkeit des Geschäftskontakts* zwischen Emittent und Agentur(en) verändert werden kann. Zunächst wird die Anpassung vorgestellt (5.1.1) und dann die Veränderung der Modellierung sowie der Ergebnisse diskutiert (5.1.2).

5.1.1 Ausgangssituation und Veränderung der Annahmen

Die *Zeitstruktur* des Signal-Spiels bei Bolton et al. (2012) wurde in Abbildung 3 dargestellt (S. 43). Kritikwürdig an der von den Autoren gewählten Interaktionslogik ist das explizit gewählte Timing des Spiels: Die Agentur(en) besorgen ihre private Information θ_k und erstellen ein Rating m_k, ohne vom Emittenten beauftragt zu werden, vgl. Bolton et al. (2012a), S. 94.[155] Um eine

[155] Das unbeauftragt erstellte Rating ist dem Emittenten bekannt, d.h. eine Anfrage ist nicht notwendig.

realistischere Abbildung der gängigen Praxis zu erreichen, wird das Timing so verändert, dass die Agenturen zunächst nur ihre Gebühren veröffentlichen und danach ggf. vom Emittenten beauftragt werden, ein Rating zu erstellen.[156]

Abbildung 8: Angepasste Zeitstruktur des Signal-Spiels[157]

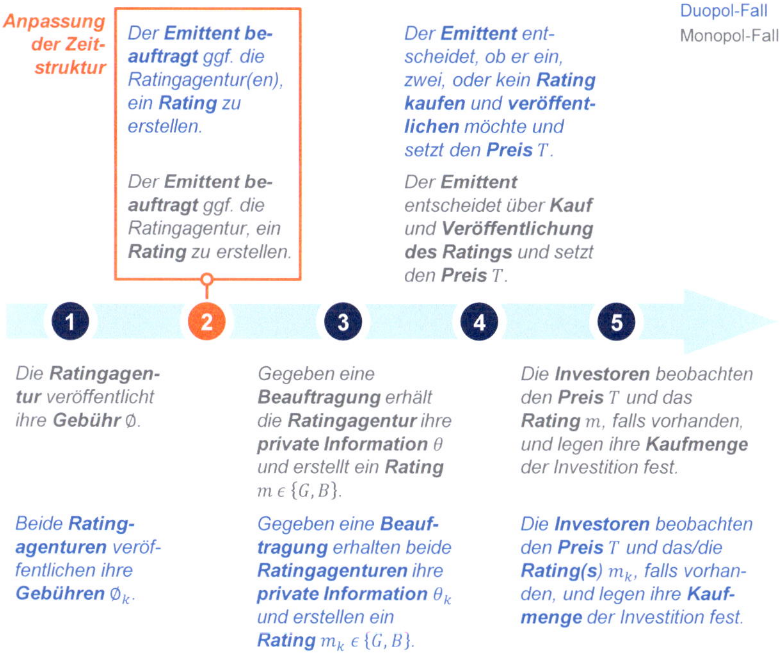

Gegeben eine Beauftragung – und nur dann – beschaffen die Agenturen ihre private Information θ_k und fertigen ein Rating m_k an. Auf Grund dieser

[156] Es existieren auch Märkte, bei denen die Agenturen quasi jede Emission bewerten, d.h. die Erstellung der Ratings erfolgt *ohne Beauftragung* in der Annahme, dass der Emittent das Rating dann auch kauft. Dies ist aber nicht der Regelfall. Daneben existieren sogenannte "unsolicited ratings", bei denen eine Veröffentlichung *ohne Beauftragung* und *ohne Bezahlung* erfolgt. Diese bilden aber auch eine Ausnahme: Bei S&P sind nur ca. 6% der Ratings "unsolicited", vgl. Van Roy, P. (2006), S. 7 f.

[157] Quelle: eigene Darstellung

Modellkonstruktion[158] existiert ein Rating nur dann, wenn die Agentur vom Emittenten mit der Ratingerstellung beauftragt wurde. Abbildung 8 verdeutlicht das neue Timing des Signal-Spiels.

Bei der neuen Zeitstruktur ist den Investoren bewusst, dass es ohne Beauftragung der Agentur(en) durch den Emittenten kein Rating gibt, d.h. jene bewerten die Investition in diesem Fall mit V^0. Es sei an dieser Stelle angemerkt, dass die Beauftragung der Agentur(en) für die Investoren (noch)[159] beobachtbar ist, vgl. Abschnitt 4.1.1.

Auf Grund dieser Ausgangssituation entsteht für den Emittenten eine weitere Option, die von den Ratingagenturen bei ihrer Gebührenoptimierung[160] berücksichtigt werden muss: Er kann auf die *Beauftragung* einer Ratingerstellung verzichten, die Gebühren der Agentur(en) sparen und seine Investition an Investoren mit *ex ante-Bewertung* verkaufen ("Outside Option"). Dies führt zu einer Veränderung der Modellierung, die im Folgenden dargestellt[161] wird.

5.1.2 Einfluss auf Modellierung und Ergebnisse

Die Betrachtung der veränderten Marktgleichgewichte erfolgt wie gewohnt getrennt für beide Marktstrukturen, d.h. zunächst für den *Monopol*- und anschließend für den *Duopol*-Fall.

Monopol

Die *Anpassung der Zeitstruktur* hat keinen Einfluss auf Lemma 1, d.h. nach wie vor wählt die Ratingagentur bei gegebener Gebühr $\emptyset$ ihr Verhalten (*wahrheitsgemäß* oder *unseriös*) in Abhängigkeit der Reputationskosten $ep\rho$. Damit erzielt sie folgende Gebühren bzw. Gewinne in den beiden Gleichgewichtszuständen:

---

158 Vgl. Bolton et al. (2010); in dieser Working Paper-Version verwenden die Autoren dieses Timing.

159 Diese Annahme wird im zweiten Schritt der Modellerweiterung fallen gelassen, vgl. Abschnitt 5.2.

160 Die Optimierung erfolgt in der Logik der Rückwärtsinduktion, vgl. Abschnitt 4.1.2.

161 Die Darstellung des Modells bei angepasster Zeitstruktur orientiert sich an Bolton et al. (2010), jedoch korrigiert um dort vorhandene Fehler.

BEHAUPTUNG 1*

A) Wenn $\alpha 2V^G - V^0 > ep\rho$ *gilt, wählt die Ratingagentur unseriöses Verhalten und erstellt nur Ratings* $m = G$. *Sie veröffentlicht die Gebühr*

$$\emptyset^{m=G} = \alpha 2V^G - V^0 \tag{5.1-1}$$

und erzielt Gewinne in Höhe von

$$\pi_{RA}^{m=G} = \alpha 2V^G - V^0 + \left(1 - \frac{1}{2}ep\right)\rho. \tag{5.1-2}$$

B) Wenn $\alpha 2V^G - V^0 < ep\rho$ *gilt, wählt die Ratingagentur wahrheitsgemäßes Verhalten und erstellt nur Ratings* $m = \theta$. *Sie veröffentlicht die Gebühr*

$$\emptyset^{m=\theta} = min[2V^G + max[\alpha V^0, V^B] - 2V^0, ep\rho] \tag{5.1-3}$$

und erzielt Gewinne in Höhe von

$$\pi_{RA}^{m=\theta} = \frac{1}{2}min[2V^G + max[\alpha V^0, V^B] - 2V^0, ep\rho] + \rho. \tag{5.1-4}$$

Während die Gleichungen *(5.1-1)* und *(5.1-2)* in Behauptung 1* keine Veränderung zu Behauptung 1 (vgl. Abschnitt 4.1.2 ab S. 48) darstellen, sind die Gleichungen *(5.1-3)* und *(5.1-4)* leicht verändert. Dies ist auf die *neue* "Outside Option" des Emittenten zurückzuführen, wie im Folgenden gezeigt wird.

Beweis BEHAUPTUNG 1* *B)*

Bei wahrheitsgemäßem Verhalten der Ratingagentur, d.h. $m = \theta$, wird der Emittent maximal seinen Zusatzgewinn als Gebühr an die Agentur zahlen. Bei einem *guten* Rating kaufen alle Investoren zwei Einheiten der Investition mit Bewertung V^G, während bei einem *schlechten* Rating, das der Emittent nicht kauft, die naiven Investoren mit V^0 und die skeptischen Investoren mit V^B bewerten und eine Einheit kaufen würden. Für die maximale Gebühr[162] der Agentur gilt daher zunächst

$$\emptyset^{m=\theta} \leq 2V^G - max[\alpha V^0, V^B]. \qquad (5.1\text{-}5)$$

Dank der *angepassten Zeitstruktur* kann der Emittent bei Verzicht auf die Beauftragung der Agentur an Investoren verkaufen, die eine ex ante-Bewertung (V^0) vornehmen. Die Gebühr der Ratingagentur muss dies berücksichtigen:

$$\frac{1}{2}\left(2V^G - \emptyset^{m=\theta}\right) + \frac{1}{2}max[\alpha V^0, V^B] \geq V^0 \qquad (5.1\text{-}6)$$

$$\Leftrightarrow \emptyset^{m=\theta} \leq 2V^G + max[\alpha V^0, V^B] - 2V^0 \qquad (5.1\text{-}7)$$

Ungleichung *(5.1-6)* drückt aus, dass der für den Emittenten zu erwartende Grenznutzen der Investoren, welchen er über den Preis T abschöpfen kann, bei Beauftragung der Agentur (linke Seite) mindestens so groß sein muss wie bei Nicht-Beauftragung (rechte Seite). Die linke Seite setzt sich zusammen aus dem Grenznutzen bei einem *guten* Rating ($2V^G$) abzüglich der fälligen Gebühr und multipliziert mit der Wahrscheinlichkeit von 50 Prozent, sowie dem Grenznutzen bei einem *schlechten Rating* ($max[\alpha V^0, V^B]$) ohne Gebührenabzug und wiederum multipliziert mit der ex ante-Wahrscheinlichkeit von 50 Prozent. Die rechte Seite zeigt die ex ante-Bewertung der Investoren (V^0), die dem Emittenten bei Nicht-Beauftragung der Agentur zur Verfügung steht.

Sowohl Ungleichung *(5.1-5)* als auch *(5.1-7)* müssen erfüllt sein. Ein Vergleich der jeweiligen Bedingungen (rechte Seiten) zeigt Folgendes:

$$2V^G - max[\alpha V^0, V^B] > 2V^G + max[\alpha V^0, V^B] - 2V^0 \qquad (5.1\text{-}8)$$

---

[162] Ohne Kauf des beauftragten Ratings würde dem Emittenten $max[\alpha V^0, V^B]$ zur Verfügung stehen (und nicht V^0), da die skeptischen Investoren die Beauftragung beobachten.

$$V^0 > max[\alpha V^0, V^B] \tag{5.1-9}$$

Die Obergrenze für $\emptyset$ in *(5.1-7)* bindet folglich stärker als jene in *(5.1-5)*, so dass letztere redundant ist. Gemäß Lemma 1 darf die Gebühr jedoch bei wahrheitsgemäßem Verhalten nicht über $ep\rho$ liegen, d.h. es gilt schließlich Gleichung *(5.1-3)*,

$$\emptyset^{m=\theta} = min[2V^G + max[\alpha V^0, V^B] - 2V^0, ep\rho],$$

und die Ratingagentur erzielt einen erwarteten Gewinn von

$$\pi_{RA}^{m=\theta} = \frac{1}{2}\pi(\theta = g) + \frac{1}{2}\pi(\theta = b) \tag{5.1-10}$$

$$= \frac{1}{2}(\emptyset_G + \rho) + \frac{1}{2}(\emptyset_B + \rho) = \frac{1}{2}\emptyset + \rho,$$

d.h. $$\pi_{RA}^{m=\theta} = \frac{1}{2}min[2V^G + max[\alpha V^0, V^B] - 2V^0, ep\rho] + \rho. \qquad \textit{(vgl. 5.1-4)}$$

Für den Emittenten verbleibt V^0, d.h. bis auf den Gewinn der "Outside Option" muss er alle erwarteten Überschüsse an die Agentur weiterreichen. Damit ist die Betrachtung des *Monopol*-Falls[163] abgeschlossen.

Wettbewerb (Duopol)

Wie beim *Monopol* werden die Marktgleichgewichte bei Wettbewerb von zwei Ratingagenturen gemäß der Logik der Rückwärtsinduktion abgeleitet. Bei gegebenen Gebühren $\emptyset_k$ mit $k = 1, 2$ wählen die Ratingagenturen im *Duopol*-Fall ihr Verhalten in Abhängigkeit der Reputationskosten $ep\rho^D$. Da Lemma 2 von der *Anpassung der Zeitstruktur* nicht betroffen ist, wählen die Agenturen unter unveränderten Bedingungen entweder *unseriöses* oder *wahrheitsgemäßes* Verhalten und erzielen damit folgende Gebühren bzw. Gewinne in diesen

[163] Vgl. Bolton et al. (2010), S. 10 und 28.

Gleichgewichtszuständen (mit $rev^x(\alpha)$:= Umsatz des Emittenten bei Beauftragung von x Agenturen):[164]

BEHAUPTUNG 2*

A) Wenn $\alpha 2(V^{GG} - V^G) > ep\rho^D$ gilt, wählen beide Ratingagenturen unseriöses Verhalten und erstellen nur Ratings $m_k = G$. Sie veröffentlichen die Gebühr

$$\emptyset_k^{m=G} = \alpha 2(V^{GG} - V^G) \tag{5.1-11}$$

mit $k = 1, 2$ und erzielen Gewinne in Höhe von

$$\pi_{RA}^{m=G} = \alpha 2(V^{GG} - V^G) + \left(1 - \frac{1}{2}ep\right)\rho^D. \tag{5.1-12}$$

B) Wenn $\alpha 2(V^{GG} - V^G) < ep\rho^D$ gilt, wählen die Ratingagenturen wahrheitsgemäßes Verhalten und erstellen nur Ratings $m_k = \theta_k$. In diesem Fall existieren zwei unterschiedliche Gleichgewichtszustände:

B)-1) Erstens, wenn

$$rev^{II}(\alpha) - V^0 - min\left[2(V^{GG} - V^G), ep\rho^D, 2\left(rev^{II}(\alpha) - rev^I(\alpha)\right)\right] \geq 0 \tag{5.1-13}$$

gilt, veröffentlichen die Agenturen die Gebühr

$$\emptyset_k^{m=\theta} = min\left[2(V^{GG} - V^G), ep\rho^D, 2\left(rev^{II}(\alpha) - rev^I(\alpha)\right)\right] \tag{5.1-14}$$

mit $k = 1, 2$ und erzielen Gewinne in Höhe von

[164] Neben den Veränderungen gegenüber Bolton et al. (2012a) auf Grund der Anpassung der Zeitstruktur enthält die hier dargestellte Behauptung 2* einige Veränderungen zu Bolton et al. (2010), S. 12 f. und 29 ff. Dies ist bedingt durch Fehlerkorrekturen, die im Rahmen dieser Arbeit vorgenommen werden.

$$\pi_{RA}^{m=\theta} = \frac{1}{2} min\left[2(V^{GG} - V^{G}), ep\rho^{D}, 2\left(rev^{II}(\alpha) - rev^{I}(\alpha)\right)\right] + \rho^{D}. \quad (5.1\text{-}15)$$

B)-2) Zweitens, wenn allerdings

$$rev^{II}(\alpha) - V^{0} - min\left[2(V^{GG} - V^{G}), ep\rho^{D}, 2\left(rev^{II}(\alpha) - rev^{I}(\alpha)\right)\right] < 0 \quad (5.1\text{-}16)$$

gilt, veröffentlichen die Agenturen die Gebühr, für die

$$\emptyset_{k}^{m=\theta} = rev^{II}(\alpha) - V^{0} \quad (5.1\text{-}17)$$

$$\textit{und} \quad \emptyset_{k}^{m=\theta} < min\left[2(V^{GG} - V^{G}), ep\rho^{D}, 2\left(rev^{II}(\alpha) - rev^{I}(\alpha)\right)\right] \quad (5.1\text{-}18)$$

gilt (mit $k = 1, 2$), und erzielen damit Gewinne in Höhe von

$$\pi_{RA}^{m=\theta} = \frac{1}{2}\left[rev^{II}(\alpha) - V^{0}\right] + \rho^{D}. \quad (5.1\text{-}19)$$

Während sich die Ergebnisse für *unseriöses Verhalten* in Behauptung 2*, d.h. Gleichungen *(5.1-11)* und *(5.1-12)*, nicht von Behauptung 2 unterscheiden (vgl. Abschnitt 4.1.2 ab S. 48), sind jene für *wahrheitsgemäßes Verhalten*, d.h. Gleichungen *(5.1-13)* bis *(5.1-19)* deutlich verändert. Dies ist wie im *Monopol*-Fall auf die neue "Outside Option" des Emittenten zurückzuführen. Die Herleitung wird im Folgenden dargestellt:[165]

Beweis BEHAUPTUNG 2* *B)*

Der Emittent muss bei Wettbewerb der Agenturen entscheiden, ob er ein, zwei oder kein Rating kaufen möchte. Bei *wahrheitsgemäßem* Verhalten der Ratingagenturen,[166] d.h. $m = \theta$, optimieren diese ihre Gebühren derart, dass

[165] Der hier dargestellte Beweis enthält auf Grund von Fehlerkorrekturen diverse Veränderungen sowie Ergänzungen zu Bolton et al. (2010), S. 30 ff.

[166] Fall B) von Behauptung 2*

der Emittent beide *guten* Ratings kauft. Dieser bevorzugt zwei *gute* Ratings gegenüber einem, wenn gilt:[167]

$$2V^{GG} - (\emptyset_1 + \emptyset_2) > 2V^G - min[\emptyset_1, \emptyset_2]$$

$$\Rightarrow \quad \emptyset_k^{m=\theta} \leq 2(V^{GG} - V^G) \qquad (5.1\text{-}20)$$

Außerdem bevorzugt der Emittent bei Beauftragung der Agenturen zwei *gute* Ratings gegenüber keinem, wo er nur $max[\alpha V^0, V^{BB}]$ erhalten würde, da diese Situation für die skeptischen Investoren einen "Belief" *auf dem Gleichgewichtspfad* darstellt.[168] Sollte es ein *gutes* und ein *schlechtes* Rating geben, so kauft der Emittent das *gute* Rating.[169] Unter Berücksichtigung von Lemma 2 für die Obergrenze bei wahrheitsgemäßem Verhalten gilt für die maximale Gebühr daher zunächst

$$\emptyset_k^{m=\theta} = min[2(V^{GG} - V^G), ep\rho^D]. \qquad (5.1\text{-}21)$$

Auf Grund der *angepassten Zeitstruktur* kann der Emittent ohne Beauftragung der Agenturen seine Investition an Investoren verkaufen, die eine ex ante-Bewertung (V^0) vornehmen. Für den Emittenten – und somit für die ihre Gebühren optimierenden Ratingagenturen – stellt sich die Frage, ob er eine, zwei oder keine Agentur mit der Erstellung eines Ratings beauftragen soll. Der erwartete Umsatz des Emittenten bei der Beauftragung *einer Agentur* lässt sich definieren als

$$rev^I(\alpha) = \frac{1}{2}\big(e + (1-e)\big)2V^G + \frac{1}{2}\big(e + (1-e)\big)\, max[\alpha V^0, V^B] \qquad (5.1\text{-}22)$$

$$= V^G + \frac{1}{2} max[\alpha V^0, V^B]$$

---

[167] Vgl. hierzu auch Anhang [2].

[168] $\max[\alpha V^0, V^{BB}]$ ist weniger als V^0 und daher ist gemäß Annahme *(A4*)* kein Rating schlechter als der Kauf von zwei *guten* Ratings.

[169] Gemäß Annahme *(A4*)* ist ein *gutes* Rating für den Emittenten besser als kein Rating.

und bei der Beauftragung von *zwei Agenturen* als

$$rev^{II}(\alpha) = \frac{1}{2}(e^2 + (1-e)^2)(2V^{GG} + max[\alpha V^0, V^{BB}]) + 2e(1-e)\alpha 2V^G. \quad (5.1\text{-}23)$$

Der Umsatz bei Beauftragung von *zwei* Agenturen $rev^{II}(\alpha)$ ist größer als V^0 solange α die Annahme *(A4*)* erfüllt. Daher bevorzugt der Emittent die Beauftragung von *zwei* Ratingagenturen gegenüber *keiner*, wenn gilt

$$rev^{II}(\alpha) - V^0 \geq \frac{1}{2}(\emptyset_1 + \emptyset_2), \quad (5.1\text{-}24)$$

denn er kauft mit einer ex ante-Wahrscheinlichkeit von 50 Prozent zwei Ratings. Analog bevorzugt er die Beauftragung von *zwei* Agenturen gegenüber *einer*, wenn gilt

$$rev^{II}(\alpha) - rev^{I}(\alpha) \geq max\left[\frac{1}{2}\emptyset_1, \frac{1}{2}\emptyset_2\right]. \quad (5.1\text{-}25)$$

Die linke Seite dieser Ungleichung drückt die Umsatzdifferenz aus:[170]

$$\begin{aligned} &rev^{II}(\alpha) - rev^{I}(\alpha) = \quad (5.1\text{-}26) \\ &2e(1-e)\left(\alpha 2V^G - V^0 + (U-u) - \frac{1}{2}max[\alpha V^0, V^B]\right) \\ &+\frac{1}{2}(e^2 + (1-e)^2)(max[\alpha V^0, V^{BB}] - max[\alpha V^0, V^B]) \end{aligned}$$

Im Bereich $\frac{V^0}{2V^G} < \alpha < \frac{V^{BB}}{V^0}$ gilt $max[\alpha V^0, V^B] = V^B$ und $max[\alpha V^0, V^{BB}] = V^{BB}$, so dass sich durch Umformungen ergibt:

[170] Die folgenden Gleichungen werden abweichend zu Bolton et al. (2010), S. 30 angegeben, da sie dort Fehler enthalten, die hier korrigiert wurden, vgl. Anhang [7].

$$rev^{II}(\alpha) - rev^{I}(\alpha) = 2e(1-e)\left(\alpha 2V^G - \frac{3}{2}V^0 + (U-u)\right) > 0 \qquad (5.1\text{-}27)$$

Für $\frac{V^{BB}}{V^0} < \alpha < \frac{V^B}{V^0}$ gilt $max[\alpha V^0, V^B] = V^B$ sowie $max[\alpha V^0, V^{BB}] = aV^0$ und Umformungen ergeben:

$$rev^{II}(\alpha) - rev^{I}(\alpha) = 2e(1-e)\left(\alpha 2V^G - \frac{3}{2}V^0 + (U-u)\right) \qquad (5.1\text{-}28)$$

$$+\frac{1}{2}(e^2 + (1-e)^2)(\alpha V^0 - V^{BB}) > 0$$

Als letztes gilt im Bereich $\frac{V^B}{V^0} < \alpha < 1$ sowohl $max[\alpha V^0, V^B] = \alpha V^0$ als auch $max[\alpha V^0, V^{BB}] = aV^0$ und es ergibt sich

$$rev^{II}(\alpha) - rev^{I}(\alpha) = 2e(1-e)\left(\alpha 2V^G - \left(1 + \frac{1}{2}\alpha\right)V^0 + (U-u)\right) > 0. \qquad (5.1\text{-}29)$$

Daher wird der Emittent immer, d.h. für $\alpha \in \left[\frac{V^0}{2V^G}, 1\right]$, *zwei Ratingagenturen* beauftragen, wenn diese die Bedingung *(5.1-25)* beachten, d.h. $\frac{1}{2}\emptyset_k = rev^{II}(\alpha) - rev^{I}(\alpha)$. Die Agenturen wählen folglich die optimale Gebühr wie in Gleichung *(5.1-14)* angegeben:

$$\emptyset_k^{m=\theta} = min\left[2(V^{GG} - V^G), ep\rho^D, 2\left(rev^{II}(\alpha) - rev^{I}(\alpha)\right)\right]$$

Sollte diese Gebühr allerdings die Bedingung in Gleichung *(5.1-24)* verletzen, so wählen die Agenturen stattdessen die Gebühr wie in Gleichung *(5.1-17)* und *(5.1-18)*,

$$\emptyset_k^{m=\theta} = rev^{II}(\alpha) - V^0$$

$$\textit{und} \qquad \emptyset_k^{m=\theta} < min\left[2(V^{GG} - V^G), ep\rho^D, 2\left(rev^{II}(\alpha) - rev^{I}(\alpha)\right)\right],$$

damit Gleichung *(5.1-24)* erfüllt wird. Sie erzielen damit jeweils einen erwarteten Gewinn von

$$\pi_{RA}^{m=\theta} = \frac{1}{2}(e^2 + (1-e)^2)\left[\pi_G(\theta_{1,2} = g) + \pi_B(\theta_{1,2} = b)\right] \quad (5.1\text{-}30)$$
$$+2e(1-e)\pi_{G,B}(\theta_1 \neq \theta_2),$$

mit

$$\pi_G(\theta_{1,2} = g) = \emptyset_k + \rho^D, \quad (5.1\text{-}31)$$

$$\pi_B(\theta_{1,2} = b) = \rho^D, \quad (5.1\text{-}32)$$

$$\pi_{G,B}(\theta_1 \neq \theta_2) = \frac{1}{2}\emptyset_k + \rho^D. \quad (5.1\text{-}33)$$

Durch Umformungen ergibt sich je nach Gebühr entweder *(5.1-15)* oder *(5.1-19)*. Eine Abweichung von diesem Gleichgewicht durch eine der beiden Ratingagenturen ist nicht plausibel:[171]

- Ein einseitiges Abweichen einer Ratingagentur von *wahrheitsgemäßer* Bewertung und Erstellung *unseriöser* Ratings, um die Gebühr $\alpha 2V^G - V^0$ zu erhalten und Gewinne zu erwirtschaften, wenn die andere Agentur *wahrheitsgemäß* ein *schlechtes* Rating erstellt, ist auf Grund von Annahme *(A5*)* ausgeschlossen (siehe weiter unten): Die Zusatzrente wäre geringer als die erwarteten Reputationskosten $e^2 p\rho^D$.
- Ein Gleichgewicht, in dem eine Agentur ($k = 1$) *wahrheitsgemäß* bewertet, während die andere ($k = 2$) *unseriöse* Ratings erstellt, ist nicht möglich. Für dieses Szenario müsste $\emptyset_1 < ep\rho^D$ und $\emptyset_2 > ep\rho^D$ gelten, was durch das Kaufverhalten des Emittenten und die Gebührenfestlegung der Agentur $k = 1$ ausgeschlossen ist.

Für den Emittenten entsteht durch den Wettbewerb der Ratingagenturen nach wie vor ein *Vorteil*, denn die Verteilung der Überschüsse ist abweichend zum *Monopol*-Fall. Tabelle 4 zeigt zusammenfassend die durch die *neue Zeitstruktur* angepassten Gebühren und Gewinne der Ratingagentur(en) sowie die Gewinne des Emittenten (π_{EM}) in den jeweiligen Marktgleichgewichten. Die Veränderungen gegenüber Bolton et al. (2012) sind farblich markiert.

[171] Vgl. hierzu auch Abschnitt 4.1.2

Die *angepasste Zeitstruktur* des Signal-Spiels führt sowohl im *Monopol*- als auch im *Duopol*-Fall bei wahrheitsgemäßem Verhalten zu veränderten Gleichgewichten, d.h. die Gebühren und Gewinne weichen von den Ergebnissen des Grundmodells in Bolton et al. (2012) ab. Dies ist auf die erweiterten Verhaltensmöglichkeiten des Emittenten zurückzuführen, da dieser nun die ex ante-Bewertung der Investoren nutzen kann.

Tabelle 4: Gebühren und Gewinne nach Schritt 1 der Modellerweiterung[172]

unverändert
verändert

	Monopol	**Duopol**	
Unseriöses Verhalten	$\emptyset = \alpha 2V^G - V^0$	$\emptyset = \alpha 2(V^{GG} - V^G)$	
	$\pi_{RA} = \alpha 2V^G - V^0 + \left(1 - \frac{ep}{2}\right)\rho$	$\pi_{RA} = \alpha 2(V^{GG} - V^G) + \left(1 - \frac{ep}{2}\right)\rho^D$	
	$\pi_{EM} = V^0$	$\pi_{EM} = \alpha 2(2V^G - V^{GG})$ *mit* $\pi_{EM} > V^0$	
Wahrheitsgemäßes Verhalten	$\emptyset = min[2V^G + max[\alpha V^0, V^B] - 2V^0, ep\rho]$	$\emptyset = min[2(V^{GG} - V^G), ep\rho^D, 2(rev^{II}(\alpha) - rev^I(\alpha))]$	*B)-1)*
		$\emptyset = rev^{II}(\alpha) - V^0$	*B)-2)*
	$\pi_{RA} = \frac{1}{2} min[2V^G + max[\alpha V^0, V^B] - 2V^0, ep\rho] + \rho$	$\pi_{RA} = \frac{1}{2} min[2(V^{GG} - V^G), ep\rho^D, 2(rev^{II}(\alpha) - rev^I(\alpha))] + \rho^D$	*B)-1)*
		$\pi_{RA} = \frac{1}{2}[rev^{II}(\alpha) - V^0] + \rho^D$	*B)-2)*
	$\pi_{EM} = V^0$	$\pi_{EM} = max[rev^{II}(\alpha) - \emptyset, V^0]$	

Es sei angemerkt, dass im Rahmen der *Anpassung der Zeitstruktur* auch die Annahmen $(A4)$ und $(A5)$[173] leicht verändert werden müssen, vgl. hierzu auch Anhang [2]. Ihre angepasste Form lautet:

[172] Quelle: eigene Darstellung

[173] Annahme *(A5*)* wird abweichend zu Bolton et al. (2010), S. 12 angegeben, da sie dort einen Fehler enthält, der hier korrigiert wurde.

$$\alpha 2V^G - V^0 > 2(V^{GG} - V^G) \quad \textit{(A4*)}$$

$$\alpha 2V^G - V^0 - min\left[2(V^{GG} - V^G), ep\rho^D, 2\left(rev^{II}(\alpha) - rev^I(\alpha)\right)\right] < e^2p\rho^D \quad \textit{(A5*)}$$

Im Gegensatz zu den Marktgleichgewichten haben die *Wohlfahrtsergebnisse* in Abschnitt 4.2.2 nach wie vor Gültigkeit. Sie sind von der *Anpassung der Zeitstruktur* nicht betroffen, da der Emittent auf Grund der geänderten Gebühren die Agentur immer beauftragen wird, d.h. wie bei Bolton et al. (2012) existiert immer ein Rating. Auf die erneute Darstellung der *Wohlfahrtsergebnisse* wird daher an dieser Stelle verzichtet.

5.2 Eingeschränkte Beobachtbarkeit des Marktgeschehens

Nachdem die Interaktionslogik und damit das *Timing* des Signal-Spiels angepasst wurden, kann im zweiten Schritt eine Anpassung der *Beobachtbarkeit des Marktgeschehens* erfolgen. Dafür werden zunächst die Ausgangssituation beschrieben und die Anpassungen vorgestellt (5.2.1), um anschließend die Veränderung der Modellierung sowie der Marktgleichgewichte aufzuzeigen (5.2.2). Darauf aufbauend werden schließlich die neuen Wohlfahrtsergebnisse abgeleitet (5.2.3).

5.2.1 Ausgangssituation und Veränderung der Annahmen

Im Grundmodell von Bolton et al. (2012) wissen die Investoren, dass zwischen dem Emittenten und der Ratingagentur eine Geschäftsbeziehung existiert. Drastischer formuliert bedeutet dies: Die Investoren können beobachten, dass der Emittent in jedem Fall das bzw. die Rating(s) kennt, vgl. Abschnitt 4.1.1.[174] Folglich ist es auch ohne die Veröffentlichung eines Ratings möglich, Rückschlüsse auf das Ratingergebnis zu ziehen. Hier können Bolton et al.

[174] Die Modellierung dieser Tatsache wird bei Bolton et al. (2012) so realisiert, dass eine Beauftragung gar nicht notwendig ist, sondern die Ratingagenturen per Definition immer ein Rating erstellen, das dem Emittenten dann auch bekannt ist (ohne Anfrage). Im Rahmen des ersten Schritts der Modellerweiterung wurde dies verändert, indem die Notwendigkeit einer (beobachtbaren) Beauftragung durch den Emittenten eingeführt wurde, vgl. 5.1.

(2012) zitiert werden: "If the issuer shops and refuses to buy the CRA's report, *that in itself is a signal*, which conveys information to investors."[175] Allerdings wird die Verwertung dieser beobachtbaren Information nur für die skeptischen Investoren angenommen: "Also, when [trusting investors] don't observe a rating, these investors simply retain their ex ante beliefs. *Sophisticated investors*, in contrast, rationally *update their beliefs*."[176] Resultat ist das in Kapitel 4 detailliert dargestellte Ergebnis, dass Wettbewerb im Vergleich zum Monopol wohlfahrtsmindernd wirkt, da Gleichgewichte entstehen, in denen nur die naiven Investoren am Markt teilnehmen, obwohl aus Wohlfahrtsgesichtspunkten auch die skeptischen Investoren teilnehmen sollten. Dies ist insbesondere für den *Duopol*-Fall von hoher Relevanz und die Autoren halten fest: "A duopoly is less efficient because there are more opportunities for the issuer to take advantage of trusting investors. [...] As a result, issuers set high prices that *exclude sophisticated investors* from the market when, from an efficiency perspective, they *should be participating*."[177]

Im Rahmen der folgenden Modellerweiterung wird die *Beobachtbarkeit des Marktgeschehens* für Investoren eingeschränkt und folglich eine bessere Abbildung der Realität erreicht. Die Annahme der Autoren ist vor dem Hintergrund, dass von regulatorischer Seite keine Offenlegungspflichten existieren, die Transparenz bezüglich der Geschäftskontakte verlangen, ohnehin fragwürdig. Interessanterweise führen Bolton et al. (2012) selbst an, dass der Markt die negative Information des Ratings-Shopping nicht beobachten kann: "When a fail for the high-level certification is not disclosed, sellers may opt for an ambitious certification strategy (approaching certifiers with higher standards first) provided the nondisclosure of the fail is not transparent. This strategy is related to ratings shopping, as the result in both cases is that *the market does not observe negative information*".[178] Trotzdem treffen sie die Annahme der Beobachtbarkeit dieser Information, was widersprüchlich erscheint. Es soll daher

[175] Vgl. Bolton et al. (2012), S. 92

[176] Vgl. Bolton et al. (2012), S. 92

[177] Vgl. Bolton et al. (2012), S. 101

[178] Vgl. Bolton et al. (2012), S. 91. Die Autoren ziehen dort eine Parallele zu einem Artikel von Farhi et al. (2010), in dem untersucht wird, wie sich Zertifizierungsorganisationen, z.B. Ratingagenturen, hinsichtlich der Transparenz ihrer Zertifizierungen positionieren, vgl. Farhi et al. (2010), S. 29 ff.

im Folgenden untersucht werden, ob die *eingeschränkte Beobachtbarkeit* – und die resultierende Verminderung des Informationsvorsprungs der skeptischen Investoren – die Ergebnisse von Bolton et al. (2012) dahingehend verändert, dass Wettbewerb doch wohlfahrtsfördernd wirkt. Denn mit der Modellierung der veränderten Beobachtbarkeit werden die skeptischen Investoren nicht mehr grundsätzlich vom Markt ausgeschlossen, obwohl sie aus Wohlfahrtsgesichtspunkten teilnehmen sollten.

Im Zuge der *Einschränkung der Beobachtbarkeit des Marktgeschehens* wird noch eine weitere Modellanpassung vorgenommen, die den Realitätsbezug weiter erhöht: Die auf Grund der veränderten Interaktionslogik (Schritt 1 der Modellerweiterung)[179] notwendig gewordene Beauftragung der Ratingagentur(en) ist für Emittenten nicht (mehr) kostenlos. Im Gegenteil, es entstehen je nach Emittent unterschiedliche *Anfragekosten* für diesen, die bei Verzicht auf eine Beauftragung nicht verursacht werden. Der Grund dafür liegt in Abstimmungskosten, die für Emittenten nur anfallen, wenn sie eine Agentur mit der Ratingerstellung beauftragen. Es handelt sich hierbei um kostenverursachende Tätigkeiten wie etwa die Analyse des Ratingmarkts inklusive der Informationsbeschaffung bzgl. der Agentur(en), die Anbahnung des Geschäftskontakts mit der Agentur und die kontinuierlichen Interaktionen im Rahmen des Rating-Prozesses. Diese Abstimmungskosten unterscheiden sich zwischen den Emittenten auf Grund unterschiedlicher Skaleneffekte, abweichender "Economies of Experience" und unterschiedlicher Produktportfolien der Emittenten ("Economies of Scope"). Die Höhe dieser internen Kosten der Emittenten ist für Dritte nicht beobachtbar und außerdem unabhängig davon, ob es sich um eine *gute* oder *schlechte* Investition handelt ($\omega = g \text{ oder } b$).

Bezüglich der Anfragekosten K wird angenommen, dass diese gleichverteilt in einem abgeschlossenen Intervall sind und es gilt $K \in [K_{min}; K_{max}]$ mit

$$K_{max} > \alpha 2V^G - V^0, \qquad (A7\text{-}1)$$

$$K_{min} = 2(2V^G - V^{GG}) - V^0. \qquad (A7\text{-}2)$$

[179] Vgl. Abschnitt 5.1

Auf Grund der Existenz von Anfragekosten und Ratinggebühren lohnt es sich nicht für alle Emittenten, die Erstellung eines Ratings bei einer Agentur zu beauftragen. Annahme *(A7-1)* stellt sicher, dass für die Agentur keine Gebührenoptimierung existiert, die sämtliche Emittenten zur Beauftragung anreizen würde, indem festgelegt wird, dass die maximalen Anfragekosten K_{max} höher sind als die maximal mögliche Gebühr der Ratingagentur ($\emptyset = \alpha 2V^G - V^0$). Annahme *(A7-2)* wird, wie noch zu zeigen ist, lediglich für die Eindeutigkeit der Gleichgewichte im *Duopol*-Fall benötigt. Nach der Veröffentlichung der Ratinggebühr entscheidet jeder Emittent i in Abhängigkeit seiner Anfragekosten K_i, ob er die Agentur mit der Erstellung eines Ratings beauftragen möchte. Gegeben eine Beauftragung durch den Emittenten, die für Investoren *nicht beobachtbar* ist, besorgt die Agentur ihre private Information θ und erstellt ein Rating m.

Für den Fall, dass mehrere Agenturen existieren (*Duopol*), wird eine weitere Annahme getroffen:[180]

$$K^{II} \leq K^{I} - 2(2V^G - V^{GG}) + V^0 \qquad (A8)$$

$$mit \quad (\Delta V_{1\, vs.0\, RA}^{m=G} - \Delta V_{2\, vs.1\, RA}^{m=G}) = \alpha 2(2V^G - V^{GG}) + V^0$$

Annahme ($A8$) drückt aus, dass die Anfragekosten der Emittenten durch fallende Grenzkosten gekennzeichnet sind, und stellt sicher, dass im *Duopol*-Fall Gleichgewichte existieren. Gemäß ($A8$) fallen die Anfragekosten mindestens im selben Umfang wie der Grenznutzen positiver Ratings, d.h. die Kosten für die Anfrage bei der zweiten Agentur (K^{II}) entsprechen maximal jenen bei der ersten (K^{I}), abzüglich der Differenz der Grenznutzen des ersten und zweiten Ratings ($\Delta V_{1\, vs.0\, RA}^{m=G} - \Delta\, V_{2\, vs.1\, RA}^{m=G}$). Begründen lassen sich fallende Anfragekosten darüber, dass die Beauftragung einer weiteren Agentur auf Grund von Skaleneffekten und "Economies of Experience" geringere Kosten verursacht als die der ersten. Ohne ($A8$) würde ein instabiler Preiswettbewerb gemäß Bertrand einsetzen und es gäbe keine optimale Gebührenfestlegung und somit keine Gleichgewichte in reinen Strategien, vgl. Anhang [8], S.168.

180 Die Herleitung der ΔV-Terme erfolgt weiter unten.

Im Folgenden wird der Einfluss der veränderten Annahmen auf die Modellierung und die Gleichgewichte analysiert.

5.2.2 Einfluss auf Modellierung und Veränderung der Gleichgewichte

Auf Grund der *eingeschränkten Beobachtbarkeit* wissen die Investoren nicht, ob der Emittent die Ratingagentur(en) mit der Erstellung eines Ratings beauftragt hat. Dies hat zur Folge, dass die Investoren die negative Information eines schlechten Ratings $m = B$ nicht kennen, solange der Emittent jenes Rating nicht kauft und veröffentlichen lässt. Gemäß Lemma 1 (vgl. Abschnitt 4.1.2), welches von der Modellerweiterung nicht betroffen ist, wird der Emittent ein schlechtes Rating nie kaufen, da er dadurch keine Verbesserung erreichen kann. Wenn am Markt für die betreffende Investition kein Rating verfügbar ist, können die Investoren nicht unterscheiden, ob eine *Beauftragung* der Ratingagentur(en) gar nicht stattgefunden hat (Fall 1), oder ob sie erfolgt ist und ein schlechtes Rating $m = B$ vergeben wurde, welches der Emittent nicht gekauft hat und welches somit nicht veröffentlicht wurde (Fall 2). Es sei angemerkt, dass die Existenz von Fall 1, und damit die Unsicherheit bezüglich der Ursache für ein fehlendes Rating, nur auf Grund des angepassten Timings in Abschnitt 5.1 möglich ist.

Die Unsicherheit bzw. das Unwissen darüber, warum es kein Rating gibt, herrscht sowohl bei den naiven als auch bei den skeptischen Investoren. Letztere haben folglich im Gegensatz zum Grundmodell von Bolton et al. *keinen sicheren Informationsvorsprung* (mehr).[181] Allerdings ist ihnen die Existenz der Anfragekosten bewusst, weshalb sie eine Erwartungsbildung bezüglich der beiden möglichen Fälle vornehmen. Auf Grund der Anfragekosten ergibt sich im *Monopol*-Fall in Abhängigkeit von K_{min}, K_{max} und der Ratinggebühr $\emptyset$ ein

[181] Bei Bolton et al. (2012) besteht der Informationsvorsprung der skeptischen Investoren darin, dass sie die Geschäftsbeziehung zwischen Emittent und Ratingagentur(en) kennen und somit bei fehlendem Rating auf $m = B$ zurückschließen können. Beim ersten Schritt der Modellerweiterung (vgl. 5.1) und auch bei Bolton et al. (2010) haben die skeptischen Investoren auf Grund der Beobachtbarkeit der Beauftragung der Agentur(en) nach wie vor einen sicheren Informationsvorsprung. Bei einer erfolgten Beauftragung, was durch die Gebührenoptimierung der Agentur immer der Fall ist, können sie wiederum bei fehlendem Rating auf $m = B$ zurückschließen.

Anteil A derjenigen Emittenten, welche die Agentur mit der Ratingerstellung beauftragen. Ein bestimmter Emittent fragt folglich nur mit Wahrscheinlichkeit A bei der Agentur an, da sich die Beauftragung auf Grund der Anfragekosten und der Ratinggebühr eben nicht für alle Emittenten lohnt. Die skeptischen Investoren gehen daher bei fehlendem Rating davon aus, dass Fall 1, d.h. keine Beauftragung der Agentur durch den Emittenten, mit Wahrscheinlichkeit $(1 - A)$ eingetreten ist. Mit Wahrscheinlichkeit A ist gemäß ihrer Erwartungshaltung der Fall 2 eingetreten, d.h. die Beauftragung ist erfolgt und es existiert ein unveröffentlichtes Rating $m = B$. Bei Fall 1 bewerten die skeptischen Investoren mit ihrer ex ante-Einschätzung V^0 und bei Fall 2 mit V^B. Ohne Rating würden sie daher nur dann eine Einheit der Investition kaufen, wenn der Preis nicht über ihrem Erwartungswert liegt, d.h. $T \leq (1 - A)V^0 + AV^B$.

Im Gegensatz dazu ist den naiven Investoren die Unterscheidung der beiden möglichen Fälle nicht bewusst, da sie dem Emittenten und der Agentur vertrauen. Ohne Existenz eines Ratings stützen sie sich stets auf ihre ex ante-Bewertung und verwenden den Grenznutzen V^0. Bei fehlendem Rating und einem Preis $T = V^0$ würden sie daher immer eine Einheit der Investition kaufen.

Bei der Existenz von zwei Ratingagenturen (*Duopol*) entstehen für Emittenten Anfragekosten je Agentur, nämlich K^I für die Beauftragung der ersten Agentur und K^{II} für die Beauftragung der zweiten Agentur. Auf Grund der unterschiedlichen Höhe der Anfragekosten je nach Emittent und der Tatsache, dass positive Ratings einen fallenden Grenznutzen haben, würde sich ohne Annahme ($A8$) die Situation wie folgt darstellen: Zum einen gäbe es Emittenten, für die eine Beauftragung *beider* Agenturen sinnvoll ist, zum anderen Emittenten, für die eine Beauftragung nur *einer* Agentur rational ist, und wiederum solche, für die sich eine Beauftragung gar nicht lohnt. Das Resultat wäre ein instabiler Preiswettbewerb gemäß Bertrand ohne Gleichgewicht in reinen Strategien, vgl. Anhang [8], S. 168 ff. Mit Annahme ($A8$) stellt sich die Ausgangsituation abweichend dar: Auf Grund fallender Grenzkosten der Anfrage und fallender Grenznutzen positiver Ratings in maximal gleichem Maße lohnt bei identischer Gebührenhöhe ($\emptyset_1 = \emptyset_2$) die Beauftragung der zweiten Agentur immer dann, wenn sie bei der ersten Agentur lohnt. Folglich wird ein

Emittent bei $\emptyset_1 = \emptyset_2$ stets entweder *keine* oder *beide* Agenturen beauftragen, denn es gilt:[182]

$$\emptyset_1 + K^I \leq \Delta V_{1\,vs.0\,RA}^{m=G} \quad \Rightarrow \quad \emptyset_2 + K^{II} \leq \Delta V_{2\,vs.1\,RA}^{m=G} \qquad (5.2\text{-}1)$$

In Abhängigkeit von K_{min} und K_{max} sowie den Ratinggebühren $\emptyset_k$ ergibt sich folglich ein Anteil C derjenigen Emittenten, die *beide* Agenturen mit der Ratingerstellung beauftragen. Ein bestimmter Emittent fragt daher mit Wahrscheinlichkeit C bei *beiden* Ratingagenturen an. Die skeptischen Investoren gehen somit bei fehlenden Ratings davon aus, dass Fall 1 (keine Beauftragung) mit Wahrscheinlichkeit $(1 - C)$ eingetreten ist und bewerten mit ihrer ex ante-Einschätzung V^0. Mit Wahrscheinlichkeit C ist gemäß ihrer Erwartungshaltung der neue Fall 3 eingetreten, d.h. die Beauftragung *beider* Agenturen ist erfolgt, und es existieren zwei unveröffentlichte Ratings $m = B$. Konsequenterweise bewerten sie mit V^{BB}. Sollten die skeptischen Investoren nur *ein* Rating beobachten können $(m_1 = G)$,[183] so ist die Beauftragung beider Agenturen offensichtlich erfolgt, d.h. es existiert ein unveröffentlichtes Rating $m_2 = B$. In diesem Fall würden sie mit V^0 bewerten, da sich ein *gutes* und ein *schlechtes* Rating gegenüberstehen. Ohne Ratings würden sie folglich nur dann eine Einheit der Investition kaufen, wenn der Preis nicht über ihrem Erwartungswert liegt, d.h. $T \leq (1 - C)V^0 + CV^{BB}$.

Zusammenfassend wirken sich die *Veränderungen der Annahmen*[184] auf die Modellierung des Signal-Spiels wie folgt aus:

---

[182] Exemplarische Darstellung für unseriöses Verhalten der Agenturen, vgl. Lemma 5 weiter unten.

[183] Hierbei handelt es sich um die im *Duopol*-Fall neue Situation $m_1 \neq m_2$, wo der Emittent nur das *gute* Rating kauft. Der Fall, dass der Emittent nur eine Ratingagentur beauftragt hat und ein zweites Rating nicht existiert, kann nicht vorliegen, da stets keine oder beide Agenturen beauftragt werden.

[184] Unbeobachtbarkeit der Beauftragung der Ratingagentur durch den Emittenten und Existenz unterschiedlicher Anfragekosten der Emittenten.

- Im *Monopol*-Fall bei fehlendem Rating
  - bewerten die skeptischen Investoren mit Wahrscheinlichkeit $(1-A)$ mit ihrer ex ante-Einschätzung V^0 und mit Wahrscheinlichkeit A mit V^B;
  - würden die skeptischen Investoren folglich eine Einheit der Investition maximal zum Preis $T=(1-A)V^0+AV^B$ kaufen;[185]
  - bewerten die naiven Investoren wie bei Bolton et al. (2012) mit V^0 und würden maximal zum Preis $T=V^0$ eine Einheit kaufen.

- Im *Duopol*-Fall bei zwei fehlenden Ratings
  - bewerten die skeptischen Investoren mit Wahrscheinlichkeit $(1-C)$ mit ihrer ex ante-Einschätzung V^0 und mit Wahrscheinlichkeit C mit V^{BB};
  - würden die skeptischen Investoren folglich eine Einheit der Investition maximal zum Preis $T=(1-C)V^0+CV^{BB}$ kaufen;
  - bewerten die naiven Investoren wie bei Bolton et al. (2012) mit V^0 und würden maximal zum Preis $T=V^0$ eine Einheit kaufen.

- Im *Duopol*-Fall bei nur einem fehlenden Rating $(\mathrm{m}_1 \neq \mathrm{m}_2)$
  - würden die skeptischen Investoren zum Preis $T=V^0$ eine Einheit kaufen;
  - würden die naiven Investoren zum Preis $T=V^G$ zwei Einheiten kaufen.

Darauf aufbauend werden im Folgenden die veränderten Marktgleichgewichte betrachtet. Dies erfolgt wie gewohnt getrennt für beide Marktstrukturen, d.h. zunächst für den *Monopol*- und anschließend für den *Duopol*-Fall.

[185] Da die skeptischen Investoren *risikoneutral* sind (vgl. Abschnitt 4.1), haben sie eine ahlungsbereitschaft in Höhe ihres Erwartungswerts.

Monopol

Abbildung 9 zeigt die um die Auswirkungen angepasste Visualisierung des Signal-Spiels mit den Entscheidungen der Spieler für den *Monopol*-Fall.[186] Es sei angemerkt, dass die skeptischen Investoren nach wie vor nur bei *wahrheitsgemäßem* Verhalten am Markt teilnehmen, da sie im Unterschied zu den naiven Investoren die Anreizverzerrungen und Interessenkonflikte des Marktes verstehen und unseriöse Ratings entlarven können.

Abbildung 9: Angepasste Visualisierung der Entscheidungen (Monopol)[187]

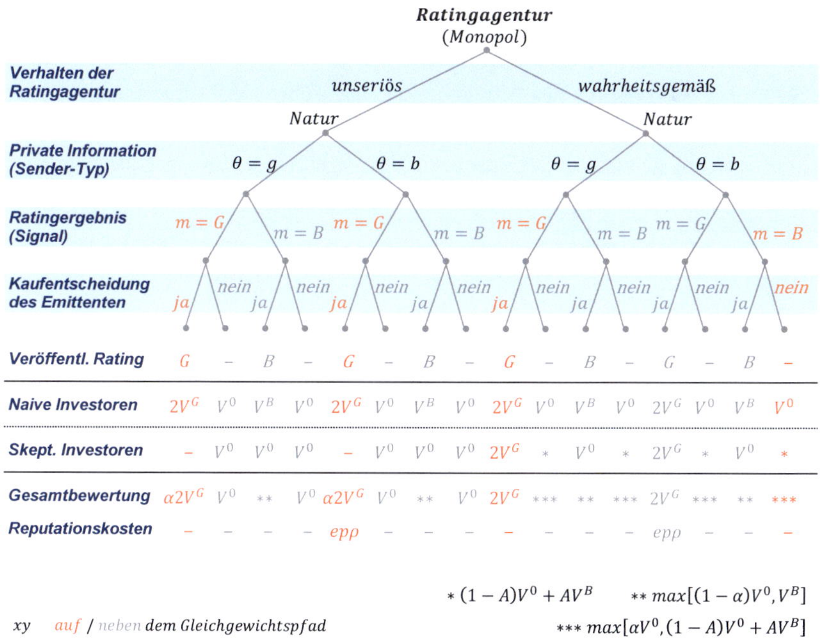

Wie bereits angedeutet ist Lemma 1 von dem zweiten Schritt der Modellerweiterung, d.h. der Einschränkung der Beobachtbarkeit inklusive der Ein-

[186] Für den Fall, dass der Emittent die Agentur mit der Ratingerstellung beauftragt hat.

[187] Quelle: eigene Darstellung

führung von Anfragekosten, nicht betroffen. Die Ratingagentur wählt bei *gegebenen Gebühren* $\emptyset$ und *erfolgter Beauftragung* durch den Emittenten nach wie vor ihr Verhalten (wahrheitsgemäß oder unseriös) in Abhängigkeit der Reputationskosten $ep\rho$. Dies begründet sich darin, dass nach der Gebührenveröffentlichung und der erfolgten Beauftragung für die Wahl des Verhaltens der Agentur nur die Reputationskosten relevant sind.

Neu im Rahmen des zweiten Schritts der Modellerweiterung ist die Tatsache, dass der Emittent nun in Anbetracht seiner *Anfragekosten* eine Entscheidung hinsichtlich der *Beauftragung* der Agentur treffen muss. Im Rahmen des ersten Schritts der Erweiterung (Abschnitt 5.1) war eine *Beauftragung* zwar auch notwendig, da diese aber auf Grund der Gebührenoptimierung der Agentur und des Fehlens von Anfragekosten immer erfolgte,[188] war sie nicht maßgeblich für die Lösung des Signal-Spiels. Sie führte lediglich dazu, dass der Emittent auf Grund seiner Möglichkeit, an Investoren mit ex ante-Bewertung zu verkaufen, geringere Gebühren an die Agentur zahlen musste. Nun entscheidet der Emittent bei gegebenen Gebühren über die Beauftragung der Agentur *in Abhängigkeit seiner Anfragekosten* K, was in folgendem Lemma 4 festgehalten wird.

LEMMA 4

A) Wenn die Ratingagentur unseriöses Verhalten wählt ($m = G$), wodurch das Rating immer gut ausfällt, entscheidet der Emittent in Abhängigkeit seiner Anfragekosten:

Beauftragung der Agentur bei $$\emptyset^{m=G} + K \leq \Delta V^{m=G} \qquad (5.2\text{-}2)$$

B) Wenn die Ratingagentur wahrheitsgemäßes Verhalten wählt ($m = \theta$), wodurch das Rating ex ante nur mit einer Wahrscheinlichkeit von 50 Prozent gut ausfällt, entscheidet der Emittent in Abhängigkeit seiner Anfragekosten:

Beauftragung der Agentur bei $$\frac{1}{2}\emptyset^{m=\theta} + K \leq \frac{1}{2}\Delta V^{m=\theta=G} \qquad (5.2\text{-}3)$$

[188] Der Emittent konnte wegen der Gebührenoptimierung von einer Beauftragung nur profitieren.

Hierbei drückt ΔV die Erhöhung des Grenznutzens der Investoren (Zahlungsbereitschaft) durch die Beauftragung der Agentur aus. Diese Erhöhung begründet sich in einem *guten* Rating $m = G$ als potenzielles Resultat der beauftragten Ratingerstellung. Die Herleitung von ΔV wird im Folgenden dargestellt.

Bei *unseriösem* Verhalten der Ratingagentur (immer $m = G$) nehmen die skeptischen Investoren nicht am Marktgeschehen teil, während die naiven Investoren das Rating glauben und folglich bei $m = G$ mit V^G bewerten und zwei Einheiten kaufen. Für ΔV gilt in diesem Fall:

$$\Delta V^{m=G} = V^{m=G}_{Beauftragung} - V^{m=G}_{keine\ Beauftragung} \quad (5.2\text{-}4)$$

$$\Delta V^{m=G} = \alpha 2V^G - max[\alpha V^0, (1 - A^{m=G})V^0 + A^{m=G}V^0] \quad (5.2\text{-}5)$$

$$\Leftrightarrow \Delta V^{m=G} = \alpha 2V^G - V^0 \quad (5.2\text{-}6)$$

Für den Fall, dass keine Beauftragung erfolgt (nicht beobachtbar) und daher kein Rating am Markt existiert, bewerten die naiven Investoren mit ihrer ex ante-Einschätzung V^0. Die skeptischen Investoren bewerten mit Wahrscheinlichkeit $(1 - A^{m=G})$ auch mit V^0, während sie mit Wahrscheinlichkeit $A^{m=G}$ von einer Beauftragung ausgehen und daher ein *gutes* Rating erwarten. Ein fehlendes Rating stellt in diesem Fall eine Situation neben dem Gleichgewichtspfad dar, weshalb die Bewertung wiederum mit V^0 erfolgt, vgl. Abschnitt 4.1.2.

Bei *wahrheitsgemäßem* Verhalten der Ratingagentur ($m = \theta$) nehmen alle Investoren am Marktgeschehen teil. Naive Investoren kaufen bei $m = G$ zwei Einheiten mit Bewertung V^G und bei fehlendem Rating eine Einheit mit Bewertung V^0. Skeptische Investoren kaufen bei $m = G$ auch zwei Einheiten mit Bewertung V^G, während sie bei fehlendem Rating mit Wahrscheinlichkeit $A^{m=\theta}$ von einer erfolgten Beauftragung (V^B) und mit Wahrscheinlichkeit $(1 - A^{m=\theta})$ von keiner Beauftragung (V^0) ausgehen. Sie würden daher mit Bewertung $(1 - A^{m=\theta})V^0 + A^{m=\theta}V^B$ eine Einheit kaufen (Erwartungswert).

Für ΔV gilt bei *wahrheitsgemäßem* Verhalten im Falle eines *guten*[189] Ratings folglich:

$$\Delta V^{m=\theta=G} = V^{m=\theta}_{Beauftragung} - V^{m=\theta}_{keine\ Beauftragung} \tag{5.2-7}$$

$$\Delta V^{m=\theta=G} = 2V^G - max\left[\alpha V^0, \left(1 - A^{m=\theta}\right)V^0 + A^{m=\theta}V^B\right] \tag{5.2-8}$$

$$\Leftrightarrow \Delta V^{m=\theta=G} = 2V^G - max\left[\alpha V^0, V^0 - A^{m=\theta}(V^0 - V^B)\right] \tag{5.2-9}$$

Als nächstes wird die Gebührenoptimierung der Ratingagentur analysiert. Die Agentur maximiert ihre *erwarteten Gebühreneinnahmen* zwecks Maximierung ihres erwarteten Gewinns. Diese setzen sich zusammen aus der Wahrscheinlichkeit, dass der Emittent die Agentur beauftragt (A), multipliziert mit der Gebühreneinnahme für den Fall der Beauftragung. Je höher die veröffentlichte Gebühr, desto geringer ist die Wahrscheinlichkeit der Beauftragung, aber umso höher ist die Gebühreneinnahme, wenn die Beauftragung erfolgt. Mit dieser Optimierung setzt die Agentur die Gebühren und erzielt erwartete Gewinne in den beiden Gleichgewichtszuständen wie folgt:

BEHAUPTUNG 1**

A) Wenn $\alpha V^G - \frac{1}{2}(V^0 + K_{min}) > ep\rho$ gilt, wählt die Ratingagentur unseriöses Verhalten und erstellt nur Ratings $m = G$. Sie veröffentlicht die Gebühr

$$\emptyset^{m=G} = \alpha V^G - \frac{1}{2}(V^0 + K_{min}) \tag{5.2-10}$$

und erzielt einen erwarteten Gewinn in Höhe von

$$\pi^{m=G}_{RA} = (\alpha 2V^G - V^0 - K_{min})^2 \frac{1}{4K_{max} - K_{min}} + \left(1 - \frac{1}{2}ep\right)\rho. \tag{5.2-11}$$

189 Nur ein *gutes* Rating wird gekauft (Zahlung der Gebühr) und bewirkt eine Erhöhung des Grenznutzens der Investoren.

B) Wenn $\alpha V^G - \frac{1}{2}(V^0 + K_{min}) < ep\rho$ *gilt, wählt die Ratingagentur wahrheitsgemäßes Verhalten und erstellt nur Ratings* $m = \theta$. *Sie veröffentlicht die Gebühr*

$$\emptyset^{m=\theta} = min\left[\frac{1}{2}\left(2V^G - max\left[\alpha V^0, \left(1 - A^{m=\theta}\right)V^0 + A^{m=\theta}V^B\right] - K_{min}\right), ep\rho\right] \tag{5.2-12}$$

und erzielt einen erwarteten Gewinn in Höhe von

$$\pi_{RA}^{m=\theta} = \frac{1}{4(K_{max} - K_{min})} min\left[\frac{1}{4}(2V^G - max[\dots] - K_{min})^2, \right. \tag{5.2-13}$$
$$\left. ep\rho(2V^G - max[\dots] - K_{min} - ep\rho)\right] + \rho.$$

$$mit \quad max[\dots] = max\left[\alpha V^0, \left(1 - A^{m=\theta}\right)V^0 + A^{m=\theta}V^B\right].$$

Die Gleichungen *(5.2-10)* bis *(5.2-13)* in Behauptung 1** sind alle vier verändert im Vergleich zu Behauptung 1* (vgl. Abschnitt 5.1.2). Dies ist auf die *Anfragekosten* und das *Verhalten der skeptischen Investoren* zurückzuführen. Der folgende Beweis erläutert die Herleitung.

Beweis BEHAUPTUNG 1**

Wie bereits beschrieben maximiert die Ratingagentur ihre *erwarteten Gebühreneinnahmen*. Für die Bestimmung der Anfragewahrscheinlichkeit A sind die Verteilungsfunktion $F(.)$ und die Dichtefunktion $f(.)$ der Anfragekosten des Emittenten von Relevanz, vgl. Abbildung 10[190].

Bei *unseriösem* Verhalten der Ratingagentur, d.h. immer $m = G$, gilt für die *Anfragewahrscheinlichkeit* (vgl. LEMMA 4)

[190] Dargestellt ist der Fall für *unseriöses* Verhalten der Ratingagentur.

$$A^{m=G} := Pr(K \leq \Delta V^{m=G} - \emptyset^{m=G}) = F(\Delta V^{m=G} - \emptyset^{m=G}) \qquad (5.2\text{-}14)$$

$$\Leftrightarrow A^{m=G} = (\Delta V^{m=G} - \emptyset^{m=G} - K_{min}) \frac{1}{K_{max} - K_{min}} \qquad (5.2\text{-}15)$$

und die *erwarteten Gebühreneinnahmen* betragen

$$E(\emptyset^{m=G}) = \emptyset^{m=G}\, F(\Delta V^{m=G} - \emptyset^{m=G}). \qquad (5.2\text{-}16)$$

Abbildung 10: Dichtefunktion der Anfragekosten im Monopol-Fall[191]

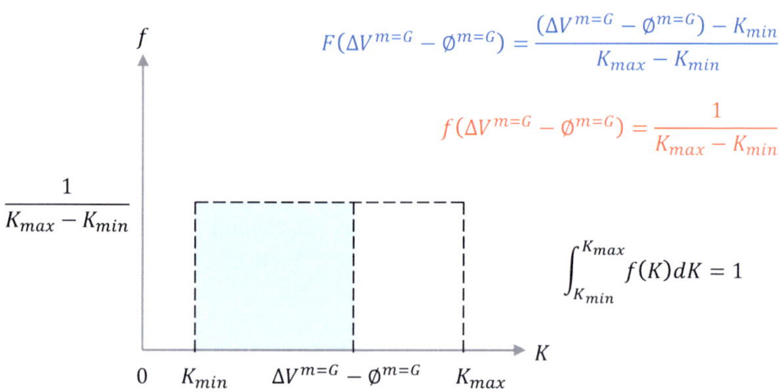

Die Maximierung der *erwarteten Gebühreneinnahmen* ergibt

$$F(\Delta V - \emptyset^*) + \emptyset^*\, f(\Delta V - \emptyset^*)\,(-1) \overset{!}{=} 0 \qquad (5.2\text{-}17)$$

$$\Leftrightarrow \emptyset^* = \frac{F(\Delta V - \emptyset^*)}{f(\Delta V - \emptyset^*)} \qquad (5.2\text{-}18)$$

[191] Quelle: eigene Darstellung

und durch Einsetzen resultiert:

$$\emptyset^{m=G} = \left[\frac{(\Delta V^{m=G} - \emptyset^{m=G} - K_{min})}{K_{max} - K_{min}}\right] / \frac{1}{K_{max} - K_{min}} = \Delta V^{m=G} - \emptyset^{m=G} - K_{min} \quad (5.2\text{-}19)$$

$$\Leftrightarrow \emptyset^{m=G} = \frac{1}{2}(\Delta V^{m=G} - K_{min}) = \alpha V^{G} - \frac{1}{2}(V^{0} + K_{min}) \quad (5.2\text{-}10)$$

Die Beauftragung der Agentur erfolgt bei *unseriösem* Verhalten somit, wenn gilt

$$K \leq \Delta V^{m=G} - \emptyset^{m=G} \quad (5.2\text{-}20)$$

$$\Leftrightarrow K \leq \frac{1}{2}(\Delta V^{m=G} + K_{min}) = \alpha V^{G} + \frac{1}{2}(K_{min} - V^{0}) \quad (5.2\text{-}21)$$

und die *erwarteten Gebühreneinnahmen* betragen:

$$E(\emptyset^{m=G}) = \emptyset^{m=G}\,(\Delta V^{m=G} - \emptyset^{m=G} - K_{min})\frac{1}{K_{max} - K_{min}} \quad (5.2\text{-}22)$$

$$\Leftrightarrow E(\emptyset^{m=G}) = (\Delta V^{m=G} - K_{min})^{2}\frac{1}{4(K_{max} - K_{min})} \quad (5.2\text{-}23)$$

$$\Leftrightarrow E(\emptyset^{m=G}) = (\alpha 2V^{G} - V^{0} - K_{min})^{2}\frac{1}{4(K_{max} - K_{min})} \quad (5.2\text{-}24)$$

Die *Anfragewahrscheinlichkeit* beträgt in diesem Fall:

$$A^{m=G} = (\alpha 2V^{G} - V^{0} - K_{min})\frac{1}{2K_{max} - K_{min}} \quad (5.2\text{-}25)$$

Gemäß Lemma 1 wählt die Agentur *unseriöses* Verhalten nur, wenn gilt

$$\alpha V^{G} - \frac{1}{2}(V^{0} + K_{min}) > ep\rho \quad (5.2\text{-}26)$$

und erzielt damit folgenden *erwarteten Gewinn*:

$$\pi_{RA}^{m=G} = \frac{1}{2}\pi(\theta = g) + \frac{1}{2}\pi(\theta = b) \tag{5.2-27}$$

$$\Leftrightarrow \pi_{RA}^{m=G} = \frac{1}{2}[E(\emptyset^{m=G}) + \rho] + \frac{1}{2}[E(\emptyset^{m=G}) + (1 - ep)\rho] \tag{5.2-28}$$

$$\Leftrightarrow \pi_{RA}^{m=G} = (\alpha 2V^G - V^0 - K_{min})^2 \frac{1}{4(K_{max} - K_{min})} + \left(1 - \frac{1}{2}ep\right)\rho \tag{5.2-11}$$

Bei *wahrheitsgemäßem* Verhalten der Ratingagentur, d.h. $m = \theta$, gilt für die *Anfragewahrscheinlichkeit* (vgl. LEMMA 4)

$$A^{m=\theta} := Pr\left(K \leq \frac{1}{2}\left(\Delta V^{m=\theta=G} - \emptyset^{m=\theta}\right)\right)$$

$$= F\left(\frac{1}{2}\left(\Delta V^{m=\theta=G} - \emptyset^{m=\theta}\right)\right) \tag{5.2-29}$$

$$\Leftrightarrow A^{m=\theta} = \left(\Delta V^{m=\theta=G} - \emptyset^{m=\theta} - K_{min}\right)\frac{1}{2(K_{max} - K_{min})} \tag{5.2-30}$$

und die *erwarteten Gebühreneinnahmen* betragen

$$E\left(\emptyset^{m=\theta}\right) = \emptyset^{m=\theta}\, F\left(\frac{1}{2}\left(\Delta V^{m=\theta=G} - \emptyset^{m=\theta}\right)\right). \tag{5.2-31}$$

Die Maximierung der *erwarteten Gebühreneinnahmen* ergibt

$$F\left(\frac{1}{2}\left(\Delta V^{m=\theta=G} - \emptyset^*\right)\right) + \emptyset^* f\left(\frac{1}{2}\left(\Delta V^{m=\theta=G} - \emptyset^*\right)\right)\left(-\frac{1}{2}\right) \stackrel{!}{=} 0 \tag{5.2-32}$$

$$\Leftrightarrow \emptyset^* = \frac{2F\left(\frac{1}{2}\left(\Delta V^{m=\theta=G} - \emptyset^*\right)\right)}{f\left(\frac{1}{2}\left(\Delta V^{m=\theta=G} - \emptyset^*\right)\right)} \tag{5.2-33}$$

und durch Einsetzen resultiert:

$$\emptyset^{m=\theta} = \frac{\left(\Delta V^{m=\theta=G} - \emptyset^{m=\theta} - K_{min}\right)}{(K_{max} - K_{min})} \Big/ \frac{1}{(K_{max} - K_{min})} = \frac{1}{2}\left(\Delta V^{m=\theta=G} - K_{min}\right) \quad (5.2\text{-}34)$$

$$\Leftrightarrow \emptyset^{m=\theta} = V^G - \frac{1}{2}\left(max\left[\alpha V^0, \left(1 - A^{m=\theta}\right)V^0 + A^{m=\theta}V^B\right] + K_{min}\right) \quad (5.2\text{-}35)$$

Es muss jedoch die Beschränkung durch Lemma 1 beachtet werden, d.h. die Agentur wählt *wahrheitsgemäßes* Verhalten nur, wenn gilt

$$V^G - \frac{1}{2}\left(max\left[\alpha V^0, \left(1 - A^{m=\theta}\right)V^0 + A^{m=\theta}V^B\right] + K_{min}\right) < ep\rho \quad (5.2\text{-}36)$$

und für die Gebühr ergibt sich daher

$$\emptyset^{m=\theta} = min\left[\frac{1}{2}\left(2V^G - max\left[\alpha V^0, \left(1 - A^{m=\theta}\right)V^0 + A^{m=\theta}V^B\right] - K_{min}\right), ep\rho\right]. \quad (5.2\text{-}12)$$

Die Beauftragung der Agentur erfolgt bei *wahrheitsgemäßem* Verhalten, wenn

$$K \leq \frac{1}{2}\left(\Delta V^{m=\theta=G} - \emptyset^{m=\theta}\right) = \frac{1}{4}\left(\Delta V^{m=\theta=G} + K_{min}\right) \quad (5.2\text{-}37)$$

$$\Leftrightarrow K \leq \frac{1}{4}\left(2V^G - max\left[\alpha V^0, \left(1 - A^{m=\theta}\right)V^0 + A^{m=\theta}V^B\right] + K_{min}\right) \quad (5.2\text{-}38)$$

gilt und die *erwarteten Gebühreneinnahmen* betragen:

$$E\left(\emptyset^{m=\theta}\right) = \emptyset^{m=\theta}\left(\Delta V^{m=\theta=G} - \emptyset^{m=\theta} - K_{min}\right)\frac{1}{2(K_{max} - K_{min})} \quad (5.2\text{-}39)$$

$$\Leftrightarrow E\left(\emptyset^{m=\theta}\right) = min[\ldots]\ (2V^G - max[\ldots] - min[\ldots] - K_{min})\frac{1}{2(K_{max} - K_{min})} \quad (5.2\text{-}40)$$

$$\Leftrightarrow E\left(\emptyset^{m=\theta}\right) = \frac{min\left[\frac{1}{4}(2V^G - max[\dots] - K_{min})^2, ep\rho(2V^G - max[\dots] - ep\rho) - K_{min}\right]}{2(K_{max} - K_{min})} \qquad (5.2\text{-}41)$$

$$mit \quad min[\dots] := min\left[\frac{1}{2}(2V^G - max[\dots] - K_{min}), ep\rho\right]$$

$$mit \quad max[\dots] := max\left[\alpha V^0, \left(1 - A^{m=\theta}\right)V^0 + A^{m=\theta}V^B\right]$$

Die *Anfragewahrscheinlichkeit* beträgt in diesem Fall

$$A^{m=\theta} = (2V^G - max[\dots] - min[\dots] - K_{min})\frac{1}{2(K_{max} - K_{min})} \qquad (5.2\text{-}42)$$

und die Agentur erzielt einen *erwarteten Gewinn* von:

$$\pi_{RA}^{m=\theta} = \frac{1}{2}\pi(\theta = g) + \frac{1}{2}\pi(\theta = b) \qquad (5.2\text{-}43)$$

$$\Leftrightarrow \pi_{RA}^{m=\theta} = \frac{1}{2}\left[E\left(\emptyset^{m=\theta}\right) + \rho\right] + \frac{1}{2}\rho \qquad (5.2\text{-}44)$$

$$\Leftrightarrow \pi_{RA}^{m=\theta} = \frac{1}{4(K_{max} - K_{min})} min\left[\frac{1}{4}(2V^G - max[\dots] - K_{min})^2,\right. \qquad (5.2\text{-}13)$$

$$\left. ep\rho(2V^G - max[\dots] - K_{min} - ep\rho)\right] + \rho.$$

$$mit \quad max[\dots] = max\left[\alpha V^0, \left(1 - A^{m=\theta}\right)V^0 + A^{m=\theta}V^B\right].$$

Der Beweis von Behauptung 1** ist hiermit abgeschlossen.

Die Ratingagentur wählt nach wie vor *unseriöses* anstatt *wahrheitsgemäßes* Verhalten, wenn die *Gewinndifferenz* positiv ist, d.h. wenn gilt:

$$\pi_{RA}^{m=G} - \pi_{RA}^{m=\theta} > 0 \qquad (5.2\text{-}45)$$

Der Emittent erhält je nach Verhalten der Agentur mindestens einen Überschuss von $V_{keine\ Beauftragung}^{m=G}$ bzw. $V_{keine\ Beauftragung}^{m=\theta}$. Für den Fall der Beauftragung der Ratingagentur erzielt er darüber hinaus einen erwarteten Überschuss von $\frac{1}{2}(\Delta V^{m=G} + K_{min})$ bzw. $\frac{1}{4}(\Delta V^{m=\theta=G} + K_{min})$ abzüglich seiner Anfragekosten K. Bei *unseriösem* Verhalten der Ratingagentur fragt der Emittent folglich nur an, wenn seine Anfragekosten geringer sind als $\frac{1}{2}(\Delta V^{m=G} + K_{min})$. Bei *wahrheitsgemäßem* Verhalten beauftragt er die Agentur hingegen nur, wenn seine Anfragekosten K geringer sind als $\frac{1}{4}(\Delta V^{m=\theta=G} + K_{min})$. Für den erwarteten Gewinn des Emittenten (EM) gilt daher zusammenfassend

$$\pi_{EM}^{m=G} = V_{Keine\ Beauftragung}^{m=G} + max\left[\frac{1}{2}(\Delta V^{m=G} + K_{min}) - K, 0\right] \quad (5.2\text{-}46)$$

$$\Leftrightarrow \pi_{EM}^{m=G} = V^0 + max\left[\alpha V^G - \frac{1}{2}V^0 - \left(K - \frac{1}{2}K_{min}\right), 0\right] \quad (5.2\text{-}47)$$

bzw.

$$\pi_{EM}^{m=\theta} = V_{Keine\ Beauftragung}^{m=\theta} + max\left[\frac{1}{4}(\Delta V^{m=\theta=G} + K_{min}) - K, 0\right] \quad (5.2\text{-}48)$$

$$\Leftrightarrow \pi_{EM}^{m=\theta} = max[\dots] + max\left[\frac{1}{2}V^G - \frac{1}{4}max[\dots] - \left(K - \frac{1}{4}K_{min}\right), 0\right]. \quad (5.2\text{-}49)$$

Die Betrachtung des *Monopol*-Falls ist damit abgeschlossen und es folgt die Analyse der Marktgleichgewichte bei Wettbewerb.

Wettbewerb (Duopol)

Wie Lemma 1 ist auch Lemma 2 von dem zweiten Schritt der Modellerweiterung, d.h. der Einschränkung der Beobachtbarkeit inklusive der Einführung von Anfragekosten, nicht betroffen. Die Ratingagenturen $k = 1, 2$ wählen bei *gegebenen Gebühren* $\emptyset_k$ und *erfolgter Beauftragung* durch den Emittenten nach wie vor ihr Verhalten in Abhängigkeit der Reputationskosten epp^D.[192] Dies begründet sich darin, dass nach der Gebührenveröffentlichung und der erfolgten Beauftragung für die Wahl des Verhaltens der Agenturen nur die Reputationskosten relevant sind. Neu im Rahmen des zweiten Schritts der Modellerweiterung ist wie auch im *Monopol*-Fall die Tatsache, dass der Emittent in Anbetracht seiner *Anfragekosten* eine Entscheidung hinsichtlich der *Beauftragung* der Agenturen treffen muss. Wie weiter oben bereits dargestellt, wird der Emittent bei $\emptyset_1 = \emptyset_2$ entweder *keine* oder *beide* Ratingagenturen beauftragen, da die Beauftragung der zweiten Agentur immer dann lohnt, wenn sie bei der ersten Agentur sinnvoll ist, vgl. Annahme *(A8)* und Anhang [8]. Annahme *(A7-2)* stellt dabei für Emittenten mit ohnehin sehr geringen Anfragekosten der ersten Beauftragung (K^I) die Nicht-Negativität ihrer Kosten der zweiten Beauftragung (K^{II}) sicher und gewährleistet dadurch die Eindeutigkeit der Gleichgewichte im Duopol-Fall.

Bei gegebenen Gebühren $\emptyset_k$ entscheidet der Emittent über die Beauftragung der Ratingagenturen (RA) *in Abhängigkeit seiner Anfragekosten* (K^I und K^{II}) wie in folgendem Lemma 5 festgehalten.[193]

LEMMA 5[194]

A) Wenn die Agenturen unseriöses Verhalten wählen ($m = G$), wodurch die Ratings immer gut ausfallen, entscheidet der Emittent in Abhängigkeit seiner Anfragekosten:

---

[192] Vgl. Abschnitt 4.1.2 zwecks Darstellung von Lemma 2.

[193] Die Formulierung von Lemma 5 in der dargestellten Form berücksichtigt explizit, dass die Agenturen unterschiedliche Gebühren $\emptyset_1$ und $\emptyset_1$wählen könnten. Im Rahmen von Behauptung 2** wird klar, dass sie dies nicht tun, sondern $\emptyset_1 = \emptyset_2$ das optimale Verhalten darstellt.

[194] Unter der Voraussetzung von $\emptyset_1 = \emptyset_2$ könnte Lemma 5 alternativ auch einzig über die Erhöhung des Grenznutzens durch das erste ($\Delta V_{1\ vs.0\ RA}$) oder das zweite Rating ($\Delta V_{2\ vs.1\ RA}$) definiert werden. Bei unseriösem Verhalten wäre die Bedingung für die Beauftragung beider Agenturen dann beispielsweise $\emptyset_1^{m=G} + K^I \leq \Delta V_{1\ vs.0\ RA}^{m=G}$, wodurch mit Annahme ($A8$) auch $\emptyset_2^{m=G} + K^{II} \leq \Delta V_{2\ vs.1\ RA}^{m=G}$ gelten würde und vice versa.

Keine Beauftragung bei $$min(\emptyset_1^{m=G}, \emptyset_2^{m=G}) + K^I > \Delta V_{1\,vs.0\,RA}^{m=G} \quad (5.2\text{-}50)$$

Beauftr. <u>einer</u> RA bei $$min(\emptyset_1^{m=G}, \emptyset_2^{m=G}) + K^I \leq \Delta V_{1\,vs.0\,RA}^{m=G} \quad (5.2\text{-}51)$$

und $$max(\emptyset_1^{m=G}, \emptyset_2^{m=G}) + K^{II} > \Delta V_{2\,vs.1\,RA}^{m=G} \quad (5.2\text{-}52)$$

Beauftr. <u>beider</u> RA bei $$(\emptyset_1^{m=G} + \emptyset_2^{m=G}) + (K^I + K^{II}) \leq \Delta V_{2\,vs.0\,RA}^{m=G} \quad (5.2\text{-}53)$$

B) Wenn die Agenturen <u>wahrheitsgemäßes</u> Verhalten wählen ($m = \theta$)*, wodurch die Ratings ex ante nur mit einer Wahrscheinlichkeit von 50 Prozent gut ausfallen, entscheidet der Emittent in Abhängigkeit seiner Anfragekosten:*

Keine Beauftragung bei $$\frac{1}{2}min\left(\emptyset_1^{m=\theta}, \emptyset_2^{m=\theta}\right) + K^I > \frac{1}{2}\Delta V_{1\,vs.0\,RA}^{m=\theta=G} \quad (5.2\text{-}54)$$

Beauftr. <u>einer</u> RA bei $$\frac{1}{2}min\left(\emptyset_1^{m=\theta}, \emptyset_2^{m=\theta}\right) + K^I \leq \frac{1}{2}\Delta V_{1\,vs.0\,RA}^{m=\theta=G} \quad (5.2\text{-}55)$$

und $$\frac{1}{2}max\left(\emptyset_1^{m=\theta}, \emptyset_2^{m=\theta}\right) + K^{II} > \frac{1}{2}\Delta V_{2\,vs.1\,RA}^{m=\theta=G} \quad (5.2\text{-}56)$$

Beauftr. <u>beider</u> RA bei $$\frac{1}{2}\left(\emptyset_1^{m=\theta} + \emptyset_2^{m=\theta}\right) + (K^I + K^{II}) \leq \frac{1}{2}\Delta V_{2\,vs.0\,RA}^{m=\theta=G} \quad (5.2\text{-}57)$$

Wie bereits erläutert kann auf Grund von ($A8$) der Fall der Beauftragung nur einer Agentur *(5.2-51, -52; 5.2-55, -56)* nicht eintreten, wenn die Agenturen ihre Gebühren derart optimieren, dass der Emittent beide guten Ratings kauft, d.h. $\emptyset_1 = \emptyset_2$ gilt.

$\Delta V_{2\,vs.0\,RA}$ in Lemma 5 drückt die Erhöhung des Grenznutzens der Investoren (Zahlungsbereitschaft) durch die Beauftragung beider Agenturen aus. Diese Erhöhung begründet sich in zwei *guten* Ratings als potenzielles Resultat der beauftragten Ratingerstellung. Analog drücken $\Delta V_{1\,vs.0\,RA}$ bzw. $\Delta V_{2\,vs.1\,RA}$ die Erhöhung des Grenznutzens der Investoren durch die Beauftragung der ersten bzw. zweiten Ratingagentur aus. Die Herleitung von $\Delta V_{2\,vs.0\,RA}$ wird im Folgenden dargestellt.

Bei *unseriösem* Verhalten der Ratingagenturen (immer $m = G$) nehmen die skeptischen Investoren nicht am Marktgeschehen teil, während die naiven Investoren die Ratings glauben, folglich mit V^{GG} bewerten und zwei Einheiten kaufen. Für $\Delta V_{2\,vs.0\,RA}^{m=G}$ gilt in diesem Fall:

$$\Delta V_{2\,vs.0\,RA}^{m=G} = V_{Beauftragung\ 2\,RA}^{m=G} - V_{keine\ Beauftragung}^{m=G} \qquad (5.2\text{-}58)$$

$$\Delta V_{2\,vs.0\,RA}^{m=G} = \alpha 2V^{GG} - max[\alpha V^0, (1 - C^{m=G})V^0 + C^{m=G}V^0] \qquad (5.2\text{-}59)$$

$$\Leftrightarrow \Delta V_{2\,vs.0\,RA}^{m=G} = \alpha 2V^{GG} - V^0 \qquad (5.2\text{-}60)$$

Für den Fall, dass keine Beauftragung erfolgt (nicht beobachtbar) und daher keine Ratings existieren, bewerten die naiven Investoren mit V^0 (ex ante). Die skeptischen Investoren bewerten mit Wahrscheinlichkeit $(1 - C^{m=G})$ auch mit V^0, während sie mit Wahrscheinlichkeit $C^{m=G}$ von einer Beauftragung ausgehen und zwei *gute* Ratings erwarten. Fehlende Ratings stellen in diesem Fall eine Situation neben dem Gleichgewichtspfad dar, weshalb die Bewertung wiederum mit V^0 erfolgt, vgl. Abschnitt 4.1.2.

Bei *wahrheitsgemäßem* Verhalten der Ratingagenturen ($m = \theta$) nehmen alle Investoren am Marktgeschehen teil. Naive Investoren kaufen bei zwei *guten* Ratings zwei Einheiten mit Bewertung V^{GG} und bei fehlenden Ratings eine Einheit mit Bewertung V^0. Skeptische Investoren kaufen bei zweifach $m = G$ auch zwei Einheiten mit Bewertung V^{GG}, während sie bei fehlenden Ratings mit Wahrscheinlichkeit $C^{m=\theta}$ von einer erfolgten Beauftragung (V^{BB}) und mit $(1 - C^{m=\theta})$ von keiner Beauftragung (V^0) ausgehen. Sie würden daher mit Bewertung $(1 - C^{m=\theta})V^0 + C^{m=\theta}V^{BB}$ eine Einheit kaufen (Erwartungswert). Für $\Delta V_{2\,vs.0\,RA}^{m=\theta=G}$ gilt bei *wahrheitsgemäßem* Verhalten im Falle *guter*[195] Ratings folglich:

[195] Nur *gute* Ratings werden gekauft (Zahlung der Gebühr) und bewirken eine Erhöhung des Grenznutzens der Investoren.

$$\Delta V_{2\,vs.0\,RA}^{m=\theta=G} = V_{Beauftragung\;2\,RA}^{m=\theta} - V_{keine\;Beauftragung}^{m=\theta} \tag{5.2-61}$$

$$\Leftrightarrow \Delta V_{2\,vs.0\,RA}^{m=\theta=G} = 2V^{GG} - max\left[\alpha V^{0}, \left(1 - C^{m=\theta}\right)V^{0} + C^{m=\theta}V^{BB}\right] \tag{5.2-62}$$

Nachdem mit Lemma 5 das Entscheidungskalkül des Emittenten beleuchtet wurde, wird als nächstes die Gebührenoptimierung der Ratingagenturen analysiert. Wie beim *Monopol*-Fall maximieren die Agenturen ihre *erwarteten Gebühreneinnahmen* zwecks Maximierung ihres erwarteten Gewinns. Dabei optimieren sie ihre Gebühren derart, dass der Emittent beide *guten* Ratings kauft. Die *erwarteten Gebühreneinnahmen* setzen sich zusammen aus der Wahrscheinlichkeit, dass der Emittent beide Agenturen beauftragt (C), multipliziert mit der Gebühreneinnahme für den Fall der Beauftragung. Es gilt wiederum: Je höher die veröffentlichten Gebühren ($\emptyset_1 = \emptyset_2$), desto geringer ist die Wahrscheinlichkeit der Beauftragung, aber umso höher sind die Gebühreneinnahmen, wenn die Beauftragung erfolgt. Mit dieser Optimierung setzen die Agenturen die Gebühren und erzielen dadurch erwartete Gewinne wie folgt:

BEHAUPTUNG 2**

A) Wenn $\frac{2}{3}\alpha V^{GG} - \frac{1}{3}(V^{0} + K_{min}) > ep\rho^{D}$ *gilt, wählen beide Ratingagenturen unseriöses Verhalten und erstellen nur Ratings* $m_k = G$. *Sie veröffentlichen die Gebühr*

$$\emptyset_k^{m=G} = \frac{2}{3}\alpha V^{GG} - \frac{1}{3}(V^{0} + K_{min}) \tag{5.2-63}$$

mit $k = 1, 2$ *und erzielen jeweils einen erwarteten Gewinn in Höhe von*

$$\pi_{RA}^{m=G} = (\alpha 2V^{GG} - V^{0} - K_{min})^{2}\frac{1}{18(K_{max} - K_{min})} + \left(1 - \frac{1}{2}ep\right)\rho^{D}. \tag{5.2-64}$$

B) Wenn $\frac{2}{3}\alpha V^{GG} - \frac{1}{3}(V^0 + K_{min}) < ep\rho^D$ *gilt, wählen die Agenturen wahrheitsgemäßes Verhalten und erstellen nur Ratings* $m_k = \theta_k$. *Sie veröffentlichen die Gebühr*

$$\emptyset_k^{m=\theta} = min\left[\frac{1}{3}(2V^{GG} - max[\ldots] - K_{min}), ep\rho^D\right] \qquad (5.2\text{-}65)$$

mit $k = 1, 2$ *und erzielen jeweils einen erwarteten Gewinn in Höhe von*

$$\pi_{RA}^{m=\theta} = \frac{1}{8(K_{max} - K_{min})} min\left[\frac{1}{9}(2V^{GG} - max[\ldots] - K_{min})^2, \right. \qquad (5.2\text{-}66)$$

$$\left. ep\rho^D(2V^{GG} - max[\ldots] - K_{min} - 2ep\rho^D)\right] + \rho^D$$

$$mit \quad max[\ldots] = max\left[\alpha V^0, \left(1 - C^{m=\theta}\right)V^0 + C^{m=\theta}V^{BB}\right].$$

Die Gleichungen *(5.2-63)* bis *(5.2-66)* in Behauptung 2** sind alle vier verändert im Vergleich zu Behauptung 2* (vgl. Abschnitt 5.1.2). Dies ist auf die *Anfragekosten* und das *Verhalten der skeptischen Investoren* zurückzuführen. Der folgende Beweis erläutert die Herleitung.

Beweis BEHAUPTUNG 2**

Für die Bestimmung der Anfragewahrscheinlichkeit C sind wiederum die Verteilungsfunktion $F(.)$ sowie die Dichtefunktion $f(.)$ der Anfragekosten des Emittenten von Relevanz. Abbildung 11 zeigt den Verlauf der Dichtefunktion separat für die erste und zweite Beauftragung der Agenturen durch den Emittenten.[196] Die schattierten Flächen in beiden Graphen enthalten diejenigen Emittenten, für die die Beauftragung sinnvoll ist, da ihre Anfragekosten K^I bzw. K^{II} niedrig genug sind, gegeben die Gebühren der Agenturen ($\emptyset_1 = \emptyset_2$). Wie bereits dargestellt, beauftragen die Emittenten immer beide Ratingagenturen. Dies geschieht quasi simultan, d.h. keine Agentur wird als Erste beauf-

[196] Dargestellt ist der Fall für *unseriöses* Verhalten der Ratingagenturen.

tragt. Für die weitere Darstellung des Beweises von Behauptung 2** wird daher die Dichtefunktion für die gleichzeitige Beauftragung beider Agenturen verwendet. Diese ist in Abbildung 12 dargestellt.[197]

Abbildung 11: Dichtefunktion der Anfragekosten im Duopol-Fall (1/2)[198]

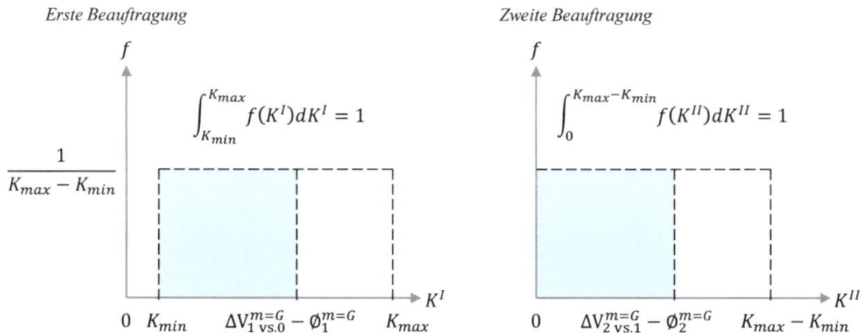

Bei *unseriösem* Verhalten der Ratingagenturen, d.h. immer $m = G$, gilt für die Wahrscheinlichkeit der Beauftragung beider Agenturen (vgl. LEMMA 5)

$$C^{m=G} := Pr\big((K^I + K^{II}) \leq \Delta V_{2\,vs.0\;RA}^{m=G} - 2\emptyset^{m=G}\big)$$

$$= F(\Delta V_{2\,vs.0\;RA}^{m=G} - 2\emptyset^{m=G}) \qquad (5.2\text{-}67)$$

$$\Leftrightarrow C^{m=G} = (\Delta V_{2\,vs.0\;RA}^{m=G} - 2\emptyset^{m=G} - K_{min})\frac{1}{2(K_{max}-K_{min})} \qquad (5.2\text{-}68)$$

und die *erwarteten Gebühreneinnahmen* betragen

$$E(\emptyset^{m=G}) = \emptyset^{m=G}\, F\big(\Delta V_{2\,vs.0\;RA}^{m=G} - \emptyset^{m=G} - \emptyset_j^{m=G}\big), \qquad (5.2\text{-}69)$$

[197] Wiederum wird der Fall für *unseriöses* Verhalten der Ratingagenturen abgebildet.

[198] Quelle: eigene Darstellung

wobei $\emptyset_j^{m=G}$ die Gebühr der anderen Agentur darstellt.

Abbildung 12: Dichtefunktion der Anfragekosten im Duopol-Fall (2/2)[199]

Simultane Beauftragung beider Agenturen

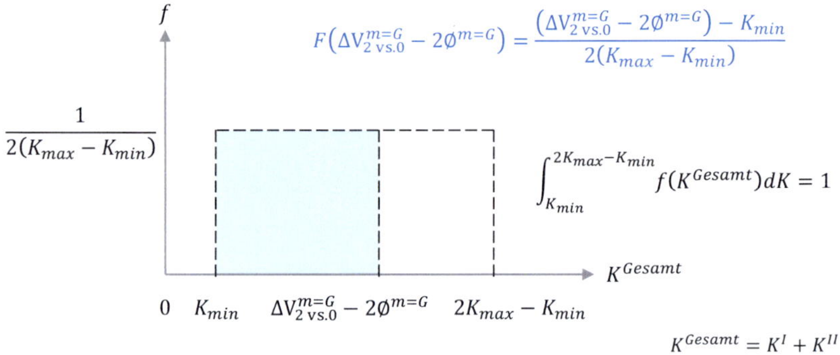

Die Maximierung der *erwarteten Gebühreneinnahmen* ergibt ($\emptyset_j^{m=G}$ ist dabei konstant)

$$F(\Delta V_{2\,vs.0\,RA}^{m=G} - 2\emptyset^*) + \emptyset^* f(\Delta V_{2\,vs.0\,RA}^{m=G} - 2\emptyset^*)\,(-1) \overset{!}{=} 0 \qquad (5.2\text{-}70)$$

$$\Leftrightarrow \emptyset^* = \frac{F\left(\Delta V_{2\,vs.0\,RA}^{m=G} - 2\emptyset^*\right)}{f\left(\Delta V_{2\,vs.0\,RA}^{m=G} - 2\emptyset^*\right)} \qquad (5.2\text{-}71)$$

und durch Einsetzen resultiert:

$$\emptyset^{m=G} = \frac{\left(\Delta V_{2\,vs.0\,RA}^{m=G} - 2\emptyset^{m=G} - K_{min}\right)}{2(K_{max} - K_{min})} \Big/ \frac{1}{2(K_{max} - K_{min})} \qquad (5.2\text{-}72)$$

$$\Leftrightarrow \emptyset^{m=G} = \frac{1}{3}(\Delta V_{2\,vs.0\,RA}^{m=G} - K_{min}) = \frac{2}{3}\alpha V^{GG} - \frac{1}{3}(V^0 + K_{min}) \qquad (5.2\text{-}63)$$

[199] Quelle: eigene Darstellung

Die Beauftragung der Agenturen erfolgt bei *unseriösem* Verhalten somit, wenn

$$(K^{I} + K^{II}) \leq \Delta V_{2\,vs.0\,RA}^{m=G} - 2\emptyset^{m=G} \tag{5.2-73}$$

$$\Leftrightarrow (K^{I} + K^{II}) \leq \frac{1}{3}(\Delta V_{2\,vs.0\,RA}^{m=G} + 2K_{min}) = \frac{2}{3}\alpha V^{GG} + \frac{1}{3}(2K_{min} - V^{0}) \tag{5.2-74}$$

gilt und die *erwarteten Gebühreneinnahmen* der Agenturen betragen:

$$E(\emptyset^{m=G}) = \frac{1}{3}(\Delta V_{2\,vs.0\,RA}^{m=G} - K_{min})\frac{\left(\Delta V_{2\,vs.0\,RA}^{m=G} - 2\emptyset^{m=G} - K_{min}\right)}{2(K_{max} - K_{min})} \tag{5.2-75}$$

$$\Leftrightarrow E(\emptyset^{m=G}) = (\Delta V_{2\,vs.0\,RA}^{m=G} - K_{min})^{2}\frac{1}{18(K_{max} - K_{min})} \tag{5.2-76}$$

$$\Leftrightarrow E(\emptyset^{m=G}) = (\alpha 2V^{GG} - V^{0} - K_{min})^{2}\frac{1}{18(K_{max} - K_{min})} \tag{5.2-77}$$

Die *Anfragewahrscheinlichkeit* beträgt in diesem Fall:

$$C^{m=G} = \left(\alpha 2V^{GG} - (V^{0} + K_{min})\right)\frac{1}{6(K_{max} - K_{min})} \tag{5.2-78}$$

Gemäß Lemma 1 wählen die Ratingagenturen *unseriöses* Verhalten nur, wenn

$$\frac{2}{3}\alpha V^{GG} - \frac{1}{3}(V^{0} + K_{min}) > ep\rho^{D} \tag{5.2-79}$$

gilt und erzielen damit jeweils folgenden *erwarteten Gewinn*:

$$\pi_{RA}^{m=G} = E(\emptyset^{m=G}) + \left(1 - \frac{1}{2}ep\right)\rho^{D} \tag{5.2-80}$$

$$\Leftrightarrow \pi_{RA}^{m=G} = (\alpha 2V^{GG} - V^{0} - K_{min})^{2}\frac{1}{18(K_{max} - K_{min})} + \left(1 - \frac{1}{2}ep\right)\rho^{D} \tag{5.2-64}$$

Eine Abweichung von diesem Gleichgewicht durch eine der beiden Ratingagenturen ist nicht plausibel:

- Würden die Agenturen die Gebühr wie im *Monopol*-Fall wählen, wäre der Emittent nur an einem Rating interessiert. Auf Grund der Homogeni tät der Ratings würde dies *Bertrand*-Wettbewerb zwischen den Agenturen auslösen, weshalb diese Abweichung kein Gleichgewicht darstellt.
- Eine Veränderung des Verhaltens einer der Agenturen hin zu wahrheitsgemäßen Ratings stellt auch keine rationale Abweichung dar. Wenn die Gebühr bei wahrheitsgemäßem Verhalten geringer wäre, so ist die Abweichung nicht profitabel; wenn sie höher wäre, so wird sich diese Agentur auf Grund von Lemma 2 doch nicht wahrheitsgemäß verhalten.

Bei *wahrheitsgemäßem* Verhalten der Ratingagenturen, d.h. $m = \theta$, gilt für die *Anfragewahrscheinlichkeit* (vgl. LEMMA 5)

$$C^{m=\theta} := Pr\left((K^I + K^{II}) \leq \frac{1}{2}\left(\Delta V_{2\,vs.0\,RA}^{m=\theta=G} - 2\emptyset^{m=\theta}\right)\right) \qquad (5.2\text{-}81)$$

$$\Leftrightarrow C^{m=\theta} = F\left(\frac{1}{2}\left(\Delta V_{2\,vs.0\,RA}^{m=\theta=G} - 2\emptyset^{m=\theta}\right)\right) \qquad (5.2\text{-}82)$$

$$\Leftrightarrow C^{m=\theta} = \left(\Delta V_{2\,vs.0\,RA}^{m=\theta=G} - 2\emptyset^{m=\theta} - K_{min}\right)\frac{1}{4(K_{max}-K_{min})} \qquad (5.2\text{-}83)$$

und die *erwarteten Gebühreneinnahmen* betragen

$$E\left(\emptyset^{m=\theta}\right) = \emptyset^{m=\theta}\, F\left(\frac{1}{2}\left(\Delta V_{2\,vs.0\,RA}^{m=\theta=G} - \emptyset^{m=\theta} - \emptyset_j^{m=\theta}\right)\right), \qquad (5.2\text{-}84)$$

wobei $\emptyset_j^{m=\theta}$ die Gebühr der anderen Agentur darstellt. Die Maximierung der *erwarteten Gebühreneinnahmen* ergibt ($\emptyset_j^{m=\theta}$ ist dabei konstant)

$$F\left(\frac{1}{2}\left(\Delta V_{2\,vs.0\,RA}^{m=\theta=G} - 2\emptyset^*\right)\right) + \emptyset^*\, f\left(\frac{1}{2}\left(\Delta V_{2\,vs.0\,RA}^{m=\theta=G} - 2\emptyset^*\right)\right)\left(-\frac{1}{2}\right) \stackrel{!}{=} 0 \qquad (5.2\text{-}85)$$

$$\Leftrightarrow \emptyset^* = \frac{2F\left(\frac{1}{2}\left(\Delta V_{2\ vs.0\ RA}^{m=\theta=G} - 2\emptyset^*\right)\right)}{f\left(\frac{1}{2}\left(\Delta V_{2\ vs.0\ RA}^{m=\theta=G} - 2\emptyset^*\right)\right)} \qquad (5.2\text{-}86)$$

und durch Einsetzen resultiert:

$$\emptyset^{m=\theta} = \frac{\left(\Delta V_{2\ vs.0\ RA}^{m=\theta=G} - 2\emptyset^{m=\theta} - K_{min}\right)}{2(K_{max} - K_{min})} \Big/ \frac{1}{2(K_{max} - K_{min})} \qquad (5.2\text{-}87)$$

$$\Leftrightarrow \emptyset^{m=\theta} = \frac{1}{3}\left(2V^{GG} - max\left[\alpha V^0, \left(1 - C^{m=\theta}\right)V^0 + C^{m=\theta}V^{BB}\right] - K_{min}\right) \qquad (5.2\text{-}88)$$

Es muss jedoch die Beschränkung durch Lemma 2 beachtet werden, d.h. die Agenturen wählen *wahrheitsgemäßes* Verhalten nur, wenn gilt

$$\frac{1}{3}\left(2V^{GG} - max\left[\alpha V^0, \left(1 - C^{m=\theta}\right)V^0 + C^{m=\theta}V^{BB}\right] - K_{min}\right) < ep\rho^D \qquad (5.2\text{-}89)$$

und für die Gebühr ergibt sich daher

$$\emptyset^{m=\theta} = min\left[\frac{1}{3}\left(2V^{GG} - max\left[\alpha V^0, \left(1 - C^{m=\theta}\right)V^0 + C^{m=\theta}V^{BB}\right] - K_{min}\right), ep\rho^D\right] \qquad (5.2\text{-}65)$$

Die Beauftragung der Agenturen erfolgt bei *wahrheitsgemäßem* Verhalten, wenn gilt

$$\left(K^I + K^{II}\right) \leq \frac{1}{2}\left(\Delta V_{2\ vs.0\ RA}^{m=\theta=G} - 2\emptyset^{m=\theta}\right) \qquad (5.2\text{-}90)$$

$$\Leftrightarrow \left(K^I + K^{II}\right) \leq \frac{1}{6}\left(\Delta V_{2\ vs.0\ RA}^{m=\theta=G} + 2K_{min}\right) \qquad (5.2\text{-}91)$$

und die *erwarteten Gebühreneinnahmen* betragen:

$$E\left(\emptyset^{m=\theta}\right) = \emptyset^{m=\theta}\left(\Delta V^{m=\theta=G}_{2\,vs.0\;RA} - 2\emptyset^{m=\theta} - K_{min}\right)\frac{1}{4(K_{max}-K_{min})} \quad (5.2\text{-}92)$$

$$\Leftrightarrow E\left(\emptyset^{m=\theta}\right) = min[\dots]\,\frac{(2V^{GG} - max[\dots] - 2\,min[\dots] - K_{min})}{4(K_{max}-K_{min})} \quad (5.2\text{-}93)$$

$$\Leftrightarrow E\left(\emptyset^{m=\theta}\right) = \frac{min\left[\frac{1}{9}(2V^{GG} - max[\dots] - K_{min})^2,\; ep\rho^D(2V^{GG} - max[\dots] - 2ep\rho^D - K_{min})\right]}{4(K_{max}-K_{min})}$$

(5.2-94)

$$mit \quad min[\dots] := min\left[\frac{1}{3}(2V^{GG} - max[\dots] - K_{min}), ep\rho^D\right]$$

$$mit \quad max[\dots] := max\left[\alpha V^0, \left(1 - C^{m=\theta}\right)V^0 + C^{m=\theta}V^{BB}\right]$$

Die *Anfragewahrscheinlichkeit* beträgt in diesem Fall

$$C^{m=\theta} = (2V^{GG} - max[\dots] - 2\,min[\dots] - K_{min})\frac{1}{4(K_{max}-K_{min})} \quad (5.2\text{-}95)$$

und die Agenturen erzielen bei *wahrheitsgemäßem* Verhalten jeweils einen *erwarteten Gewinn* von:

$$\Leftrightarrow \pi^{m=\theta}_{RA} = \frac{1}{2}E\left(\emptyset^{m=\theta}\right) + \rho^D \quad (5.2\text{-}96)$$

$$\Leftrightarrow \pi^{m=\theta}_{RA} = \frac{1}{8(K_{max}-K_{min})}min\left[\frac{1}{9}(2V^{GG} - max[\dots] - K_{min})^2, \right. \quad (5.2\text{-}66)$$

$$\left. ep\rho^D(2V^{GG} - max[\dots] - K_{min} - 2ep\rho^D)\right] + \rho^D$$

$$mit \quad max[\dots] = max\left[\alpha V^0, \left(1 - C^{m=\theta}\right)V^0 + C^{m=\theta}V^{BB}\right].$$

Eine Abweichung von diesem Gleichgewicht durch eine der beiden Ratingagenturen ist nicht plausibel:

- Ein einseitiges Abweichen einer Ratingagentur von *wahrheitsgemäßer* Bewertung zwecks Erstellung *unseriöser Ratings*, um Gewinne zu erwirtschaften, wenn die andere Agentur *wahrheitsgemäß* ein schlechtes Rating erstellt, ist auf Grund von Annahme *(A5**)* ausgeschlossen (siehe weiter unten): Die Zusatzrente wäre geringer als die zu erwartenden Reputationskosten $e^2 p\rho^D$.
- Ein Gleichgewicht, in dem eine Agentur ($k = 1$) *wahrheitsgemäß* und die andere ($k = 2$) *unseriös* bewertet, ist nicht möglich. Es müsste $\emptyset_1 < ep\rho^D$ und $\emptyset_2 > ep\rho^D$ gelten, was durch das Kaufverhalten des Emittenten und die Gebührenfestlegung der Agentur $k = 1$ ausgeschlossen ist.

Der Beweis von Behauptung 2** ist hiermit abgeschlossen.

Auch im *Duopol*-Fall maximieren die Agenturen ihren erwarteten Gewinn, indem sie *unseriöses* anstatt *wahrheitsgemäßes* Verhalten wählen, wenn die Gewinndifferenz beider Strategien positiv ist. Wie im *Monopol*-Fall kann die Überbewertung einer Investition mittels erhöhten Ratings einen Gleichgewichtszustand darstellen, obwohl Reputationskosten auftreten.

Der Emittent erhält je nach Agenturverhalten mindestens einen Überschuss von $V^{m=G}_{keine\ Beauftragung}$ bzw. $V^{m=\theta}_{keine\ Beauftragung}$. Für den Fall der Beauftragung der Agenturen erzielt er darüber hinaus einen erwarteten Überschuss von $\frac{1}{3}(\Delta V^{m=G}_{2\ vs.0\ RA} + 2K_{min})$ bzw. $\left(\frac{1}{2}(e^2 + (1-e)^2)\Delta V^{m=\theta=G}_{2\ vs.0\ RA} + 2e(1-e)\Delta V^{m=\theta=G}_{1\ vs.0\ RA} - \emptyset^{m=\theta}\right)$ abzüglich seiner Anfragekosten $(K^I + K^{II})$. Bei *unseriösem* Verhalten der Agenturen fragt der Emittent nur an, wenn seine Anfragekosten $(K^I + K^{II})$ geringer sind als $\frac{1}{3}(\Delta V^{m=G}_{2\ vs.0\ RA} + 2K_{min})$. Bei *wahrheitsgemäßem* Verhalten beauftragt er die Agenturen hingegen nur, wenn seine Anfragekosten $(K^I + K^{II})$ geringer sind als $\frac{1}{6}\left(\Delta V^{m=\theta=G}_{2\ vs.0\ RA} + 2K_{min}\right)$. Für den erwarteten Gewinn des Emittenten (EM) gilt daher zusammenfassend:

$$\pi^{m=G}_{EM} = V^{m=G}_{Keine\ Beauftragung} + max\left[\frac{1}{3}(\Delta V^{m=G}_{2\ vs.0\ RA} + 2K_{min}) - (K^I + K^{II}), 0\right] \tag{5.2-97}$$

$$\Leftrightarrow \pi^{m=G}_{EM} = V^0 + max\left[\frac{2}{3}\alpha V^{GG} - \frac{1}{3}V^0 - \left(K^I + K^{II} - \frac{2}{3}K_{min}\right), 0\right] \tag{5.2-98}$$

bzw.

$$\pi_{EM}^{m=\theta} = V_{Keine\ Beauftragung}^{m=\theta} + max\left[\frac{1}{2}(e^2 + (1-e)^2)\Delta V_{2\ vs.0\ RA}^{m=\theta=G} + 2e(1-e)\Delta V_{1\ vs.0\ RA}^{m=\theta=G} - \emptyset^{m=\theta} - (K^I + K^{II}), 0\right] \quad (5.2\text{-}99)$$

$$\Leftrightarrow \pi_{EM}^{m=\theta} = max\left[rev^{II}(\alpha) - \emptyset^{m=\theta} - (K^I + K^{II}),\ max[\dots]\right] \quad (5.2\text{-}100)$$

$$mit\ \ rev^{II}(\alpha) = \frac{1}{2}(e^2 + (1-e)^2)(2V^{GG} + max[\dots]) + 2e(1-e)\alpha 2V^G$$

Die Betrachtung des *Duopol*-Falls ist damit abgeschlossen.

Durch den Wettbewerb der Ratingagenturen entsteht für den Emittenten, wie auch im Grundmodell, ein *Vorteil*, denn die Verteilung der Überschüsse ist abweichend zum *Monopol*-Fall. Tabelle 5 zeigt zusammenfassend die durch die *Einschränkung der Beobachtbarkeit* angepassten Gebühren und Gewinne der Ratingagentur(en) sowie die Gewinne des Emittenten in den jeweiligen Marktgleichgewichten.

Die *angepasste Beobachtbarkeit der Geschäftsbeziehung* zwischen Emittent und Agentur(en) führt sowohl im *Monopol*- als auch im *Duopol*-Fall zu veränderten Gleichgewichten im Vergleich zum Modell nach Schritt 1 der Erweiterung sowie auch im Vergleich zum Grundmodell. Dies ist dem nun geringeren Informationsvorsprung[200] der skeptischen Investoren sowie der Existenz von Anfragekosten geschuldet. Der durch die nicht beobachtbaren Anfragekosten geschaffene Informationsvorteil des Emittenten ($K_{max} - K_{min}$) ist maßgebend für den Gewinn der Agentur(en). Je größer die Intransparenz für die Agentur(en), d.h. je größer der Informationsvorteil des Emittenten, umso kleiner ist ihr Gewinn. Profiteure der veränderten Transparenz sind jene Emittenten mit geringen Anfragekosten, die folglich einen höheren Gewinn erzielen.

Nach wie vor ist der Anreiz der Agenturen für unseriöses Verhalten unabhängig von der Marktstruktur dann hoch, wenn naive Investoren die Qualität *e*

---

[200] Vgl. hierzu die Ausführungen in Abschnitt 5.2.2, insbesondere Fußnote 181.

überschätzen, da die heutigen Gewinne bei gleichbleibenden Reputationskosten in der Zukunft steigen.

Tabelle 5: Gebühren und Gewinne nach Schritt 2 der Modellerweiterung[201]

	Monopol	Duopol
Unseriöses Verhalten	$\emptyset = \alpha V^G - \frac{1}{2}(V^0 + K_{min})$	$\emptyset = \frac{2}{3}\alpha V^{GG} - \frac{1}{3}(V^0 + K_{min})$
	$\pi_{RA} = \frac{(\alpha 2V^G - V^0 - K_{min})^2}{4(K_{max} - K_{min})} + \left(1 - \frac{ep}{2}\right)\rho$	$\pi_{RA} = \frac{(\alpha 2V^{GG} - V^0 - K_{min})^2}{18(K_{max} - K_{min})} + \left(1 - \frac{ep}{2}\right)\rho^D$
	$\pi_{EM} = V^0 + max\left[\alpha V^G - \frac{1}{2}V^0 - \left(K - \frac{1}{2}K_{min}\right), 0\right]$	$\pi_{EM} = V^0 + max\left[\frac{2}{3}\alpha V^{GG} - \frac{1}{3}V^0 - \left(K^I + K^{II} - \frac{2}{3}K_{min}\right), 0\right]$
Wahrheitsgemäßes Verhalten	$\emptyset = min\left[\frac{1}{2}(2V^G - max[...] - K_{min}), ep\rho\right]$	$\emptyset = min\left[\frac{1}{3}(2V^{GG} - max[...] - K_{min}), ep\rho^D\right]$
	$\pi_{RA} = \frac{1}{4(K_{max}-K_{min})} min\left[\frac{1}{4}(2V^G - max[...] - K_{min})^2, ep\rho(2V^G - max[...] - K_{min} - ep\rho)\right] + \rho$	$\pi_{RA} = \frac{1}{8(K_{max}-K_{min})} min\left[\frac{1}{9}(2V^{GG} - max[...] - K_{min})^2, ep\rho^D(2V^{GG} - max[...] - K_{min} - 2ep\rho^D)\right] + \rho^D$
	$\pi_{EM} = max[...] + max\left[\frac{1}{2}V^G - \frac{1}{4}max[...] - \left(K - \frac{1}{4}K_{min}\right), 0\right]$	$\pi_{EM} = max\left[rev^{II}(\alpha) - \emptyset^{m=\theta} - (K^I + K^{II}), max[...]\right]$
	mit $max[...] = max\left[\alpha V^0, (1 - A^{m=\theta})V^0 + A^{m=\theta}V^B\right]$	mit $max[...] = max\left[\alpha V^0, (1 - C^{m=\theta})V^0 + C^{m=\theta}V^{BB}\right]$

Es sei angemerkt, dass im Rahmen der Modellerweiterung wiederum Annahme *(A5)* leicht verändert werden muss. Ihre angepasste Form *(A5**)* lautet:

$$\alpha V^G - \frac{1}{2}(V^0 + K_{min}) - min\left[\frac{1}{3}(2V^{GG} - max[...] - K_{min}), ep\rho^D\right] < e^2 p\rho^D$$

Die Analyse der veränderten Marktgleichgewichte ist hiermit abgeschlossen. Im nächsten Abschnitt (5.2.3) werden auf Basis der neuen Gleichgewichte die Auswirkungen auf die Wohlfahrt analysiert.

[201] Quelle: eigene Darstellung

5.2.3 Veränderung der Wohlfahrtsergebnisse

Die in Abschnitt 4.2.1 hergeleiteten Benchmarks W_{FB} und W_0 für den Vergleich der Wohlfahrt in den verschiedenen Marktgleichgewichten haben nach wie vor Gültigkeit und werden im Folgenden verwendet:

$$W_{FB} = V^0 + \frac{1}{2}(R - U) \qquad \textit{(vgl. 4.2-2)}$$

$$W_0 = V^0 \qquad \textit{(vgl. 4.2-3)}$$

Des Weiteren wird wiederum die *Gesamtwohlfahrt* betrachtet, indem die Überschüsse der Investoren, der Ratingagentur(en) und des Emittenten addiert werden. Hierbei bleiben nach wie vor die Gebühr ($\emptyset$) und der Investitionspreis (T) unberücksichtigt, da sie sich auf Grund der Gesamtbetrachtung rauskürzen. Von den neu eingeführten Anfragekosten des Emittenten wird bei der Analyse der Wohlfahrt zunächst abstrahiert, um eine bessere Vergleichbarkeit mit den Ergebnissen des Grundmodells zu ermöglichen.

Außerdem wird im Rahmen der Wohlfahrtsanalyse nur der Fall betrachtet, dass der Emittent vor dem Hintergrund seiner Anfragekosten bei der/den Agentur(en) anfragt, d.h. es wird angenommen, dass es sich um einen Emittenten mit hinreichend geringen Anfragekosten handelt. Der Fall der "Nicht-Beauftragung" ist uninteressant, da hier die Wohlfahrt bei unseriösem Verhalten jener Wohlfahrt einer Marktsituation ohne Ratingagenturen entspricht ($W_0 = V^0$).

Die Wohlfahrtsbetrachtung erfolgt wie auch in Kapitel 4 (Grundmodell) unter Berücksichtigung der durch Annahme *(A4)* definierten unteren Begrenzung für α, d.h. im Intervall $\alpha \in \left[\frac{V^0}{2V^G}, 1\right]$.

Monopol

Bei *unseriösem Verhalten* der Ratingagentur nehmen auf Grund der hohen Preise der Investition nur die *naiven* Investoren am Marktgeschehen teil. Wie im Grundmodell von Bolton et al. (2012) kaufen sie stets zwei Einheiten, da sie das *gute* Rating glauben, während die *skeptischen* Investoren keine Einheit der Investition kaufen. Für die Wohlfahrt gilt daher unverändert

$$W_M^{G^*} = \alpha[V^0 + (V^0 + u - U)] < V^0. \qquad (5.2\text{-}101)$$

$W_M^{G^*}$ ist zwar noch positiv, aber ein Markt ohne Agentur ist einem mit einer *unseriös* arbeitenden, monopolistischen Agentur vorzuziehen. Dieses Ergebnis ist unverändert im Vergleich zu Bolton et al. (2012).[202]

Bei *wahrheitsgemäßem Verhalten* der Agentur wird, wie auch im Grundmodell, zwischen zwei Szenarien unterschieden, da der Emittent im Fall eines *schlechten* Ratings den Preis für die Investition abwägen muss. Trotz der *eingeführten Unbeobachtbarkeits-Annahme* kann der Emittent den überhöhten Preis V^0 nach wie vor nur von den naiven Investoren erhalten. Die skeptischen Investoren gehen zwar auf Grund der *Unbeobachtbarkeit* mit Wahrscheinlichkeit $(1 - A^{m=\theta})$ von einer fehlenden Beauftragung der Agentur aus und bewerten mit V^0, ihr Erwartungswert $(1 - A^{m=\theta})V^0 + A^{m=\theta}V^B$ ist jedoch geringer. Dies bedeutet, dass sie beim Preis $T = V^0$ weiterhin vom Markt ausgeschlossen werden. Im Unterschied zum Grundmodell wählt der Emittent auf Grund der *Unbeobachtbarkeits-Annahme* den im Fall eines *schlechten* Ratings fairen Preis V^B gar nicht mehr. Stattdessen setzt er den Preis in Höhe des Erwartungswerts der skeptischen Investoren, wenn $(1 - A^{m=\theta})V^0 + A^{m=\theta}V^B > \alpha V^0$ gilt (Szenario 1). Die naiven Investoren kaufen zu diesem Preis auch eine Einheit, da sie bei fehlendem Rating eine Zahlungsbereitschaft von V^0 haben.[203] Diesen niedrigeren, aber dennoch überhöhten Preis wählt der Emittent, solange der Anteil naiver Investoren und/oder die Anfragewahrscheinlichkeit gering sind. Umgekehrt wählt der Emittent den überhöhten Preis V^0 (Szenario 2), wenn der Anteil naiver Investoren und/oder die Anfragewahrscheinlichkeit hoch sind, so dass $\alpha V^0 > (1 - A^{m=\theta})V^0 + A^{m=\theta}V^B$ gilt.[204] Die im Rahmen

202 Vgl. Abschnitt 4.2.2

203 Die Zahlungsbereitschaft V^0 der naiven Investoren ist höher als der Erwartungswert der skeptischen Investoren, denn es gilt $V^0 > V^B$.

204 Mit steigendem α wird die linke Seite der Ungleichung (αV^0) größer und mit steigendem $A^{m=\theta}$ die rechte Seite, d.h. $(1 - A^{m=\theta})V^0 + A^{m=\theta}V^B$, kleiner.

der Modellerweiterung eingeführte *Unbeobachtbarkeits-Annahme* verhindert folglich nicht, dass skeptische Investoren teilweise vom Markt ausgeschlossen werden. Sie hat jedoch den Effekt, dass der Parameterraum für den überhöhten Preis V^0, zu dem nur die naiven Investoren kaufen und der daher zum Ausschluss der skeptischen Investoren führt, kleiner ist als bei Bolton et al. (2012). Dies liegt darin begründet, dass sich im Rahmen der Modellerweiterung jener Preis für den Emittenten erst ab einem höheren α lohnt. Davon abgesehen profitiert der Emittent von der *Unbeobachtbarkeits-Annahme*, da er bei *schlechtem* Rating stets mehr als den fairen Preis V^B verlangen kann, indem er die höhere Zahlungsbereitschaft der Investoren ausnutzt.

Die Auswirkungen der beschriebenen Veränderungen auf die Gesamtwohlfahrt sind beschränkt. Auf Grund der kumulativen Betrachtung der Überschüsse aller Akteure hat ein höherer Investitionspreis[205] keinen Einfluss auf die Gesamtwohlfahrt in Szenario 1, da er gleichzeitig zu Gunsten des Emittenten und zu Lasten der Investoren geht. Auswirkungen auf die betrachtete Wohlfahrt ergeben sich ausschließlich durch veränderte Parameterräume für die Szenarien 1 und 2 im Vergleich zum Grundmodell.

In Szenario 1, in dem bei fehlendem Rating alle Investoren am Markt teilnehmen und zum Preis $\left(1-A^{m=\theta}\right)V^0+A^{m=\theta}V^B$ eine Einheit kaufen, gilt für die Wohlfahrt unverändert zu Bolton et al. (2012)

$$W_M^{T1^*}=\frac{1}{2}[e(2R-u-U)+(1-e)(R-u)] \qquad (5.2\text{-}102)$$
$$+\frac{1}{2}\left[(1-e)\big((1-p)2R-u-U\big)+e\big((1-p)R-u\big)\right].$$

Durch Umformungen ergibt sich:

$$W_M^{T1^*}=V^0+\frac{1}{2}V^G=W_M^{T1} \qquad (5.2\text{-}103)$$

205 Preis $\left(1-A^{m=\theta}\right)V^0+A^{m=\theta}V^B$ im Rahmen der Modellerweiterung anstatt Preis V^B im Grundmodell für Szenario 1 im Fall eines schlechten Ratings.

Die Existenz einer seriös arbeitenden, monopolistischen Ratingagentur steigert auch im Rahmen der Modellerweiterung die Wohlfahrt im Vergleich zu einem Markt ohne Agentur ($W_0 = V^0$). Bei perfekter Qualität der privaten Information θ der Agentur entspräche die Wohlfahrt $W_M^{T1^*}$ dem "first-best" Ergebnis, da dann $V^G = R - U$ gilt.

Für Szenario 2, in dem bei fehlendem Rating nach wie vor nur die naiven Investoren teilnehmen und zum überhöhten Preis V^0 eine Einheit kaufen, ergibt sich unverändert eine geringere Wohlfahrt als in Szenario 1:

$$W_M^{T2^*} = \frac{1}{2}[e(2R - u - U) + \alpha(1-e)(R-u)] \qquad (5.2\text{-}104)$$
$$+\frac{1}{2}\big[(1-e)\big((1-p)2R - u - U\big) + \alpha e\big((1-p)R - u\big)\big].$$

Durch Umformungen ergibt sich

$$W_M^{T2^*} = V^0 + \frac{1}{2}V^G - \frac{1}{2}(1-\alpha)V^B = W_M^{T2} \qquad (5.2\text{-}105)$$

bzw. $$W_M^{T2^*} = W_M^{T1^*} - \frac{1}{2}(1-\alpha)V^B. \qquad (5.2\text{-}106)$$

Gleichung *(5.2-106)* zeigt, dass die Verzerrung durch den Preis V^0 zu einer um den Term $\frac{1}{2}(1-\alpha)V^B$ geringeren Wohlfahrt führt. Der Wohlfahrtsverlust entsteht dadurch, dass die skeptischen Investoren $(1-\alpha)$ nach wie vor im Fall eines fehlenden Ratings nicht am Markt teilnehmen und der mögliche Nutzen V^B folglich nicht realisiert wird.

Abweichend zu Bolton et al. (2012) wählt der Emittent den überhöhten Preis V^0 jedoch nur, wenn gilt

$$\alpha > 1 - A^{m=\theta}\left(\frac{V^0 - V^B}{V^0}\right) = \alpha_M^* \qquad (5.2\text{-}107)$$

$$\Leftrightarrow \alpha > 1 - \frac{V^G - \frac{1}{2}(K_{min} + V^0)}{2(K_{max} - K_{min}) - \frac{1}{2}(V^0 - V^B)}\left(\frac{V^0 - V^B}{V^0}\right). \qquad (5.2\text{-}108)$$

Im Grundmodell betrug das Entscheidungskalkül $\alpha > \frac{V^B}{V^0} = \alpha_M$ und es gilt:

$$\alpha_M^* > \alpha_M \qquad (5.2\text{-}109)$$

Folglich ist auf Grund der eingeführten *Unbeobachtbarkeits-Annahme* der Parameterraum für den überhöhten Preis V^0, der zum Ausschluss der skeptischen Investoren führt, kleiner als bei Bolton et al. (2012).

Wettbewerb (Duopol)

Bei *unseriösem Verhalten* der beiden Ratingagenturen nehmen, wie auch im *Monopol*-Fall, nur die naiven Investoren am Marktgeschehen teil. Wie bei Bolton et al. (2012) kaufen sie stets zwei Einheiten, während die skeptischen Investoren keine Einheit der Investition kaufen. Es gilt daher:

$$W_D^{G^*} = W_M^{G^*} = \alpha[V^0 + (V^0 + u - U)] \qquad (5.2\text{-}110)$$

Unverändert im Vergleich zum Grundmodell[206] ist die Wohlfahrt bei *unseriösem* Verhalten unter Wettbewerb (*Duopol*) nicht höher, sondern entspricht jener bei einem *Monopol*. Es gilt nach wie vor, dass der *Monopol*-Markt sogar effizienter wäre als der Wettbewerbsmarkt, wenn fixe Betriebskosten der Ratingagenturen berücksichtigt würden. Zusammenfassend kann festgehalten werden, dass ein Markt ohne Ratingagenturen einem solchen mit einer oder mehreren unseriös arbeitenden Agentur(en) vorzuziehen ist, denn es gilt $W_0 > W_M^{G^*} = W_D^{G^*}$.

Bei *wahrheitsgemäßem Verhalten* der Agenturen sind wiederum zwei Szenarien zu unterscheiden. Der Emittent muss bei zwei *schlechten* Ratings, die er nicht kauft, abwägen, welchen Preis er für die Investition festsetzt. Wie im *Monopol*-Fall kann der Emittent trotz der eingeführten *Unbeobachtbarkeits-Annahme* den überhöhten Preis V^0 nach wie vor nur von den naiven Investoren

[206] Vgl. Abschnitt 4.2.2

erhalten. Die skeptischen Investoren gehen auf Grund der *Unbeobachtbarkeit* mit Wahrscheinlichkeit $\left(1 - C^{m=\theta}\right)$ von einer fehlenden Beauftragung der beiden Agenturen aus und bewerten folglich mit V^0. Ihr Erwartungswert in Höhe von $\left(1 - C^{m=\theta}\right)V^0 + C^{m=\theta}V^{BB}$ liegt jedoch darunter, weshalb sie beim Preis $T = V^0$ weiterhin vom Markt ausgeschlossen werden. Außerdem wird der Emittent – im Unterschied zum Grundmodell – den im Fall *schlechter* Ratings fairen Preis V^{BB} gar nicht mehr wählen. Abweichend zu Bolton et al. (2012) setzt der Emittent bei $\left(1 - C^{m=\theta}\right)V^0 + C^{m=\theta}V^{BB} > \alpha V^0$ den Preis gleich dem Erwartungswert der skeptischen Investoren (Szenario 1). Die naiven Investoren kaufen zu diesem Preis auch eine Einheit, da sie bei fehlenden Ratings eine Zahlungsbereitschaft von V^0 haben. Diesen niedrigeren, aber bereits überhöhten Preis wählt der Emittent, solange der Anteil naiver Investoren und/oder die Anfragewahrscheinlichkeit gering sind. Umgekehrt wählt der Emittent den Preis V^0 (Szenario 2), wenn der Anteil naiver Investoren und/oder die Anfragewahrscheinlichkeit hoch sind, so dass gilt $\alpha V^0 > \left(1 - C^{m=\theta}\right)V^0 + C^{m=\theta}V^{BB}$. Auch beim Duopol verhindert die im Rahmen der Modellerweiterung eingeführte *Unbeobachtbarkeits-Annahme* folglich nicht, dass skeptische Investoren teilweise vom Markt ausgeschlossen werden. Der Parameterraum für den überhöhten Preis V^0, der zum Ausschluss der skeptischen Investoren führt, ist allerdings wiederum kleiner als bei Bolton et al. (2012). Auch beim Duopol lohnt sich im Rahmen der Modellerweiterung jener Preis für den Emittenten erst ab einem höheren α. Der Emittent profitiert von der *Unbeobachtbarkeits-Annahme* wiederum insofern, als dass er bei *schlechten* Ratings, durch Ausnutzung der höheren Zahlungsbereitschaft der Investoren, mehr als den fairen Preis V^{BB} verlangen kann.

In beiden Szenarien kauft der Emittent bei der Konstellation $m_1 \neq m_2$ nur das *gute* Rating, so dass naive Investoren mit V^G bewerten und zwei Einheiten der Investition erwerben. Skeptische Investoren entlarven auf Grund der offensichtlich erfolgten Beauftragung der Agenturen das fehlende Rating als nicht veröffentlichtes Rating $m_2 = B$ und würden – da sich ein *gutes* und ein *schlechtes* Rating gegenüberstehen – nur zum Preis V^0 eine Einheit der Investition kaufen. Der Emittent wählt allerdings den überhöhten Preis V^G, denn mit *(A4)* gilt $\alpha 2V^G > V^0$, und nutzt die naiven Investoren aus.

Auf Grund der kumulativen Betrachtung der Überschüsse aller Akteure sind die Auswirkungen auf die Gesamtwohlfahrt wiederum begrenzt. Sie führen zu veränderten Parameterräumen der Szenarien 1 und 2 im Vergleich zum Grundmodell.

In Szenario 1 des *Duopol*-Falls, in dem bei fehlenden Ratings alle Investoren am Markt teilnehmen und zum Preis $\left(1-C^{m=\theta}\right)V^0+C^{m=\theta}V^{BB}$ eine Einheit kaufen, gilt für die Wohlfahrt unverändert

$$\begin{aligned} W_D^{T1^*} &= (e^2+2e(1-e)\alpha+(1-e)^2)V^0+\frac{1}{2}(e^2-(1-e)^2)(R-U) \\ &\quad +(2e(1-e)\alpha+(1-e)^2)(V^0+u-U)=W_D^{T1}. \end{aligned} \quad (5.2\text{-}111)$$

In Szenario 2 gilt auf Grund des zu hohen Preises V^0 im Fall zweier *schlechter* unveröffentlichter Ratings, bei dem nur die naiven Investoren eine Einheit kaufen, unverändert eine geringere Wohlfahrt:

$$\begin{aligned} W_D^{T2^*} &= (e^2+2e(1-e)\alpha+(1-e)^2)V^0+\frac{1}{2}(e^2-(1-e)^2)(R-U) \\ &\quad +(2e(1-e)\alpha+(1-e)^2)(V^0+u-U) \\ &\quad -\frac{1}{2}(1-\alpha)\left[(1-e)^2(R-u)+e^2\left((1-p)R-u\right)\right]=W_D^{T2} \end{aligned} \quad (5.2\text{-}112)$$

bzw. zwecks Vergleich mit $W_D^{T1^*}$

$$W_D^{T2^*}=W_D^{T1^*}-\frac{1}{2}(1-\alpha)(e^2+(1-e)^2)V^{BB}. \quad (5.2\text{-}113)$$

Analog zum *Monopol*-Fall zeigt Gleichung *(5.2-113)*, dass die Verzerrung durch den zu hohen Preis zu einer um den Term $\frac{1}{2}(1-\alpha)(e^2+(1-e)^2)V^{BB}$ geringeren Wohlfahrt führt. Dieser Wohlfahrtsverlust entsteht dadurch, dass die skeptischen Investoren im Fall fehlender Ratings nicht am Markt teilnehmen, wodurch der mögliche Nutzen V^{DD} nicht realisiert wird.

Abweichend zu Bolton et al. (2012) wählt der Emittent den überhöhten Preis V^0 jedoch nur, wenn gilt

$$\alpha > 1 - C^{m=\theta}\left(\frac{V^0 - V^{BB}}{V^0}\right) = \alpha_D^* \quad (5.2\text{-}114)$$

$$\Leftrightarrow \alpha > 1 - \frac{\frac{2}{3}V^{GG} - \frac{1}{3}(K_{min} + V^0)}{4(K_{max} - K_{min}) - \frac{1}{3}(V^0 - V^{BB})}\left(\frac{V^0 - V^{BB}}{V^0}\right). \quad (5.2\text{-}115)$$

Im Grundmodell betrug das Entscheidungskalkül $\alpha > \frac{V^{BB}}{V^0} = \alpha_D$ und es gilt:

$$\alpha_D^* > \alpha_D \quad (5.2\text{-}116)$$

Folglich ist auch im *Duopol* auf Grund der eingeführten *Unbeobachtbarkeits-Annahme* der Parameterraum für den überhöhten Preis V^0, der zum Ausschluss der skeptischen Investoren führt, kleiner als bei Bolton et al. (2012).

In Summe zeigt der Vergleich der Wohlfahrtsergebnisse *unter Wettbewerb* mit denen eines *monopolistischen* Ratingmarkts, dass das überraschende Ergebnis des Grundmodells unter realistischeren Annahmen bestätigt wird: Bei wahrheitsgemäßem Verhalten der Agentur(en) ist die Wohlfahrt im *Duopol*-Fall geringer als im *Monopol*-Fall, denn

$$W_M^{T1^*} > W_D^{T1^*} \geq W_D^{T2^*} \quad \textit{und} \quad W_M^{T2^*} > W_D^{T2^*}. \quad (5.2\text{-}117)$$

Wettbewerb führt daher auch bei *eingeschränkter Beobachtbarkeit* des Marktgeschehens sowie der Existenz von Anfragekosten zu einem Wohlfahrtsverlust. Dieses Ergebnis wird im nächsten Abschnitt detailliert beleuchtet.

5.3 Ergebnis und Implikationen

In diesem Abschnitt erfolgen die Betrachtung des Gesamtergebnisses der Modellerweiterung (5.3.1) sowie die Diskussion der Implikationen, indem auf Möglichkeiten einer Marktregulierung eingegangen wird (5.3.2).

5.3.1 Gesamtergebnis

Die im Rahmen der Modellerweiterung bestätigte Kernaussage des Grundmodells von Bolton et al. (2012) wird in folgender Behauptung festgehalten:

BEHAUPTUNG 4

Bei Unbeobachtbarkeit des Geschäftskontakts zwischen Emittent und Ratingagentur(en) sowie der Existenz unterschiedlicher Anfragekosten der Emittenten dominiert eine wahrheitsgemäß arbeitende Ratingagentur (Monopol) unter Wohlfahrtsgesichtspunkten zwei wahrheitsgemäß arbeitende Ratingagenturen (Duopol), d.h. bei seriösem Verhalten der Agenturen verringert Wettbewerb die Wohlfahrt.

Dieses Ergebnis lässt sich damit begründen, dass auch unter den realistischeren Annahmen der Modellerweiterung der Emittent beim *Duopol* nach wie vor mehr Möglichkeiten hat, die Naivität der Investoren auszunutzen. Anders ausgedrückt: Die skeptischen Investoren haben nach wie vor einen "Wissensvorsprung", der dazu führt, dass sie teilweise vom Markt ausgeschlossen werden, obwohl sie unter Wohlfahrtsgesichtspunkten teilnehmen sollten. Die negativen Auswirkungen des Ratings-Shopping bleiben im Rahmen der Modellerweiterung erhalten. Besonders relevant ist der Fall zweier unterschiedlicher Ratings $m_1 = G$ und $m_2 = B$, in welchem der Emittent nur das *gute* Rating kauft (da $\alpha 2V^G > V^0$ per Annahme $A4$). Die naiven Investoren zahlen den zu hohen Preis V^G und kaufen zwei Einheiten, während die skeptischen Investoren keine Einheit kaufen. Letztere erkennen an der Tatsache, dass ein Rating (m_1) beobachtbar ist, den Umstand, dass ein weiteres, unveröffentlichtes Rating $m_2 = B$ existieren muss. Der Beweis von Behauptung 4 verläuft analog dem von Behauptung 3 und ist im Anhang dargestellt, vgl. [9], S. 172. Die folgende Abbildung zeigt das graphische Ergebnis analog zu Abbildung 7.

An dieser Stelle sei angemerkt, dass die im Rahmen der Wohlfahrtsanalyse bis hierhin unberücksichtigt gebliebenen Anfragekosten des Emittenten die

Dominanz des Monopols weiter verstärken, da im *Duopol*-Fall zusätzlich zu K^I die Kosten für die Beauftragung der zweiten Agentur (K^{II}) anfallen.

Abbildung 13: Wohlfahrtsergebnis der Modellerweiterung[207]

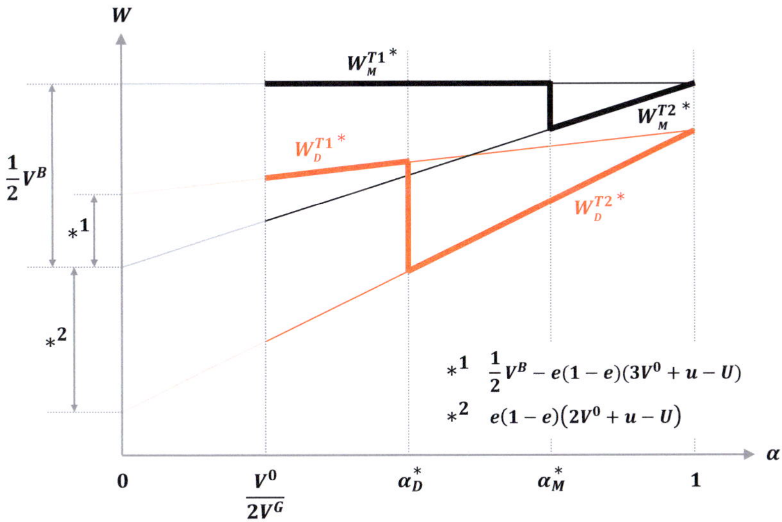

$$\alpha_D^* = 1 - C^{m=\theta}\left(\frac{V^0 - V^{BB}}{V^0}\right) \qquad \alpha_M^* = 1 - A^{m=\theta}\left(\frac{V^0 - V^B}{V^0}\right)$$

Darüber hinaus wird das Wohlfahrtsergebnis bei *unseriösem* Verhalten der Agenturen im Rahmen der Modellerweiterung wie erwartet bestätigt, d.h. nach wie vor entspricht die Wohlfahrt bei einem unseriösen *Duopol* jener bei einem unseriösen *Monopol*. Unter Berücksichtigung fixer Betriebskosten der Ratingagenturen wäre die Wohlfahrt im *Duopol*-Fall auch bei *unseriösem* Verhalten geringer.

Als letztes muss untersucht werden, ob Wettbewerb im Rahmen der Modellerweiterung eventuell dadurch wohlfahrtssteigernd wirken kann, dass er

207 Quelle: eigene Darstellung

das Agenturverhalten hin zu *wahrheitsgemäßem Verhalten* verbessert, denn nach wie vor ist ein *wahrheitsgemäß* arbeitendes *Duopol* einem *unseriös* arbeitenden *Monopol* vorzuziehen, denn es gilt $W_D^{T^*} > W_M^{G^*}$. Lemma 3 des Grundmodells wird daher bestätigt:

LEMMA 3*

Bei Unbeobachtbarkeit des Geschäftskontakts zwischen Emittent und Ratingagentur(en) sowie der Existenz unterschiedlicher Anfragekosten der Emittenten dominieren unter Wohlfahrtsgesichtspunkten zwei wahrheitsgemäß arbeitende Agenturen (Duopol) eine unseriös arbeitende Agentur (Monopol).

Lemma 3* wäre jedoch nach wie vor nur dann relevant, wenn Parameterkonstellationen existieren, für die ein *wahrheitsgemäß arbeitendes Duopol* und ein *unseriös arbeitendes Monopol* simultan auftreten. Dafür müssten die beiden folgenden Ungleichungen erfüllt sein (vgl. Abschnitt 5.2.2):

$$\frac{2}{3}\alpha V^{GG} - \frac{1}{3}(V^0 + K_{min}) < ep\rho^D \qquad (5.3\text{-}1)$$

$$\alpha V^G - \frac{1}{2}(V^0 + K_{min}) > ep\rho \qquad (5.3\text{-}2)$$

Ungleichung *(5.3-1)* stellt sicher, dass die Agenturen eines *Duopols* ein *wahrheitsgemäßes* Verhalten bevorzugen, während *(5.3-2)* gewährleistet, dass eine *monopolistische* Agentur *unseriöses* Verhalten wählt. Wenn *(5.3-2)* erfüllt ist, dann gilt wg. $V^{GG} > V^G$.

$$\alpha V^{GG} - \frac{1}{2}(V^0 + K_{min}) \gg ep\rho \qquad (5.3\text{-}3)$$

Da $\rho_D < \rho$, ist eine simultane Einhaltung beider Ungleichungen nach wie vor unwahrscheinlich. Es bedarf eines geringen Anteils naiver Investoren, da die Agenturen im *Duopol*-Fall sonst *unseriöses* Verhalten wählen würden. Darüber hinaus hat die von Bolton et al. (2012) durchgeführte Überprüfung der Ergebnisse mittels einer Endogenisierung der Reputationskosten auch im

Rahmen der Modellerweiterung Bestand, weshalb die Dominanz des Monopols im Hinblick auf die Wohlfahrt des Ratingmarkts bestätigt werden muss.

In Summe zeigt sich, dass insbesondere die *Naivität* der Investoren einen tragischen Einfluss auf die Wohlfahrt des *Duopols* besitzt: Wären alle Investoren *skeptischer* Natur ($\alpha = 0$), so könnte der Emittent bei $m_1 \neq m_2$ nur $T = V^0$ verlangen (anstatt V^G), wodurch alle Investoren eine Einheit kaufen würden. Ähnlich würde sich die Situation bei einem bzw. zwei schlechten Ratings darstellen: Der Emittent müsste den Preis in Höhe des Erwartungswerts der skeptischen Investoren setzen, da bei V^0 niemand kaufen würde, und alle Investoren würden eine Einheit erwerben. Außerdem gäbe es nur *wahrheitsgemäßes* Verhalten, da bei *unseriösem* Verhalten kein Investor am Markt teilnehmen würde. Die Dominanz des *Monopols* über den Wettbewerbsfall (*Duopol*) im Hinblick auf die Wohlfahrt läge bei $\alpha = 0$ nicht mehr vor. Im Gegenteil: Wettbewerb wäre wohlfahrtssteigernd, denn es würde gelten:

$$W_D > W_M \qquad \textit{für alle} \qquad \tfrac{1}{2} < e < 1 \tag{5.3-4}$$

$$\textit{mit} \quad W_D = V^0 + \tfrac{1}{2}(e^2 + (1-e)^2)V^{GG} \tag{5.3-5}$$

$$\textit{und} \quad W_M = V^0 + \tfrac{1}{2}V^G \tag{5.3-6}$$

Die Betrachtung des Gesamtergebnisses ist hiermit abgeschlossen. Im nächsten Abschnitt wird auf die Implikationen eingegangen.

5.3.2 Möglichkeiten einer Marktregulierung

Im Rahmen der Modellerweiterung konnte gezeigt werden, dass die negativen Auswirkungen von Wettbewerb auf die Wohlfahrt, die durch das Grundmodell von Bolton et al. (2012) offengelegt wurden, auch unter realistischeren Annahmen Bestand haben. Die Ursachen für die analysierten *Anreizverzerrungen*, die zu dem dargestellten Wohlfahrtsverlust eines Duopols im Vergleich zu einem Monopol führen, liegen zum einen in der *Naivität* einiger Investorengruppen begründet und zum anderen im *Verhalten* der Agenturen und Emittenten, die – vor dem Hintergrund der Funktionsweise des Ratingmarktes – eben jene Naivität zu ihrem eigenen Vorteil ausnutzen.

Aus diesen Ergebnissen lassen sich direkt drei Implikationen für mögliche Ansatzpunkte einer *Regulierung* des Ratingmarkts ableiten:[208]

1. *Vermeidung überhöhter Ratings.* Um unseriöses Verhalten der Ratingagenturen zu verhindern, muss sichergestellt werden, dass der Kauf erstellter Ratings durch den Emittenten verpflichtend ist. Eine etwaige Bezahlung der Agenturen vor Bekanntgabe des Ratingergebnisses würde den Anreiz für unseriöse bzw. überhöhte Ratings beseitigen. Der Fehlanreiz des Ratings-Shopping durch den Emittenten wäre allerdings nach wie vor existent.

2. *Beseitigung von Ratings-Shopping.* Zwecks Eliminierung dieses Fehlanreizes muss sichergestellt werden, dass alle erstellten Ratings veröffentlicht werden und folglich der Emittent ein schlechtes Rating nicht mehr verheimlichen kann. Allerdings existiert hierbei das Problem, dass informelle Gespräche zwischen Emittenten und Ratingagenturen, die nicht in einer Ratingerstellung resultieren, nur schwierig unterbunden werden können.

3. *Abbau der Naivität der Investoren.* Eine Verminderung der Gutgläubigkeit einiger Investorengruppen würde eine Reduzierung bzw. Eliminierung der vorhandenen Fehlanreize (unseriöses Verhalten mit überhöhten Ratings und Ratings-Shopping) bewirken, da diese nicht mehr vorteilhaft wären. Faktoren, die einen Einfluss auf die Naivität haben, sind beispielsweise die Abhängigkeit von Ratings durch institutionelle und/oder regulatorische Vorgaben und die "Kurzfristigkeit" von Anreiz- bzw. Vergütungsstrukturen, vgl. hierzu Abschnitt 2.1, Investorenvertrauen. Eine Reduzierung der Abhängigkeit sowie Vorgaben für Vergütungsstrukturen bezüglich der Verankerung von langfristigen Elementen wären daher zielführend.

[208] Vgl. dazu auch Bolton et al. (2012a), S.105 f.

Neben diesen drei Ansatzpunkten ist die Sicherstellung einer *hohen Bewertungsqualität* der Agenturen, etwa durch die Überwachung der Ratingstandards, von Relevanz, da sonst ein Moral Hazard-Problem entstehen könnte: Wenn die Bewertungsqualität (e im Modell) von den Agenturen nach der Gebührenzahlung oder ohne Beobachtung gewählt werden kann und eine höhere Qualität mehr Kosten verursacht, entsteht ein Anreiz für die Wahl einer geringen Bewertungsqualität. Dies antizipierend würden Emittenten die Agentur(en) gar nicht erst beauftragen, wodurch die wertschaffende Rolle von Ratings verloren ginge (Wohlfahrtsverlust). Zur Sicherstellung einer hohen Bewertungsqualität bedarf es insbesondere einer Validierung der von den Emittenten bereitgestellten Informationen, die in die Bewertungsmodelle einfließen. Bei schlechter Datenqualität kann offensichtlich kein Ratingergebnis hoher Güte entstehen ("Garbage In, Garbage Out"-Effekt). Im Rahmen der Finanzkrise zeigte sich, dass die bislang von den Investmentbanken (Emittenten) mittels einer extern beauftragten "Due Diligence" durchgeführte Überprüfung der Datenqualität eingespart wurde[209] und die Ratingagenturen dies nicht kompensierten. Dadurch wurde oft auf Basis unvalidierter Daten bewertet.[210]

Darüber hinaus hätte die Existenz *hoher Reputationskosten* einen positiven Effekt, da unseriöses Verhalten mit überhöhten Ratings unwahrscheinlicher wäre. Hohe Reputationskosten könnten z.B. durch von regulatorischen Instanzen auferlegte Strafzahlungen im Fall unseriösen Verhaltens erreicht werden, als auch durch Schadensersatzansprüche von durch absichtlich überhöhte Ratings geschädigten Investoren. Für die Realisierung derartiger potenzieller Reputationskosten bedarf es einer hohen Transparenz über die Ratings einer Agentur im Zeitverlauf sowie erleichterte Möglichkeiten, Haftungsansprüche durchzusetzen. Das Problem liegt hierbei in der Langfristigkeit von Reputationskosten, wodurch Rating-Analysten das Eintreten dieser Kosten, verursacht durch ihre Vernachlässigung oder Falschbewertung von Risiken, evtl. gar nicht miterleben, aber von kurzfristigen Vergütungserhöhungen, begründet durch

[209] Clayton Holdings ist eines der bekanntesten Unternehmen, welches die "Due Diligence" für Investmentbanken übernahm und berichtete in 2008, dass der Anteil der überprüften "Subprime"-Kredite eines verbrieften Portfolios von 25-40% im Jahr 2000 auf 10% in 2006 fiel, vgl. Reckard, E. (2008).

[210] Vgl. OECD (2010), S. 44, 46 f. und 60 f.

gesteigerte Gebühreneinnahmen auf Grund überhöhter Ratings, profitieren. Dies zeigt, dass Vergütungsstrukturen mit langfristigen Komponenten notwendig sind – auf Mitarbeiterebene z.B. mittels variabler Boni am Ende eines Ratings-Zyklus für den Fall, dass die Ratings des Analysten korrekt bzw. seriös waren. Auf Agenturebene könnte über eine Verwahrung der Gebühreneinnahmen bei einem Treuhänder mit nachrangiger Auszahlung im Fall seriöser Ratings nachgedacht werden, wobei dies bei langlebigen Finanzprodukten Liquiditätsprobleme der Agenturen verursachen würde.[211]

Abschließend können auf Basis der Erkenntnisse dieser Arbeit Empfehlungen für politische Handlungsalternativen abgeleitet werden.[212] Demnach ist eine Priorisierung von Aktivitäten, welche die Schaffung von mehr Wettbewerb zum Ziel haben, nicht ratsam. Sie alleine wären im Hinblick auf das verfolgte Ziel seriöser und verlässlicher Ratings kontraproduktiv. Stattdessen sollten die beschriebenen Fehlanreize beseitigt werden, indem durch regulatorische Vorgaben die Funktionsweise des Ratingmarktes verändert wird. Im Rahmen eines ganzheitlichen Ansatzes zur Eliminierung der vorhandenen Anreizverzerrungen ist die Förderung von Wettbewerb durchaus zu empfehlen, da dieser so seine positive Wirkung entfalten kann.[213] Wie in Abschnitt 2.1 dargestellt, ist der Ratingmarkt jedoch durch ein natürliches Oligopol gekennzeichnet, weshalb ein Wettbewerbsmarkt mit unzähligen Agenturen nicht das

---

211 Vgl. OECD (2010), S. 52 f.

212 Es sei angemerkt, dass im Rahmen des Modells, wie bereits in Abschnitt 4.3.1 dargestellt, ein reguliertes Duopol, bei dem der Emittent das Rating von beiden Agenturen kaufen und veröffentlichen lassen muss, wohlfahrtssteigernd wäre. Es gäbe unter einer solchen Regulierung nur wahrheitsgemäße Ratings, Ratings-Shopping wäre unterbunden und die Investitionen würden basierend auf der maximal verfügbaren Informationslage bewertet werden (private Informationen $\theta_{1,2}$).

213 Kritisch zu sehen sind allerdings Ideen bezüglich der Schaffung einer staatlichen Ratingagentur, wie etwa von der EU diskutiert. Die Kritik hieran ist zweierlei, vgl. OECD (2010), S. 57. Zum einen würde eine staatliche Agentur voraussichtlich nur die "zweite Liga" der Rating-Analysten beschäftigen können, da die Vergütungen im öffentlichen Dienst geringer sind als in der Privatwirtschaft, d.h. sie würde sich auf eine evtl. minderwertige Analysequalität stützen. Zum anderen, und viel bedeutender, ist die Tatsache, dass eine staatlich gesteuerte Agentur bei politisch sensiblen Bewertungen, d.h. wichtigen Unternehmen (z.B. viele Arbeitsplätze) oder Staaten, der politischen Einflussnahme und folglich einer Ratingverzerrung nur schwer ausweichen kann.

Ziel sein kann. Außerdem sorgt die Reputation der etablierten Agenturen für eine "natürliche" Eintrittsbarriere, die überwunden werden muss, wenn Markteintritte ermöglicht werden sollen. Dies könnte durch eine regulatorische Verpflichtung, die Agentur(en) regelmäßig zu wechseln, oder durch eine zentrale Zuweisung der zu verwendenden Agentur(en) erreicht werden.[214]

Notwendige regulatorische Vorgaben zur Heilung der inhärenten Fehlanreize bestehen darin, dass der Kauf eines erstellten Ratings unabhängig vom Bewertungsergebnis obligatorisch ist, ein Emittent immer mehrere Ratings unterschiedlicher Agenturen einholen muss und schließlich auch alle erzeugten Ratings veröffentlicht werden müssen. Darüber hinaus sollte eine lediglich beratende Dienstleistung von Ratingagenturen ohne anschließende Erstellung eines Ratings unterbunden werden, damit ein informelles Ratings-Shopping nicht möglich ist. Neben diesen Eingriffen in die Funktionsweise des Marktes sollten die Ratingstandards der Agenturen überwacht sowie potenziell hohe Reputationskosten, wie weiter oben beschrieben, ermöglicht werden.

[214] Vgl. Jeon, D.-S.; Lovo, S. (2012), S. 2 ff. und 27 ff. sowie Jeon, D.-S.; Lovo, S. (2013), S. 649 f.

6 Zusammenfassung und Ausblick

Im Fokus der vorliegenden Arbeit steht die Fragestellung, welchen Einfluss Wettbewerb auf die durch Ratingagenturen erzeugte Wohlfahrt hat. Hintergrund sind die aktuellen politischen Bestrebungen hinsichtlich der Entfachung von mehr *Wettbewerb* unter den Agenturen als Heilmittel der Probleme des Ratingmarkts, die sich erneut im Rahmen der Finanzkrise 2007 ff. offenbarten. Den Ausgangspunkt für diese Arbeit bilden die Erkenntnisse von Bolton et al. (2012), die anhand eines spieltheoretischen Marktmodells die Interaktionen von Investoren, Emittenten und Ratingagenturen analysieren und zeigen können, dass Wettbewerb zwischen Agenturen in einem Wohlfahrtsverlust resultiert. Damit entkräften die Autoren den politischen Lösungsansatz im Hinblick auf seine Wirksamkeit und zeigen, dass, gemäß ihren Forschungsergebnissen, die Probleme des praktizierten Geschäftsmodells des Ratingmarkts nicht alleine durch Wettbewerb beseitigt werden können. Im Gegenteil, der wertschaffende Beitrag von Ratings, gemessen an der Wohlfahrt, fällt in ihrem Modell bei Wettbewerb, abgebildet durch eine *duopolistische* Marktstruktur, geringer aus als bei einem Monopol. Dieses Ergebnis der Nachteiligkeit von Wettbewerb wird von einigen Autoren bestätigt und von anderen widerlegt, was eine Überprüfung der Erkenntnisse motiviert, um fundierte Empfehlungen im Hinblick auf politische Handlungsalternativen geben zu können.

Im Rahmen dieser Dissertation wird daher untersucht, ob die erlangten Ergebnisse stabil sind gegenüber einer Veränderung der Modellannahmen, die eine realistischere Abbildung des Ratingmarkts ermöglicht. Obwohl Erweiterungen und Abwandlungen des Modells von Bolton et al. (2012) bereits erfolgt sind,[215] blieben bis dato Aspekte der Beobachtbarkeit des Marktgeschehens unbehandelt. Auf Grund der hohen empirischen Relevanz wird im Rahmen der Modellerweiterung die Annahme der *Unbeobachtbarkeit des Geschäftskontakts* zwischen Emittent und Ratingagentur eingeführt, kombiniert mit der Existenz von *Anfragekosten* der Emittenten für den Fall der Beauftragung

[215] Siehe hierzu die Ausführungen in Abschnitt 4.3.3.

einer Agentur. Ziel ist es, den Einfluss dieser Annahmen-Veränderung auf das Wohlfahrtsergebnis zu beleuchten und zu überprüfen, ob die für regulatorische Interventionen sehr relevanten Erkenntnisse des Grundmodells bestätigt werden können.

Zunächst wurde in Kapitel 2 auf die Funktionsweise des Ratingmarkts sowie auf einige Grundlagen der Spieltheorie eingegangen. In Kapitel 3 folgte die Darstellung relevanter modelltheoretischer sowie empirischer Literatur zwecks Demonstration der Ergebnisvielfalt des aktuellen Forschungsstands. Schließlich wurde in Kapitel 4 das Grundmodell von Bolton et al. (2012) vorgestellt, um darauf aufbauend in Kapitel 5 die Modellerweiterung in zwei Schritten darzustellen.

Im ersten Schritt der Modellerweiterung erfolgt die Anpassung der *Zeitstruktur* des Signal-Spiels, die notwendig ist, um im zweiten Schritt die Beobachtbarkeit des Marktgeschehens verändern zu können. Dabei wird das Timing des Spiels derart angepasst, dass der Emittent die Ratingagentur beauftragen muss (beobachtbar), damit überhaupt ein Rating erstellt wird. Durch diese Annahmen-Veränderung ist allen Marktteilnehmern bewusst, dass ohne Beauftragung der Agentur(en) kein Rating existiert.

Anschließend wird im zweiten Schritt der Modellerweiterung die Annahme der *Beobachtbarkeit* des Geschäftskontakts zwischen Emittent und Ratingagentur fallen gelassen, wodurch der für das Wohlfahrtsergebnis kritische Ausschluss der skeptischen Investoren vom Marktgeschehen reduziert werden soll. Außerdem werden je nach Emittent unterschiedliche Anfragekosten für den Fall der Beauftragung einer Ratingagentur eingeführt. Basierend auf den Ergebnissen der Modellerweiterung werden in Abschnitt 5.3 Implikationen für die Regulierung des Ratingmarkts diskutiert.

Ergebnis der Überprüfung der Erkenntnisse von Bolton et al. (2012) im Rahmen der Modellerweiterung dieser Dissertation ist, dass auch unter *realistischeren Annahmen* die Nachteiligkeit von Wettbewerb vorliegt, d.h. der aufgezeigte Wohlfahrtsverlust eines Duopols im Vergleich zu einem Monopol bestätigt wird. Zwar führt die Modellerweiterung sowohl nach Schritt eins als auch nach Schritt zwei zu angepassten Marktgleichgewichten und darüber hinaus nach Schritt zwei auch zu veränderten Wohlfahrtsergebnissen, die

Kernaussage bleibt dabei jedoch erhalten: Eine seriös arbeitende monopolistische Ratingagentur dominiert unter Wohlfahrtsgesichtspunkten zwei seriös arbeitende Agenturen. Dieses Ergebnis wird auch ohne Berücksichtigung der Anfragekosten des Emittenten in den Wohlfahrtsanalysen erzielt und kann demnach bei Berücksichtigung der eingeführten Anfragekosten noch verstärkt werden. In Summe muss festgehalten werden, dass die skeptischen Investoren auch unter den *realistischeren Annahmen* der Modellerweiterung teilweise vom Markt ausgeschlossen werden, obwohl sie unter Wohlfahrtsgesichtspunkten teilnehmen sollten. Nach wie vor existieren bei einem Duopol mehr Möglichkeiten für den Emittenten, die Naivität der Investoren auszunutzen, als bei einem Monopol. Dies bedeutet, dass die Probleme des derzeitigen Geschäftsmodells des Ratingmarkts, insbesondere das Ratings-Shopping, die positiven Effekte der Unbeobachtbarkeits-Annahme auf die Wohlfahrt überwiegen und folglich die Nachteiligkeit von Wettbewerb erhalten bleibt.

Vor dem Hintergrund der gewonnenen Erkenntnisse sollte eine *regulatorische* Intervention an der Veränderung der Funktionsweise des Ratingmarkts ansetzen, indem die vorhandenen Fehlanreize beseitigt werden. Gleichzeitig kann, im Sinne eines ganzheitlichen Ansatzes, mehr Wettbewerb unter den Agenturen gefördert werden.[216] Für die Eliminierung der Anreizverzerrungen bedarf es mehrerer Elemente:[217]

- Ein erstelltes Rating muss gekauft werden, idealerweise mit Vorausbezahlung.
- Jedes Rating muss veröffentlicht werden und ein Emittent sollte Ratings von unterschiedlichen Agenturen erstellen lassen.
- Eine ausschließlich beratende Dienstleistung von Ratingagenturen ohne Ratingerstellung ist nicht erlaubt (informelles Ratings-Shopping).
- Die Ratingstandards der Agenturen werden regelmäßig von einer regulatorischen Instanz überwacht und transparent gegenübergestellt.

---

[216] Um neue Markteintritte zu motivieren, müsste die natürliche Eintrittsbarriere, die sich durch das Fehlen von Reputation eines Marktneulings begründet, überwunden werden, vgl. Abschnitt 5.3.2.

[217] Vgl. Abschnitt 5.3.2

- Potenziell hohe Reputationskosten werden ermöglicht, d.h. es bedarf einer hohen Transparenz bezüglich der Ratings jeder Agentur im Zeitverlauf sowie erleichterte Möglichkeiten, Haftungsansprüche gegen eine Agentur durchzusetzen.

Auf einem Ratingmarkt, bei dem diese regulatorischen Vorgaben umgesetzt werden, dürfte Wettbewerb *wohlfahrtssteigernd* wirken, da die Investitionen dadurch auf Basis der Bewertungsmodelle verschiedener Agenturen sowie der maximal verfügbaren Informationslage beurteilt werden.

Anhang

[1] Graphischer Verlauf der Grenznutzen

Abbildung 14 verdeutlicht den graphischen Verlauf der für den Grenznutzen bei einem bzw. zwei *guten* Rating(s) sowie bei einem bzw. zwei *schlechten* Rating(s) maßgeblichen Wahrscheinlichkeiten.

Abbildung 14: Vergleich der Grenznutzen bei einem vs. zwei Ratings[218]

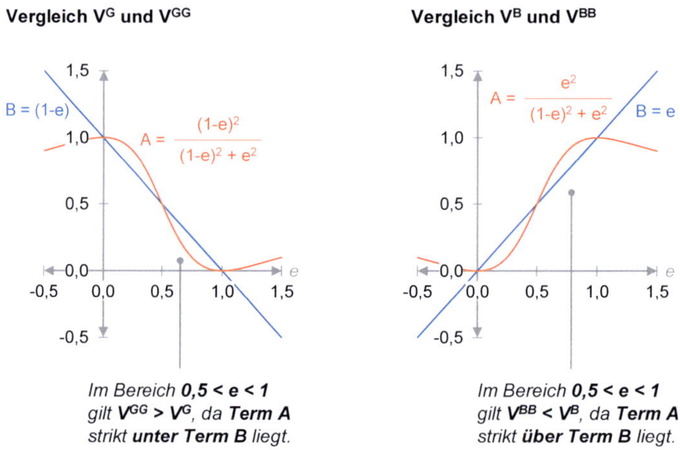

Hierbei entspricht Term A der bedingten Wahrscheinlichkeit bei zwei Ratings, d.h. $Pr(\omega = b|\theta_1 = g \cap \theta_2 = g)$ bzw. $Pr(\omega = b|\theta_1 = b \cap \theta_2 = b)$, und Term B der bedingten Wahrscheinlichkeit bei nur einem Rating, d.h. $Pr(\omega = b|\theta = g)$ bzw. $Pr(\omega = b|\theta = b)$.

[218] Quelle: eigene Darstellung

[2] Fehlerkorrektur auf Grund geänderten Timings

Das Timing des Signal-Spiels ist bei Bolton et al. (2012a), S. 91 f. fehlerhaft dargestellt, da die Ratingagentur gemäß der Beschreibung hier erst nach Beauftragung des Emittenten die private Information θ besorgt. Das Timing wurde von Bolton et al. jedoch explizit so gewählt, dass die Agentur die private Information besorgt und ein Rating erstellt, *ohne vom Emittenten beauftragt zu werden*, vgl. Bolton et al. (2012a), S. 94[219]. Dieser Fehler wurde von den Autoren bestätigt und macht eine Anpassung der Annahmen ($A4$) und ($A5$) sowie der Behauptung 2 erforderlich. Im Folgenden werden der Fehler sowie seine Korrektur aufgezeigt.

Fehlerdarstellung

Beim "falschen" Timing gemäß Bolton et al. (2012a), S. 91 f. ist dieses so gewählt, dass die Ratingagenturen zunächst ihre Gebühren veröffentlichen und danach ggf. vom Emittenten beauftragt werden, ein Rating zu erstellen. Nach der Beauftragung beschaffen die Agenturen ihre private Information θ_k und erstellen ein Rating m_k. Auf Grund dieser Modellkonstruktion gibt es nur dann ein/zwei Rating(s), wenn die Agentur(en) vom Emittenten mit der Ratingerstellung beauftragt wurde(n). Dies ist für die Investoren beobachtbar, vgl. Abschnitt 4.1.1. Bei *wahrheitsgemäßem* Verhalten der Agenturen im *Duopol*-Fall und $m_1 = m_2 = G$ ist für die Gebührenoptimierung relevant, ob der Emittent ein oder zwei Ratings kaufen möchte. Wenn der Emittent beide Agenturen beauftragt und ihr Rating kauft, dann erhält er einen Gewinn von

$$\pi_2 = 2V^{GG} - 2\emptyset, \qquad (2\text{-}1)$$

während er bei Beauftragung nur einer Agentur und Kauf des einen Ratings einen Gewinn erhält von

$$\pi_1 = 2V^{G} - \emptyset. \qquad (2\text{-}2)$$

[219] Hier ist das Timing korrekt dargestellt; im Unterschied zu Seite 91 f.

Der Emittent beauftragt folglich nur dann zwei Ratingagenturen und kauft deren Ratings, wenn gilt:

$$\pi_2 \geq \pi_1 \;\Leftrightarrow\; 2V^{GG} - 2\emptyset \geq 2V^{G} - \emptyset \tag{2-3}$$

Durch Umformung ergibt sich

$$2(V^{GG} - V^{G}) \geq \emptyset, \tag{2-4}$$

d.h. die optimierte Gebühr der Ratingagenturen beträgt:

$$\emptyset_k = min[2(V^{GG} - V^{G}), ep\rho^{D}] \tag{2-5}$$

Fehlerkorrektur

Beim "richtigen" Timing (Bolton et al. (2012), S. 94) besorgen die Agenturen die private Information und erstellen ein Rating, ohne vom Emittenten gefragt zu werden.[220] Dies hat zur Folge, dass es im *Duopol*-Fall immer zwei Ratings gibt, unabhängig davon, ob die Agenturen vom Emittenten beauftragt wurden. Bei *wahrheitsgemäßem* Verhalten der Ratingagenturen schließen die skeptischen Investoren daher aus einem fehlenden zweiten Rating, dass dies ein *schlechtes* Rating ($m = B$) sein muss, welches vom Emittenten nicht gekauft wurde. Im Fall $m_1 = m_2 = G$ erhält der Emittent bei Kauf von zwei Ratings folglich einen Gewinn von

$$\pi_2 = 2V^{GG} - 2\emptyset, \tag{2-6}$$

was π_2 von oben entspricht, vgl. (2-1). Wenn der Emittent jedoch nur 1 Rating kauft, erhält er einen Gewinn von

$$\pi_1 = \alpha 2V^{G} - \emptyset. \tag{2-7}$$

da die skeptischen Investoren keine Einheit der Investition kaufen. Der Emittent kauft daher nur dann zwei Ratings, wenn gilt:

220 Vgl. Bolton et al. (2012a), S. 94

$$\pi_2 \geq \pi_1 \quad \Leftrightarrow \quad 2V^{GG} - 2\emptyset \geq \alpha 2V^{G} - \emptyset \qquad (2\text{-}8)$$

Durch Umformung ergibt sich

$$2(V^{GG} - \alpha V^{G}) \geq \emptyset, \qquad (2\text{-}9)$$

d.h. die optimierte Gebühr der Ratingagenturen beträgt:

$$\emptyset_k = min[2(V^{GG} - \alpha V^{G}), ep\rho^{D}] \qquad (2\text{-}10)$$

Die Anpassung der Annahmen $(A4)$ und $(A5)$ gestaltet sich analog, d.h. es wird stets $2(V^{GG} - \alpha V^{G})$ verwendet anstatt $2(V^{GG} - V^{G})$.

[3] Beweis von Behauptung 1[221]

Bei unseriösem Verhalten der Ratingagentur, d.h. immer $m = G$ und somit Pooling-Strategie, wird der Emittent maximal seinen Zusatzgewinn als Gebühr an die Agentur zahlen, d.h.

$$\alpha 2V^G - V^0. \tag{3-1}$$

Der Term $\alpha 2V^G$ drückt aus, dass naive Investoren (Anteil α) zwei Einheiten der Investition kaufen, von der sie denken, dass sie *gut* ist (Bewertung mit V^G). Hiervon wird V^0 subtrahiert, da diese Bewertung dem Emittenten auch ohne Rating zur Verfügung steht: Er kann seine Investition an alle Investoren verkaufen, die jene auf Grund des fehlenden Ratings mit ihrer ex ante-Einschätzung bewerten würden (für skeptische Investoren stellt diese Situation einen "Belief" *neben dem Gleichgewichtspfad* dar). Gemäß Lemma 1 wählt die Ratingagentur nur dann unseriöses Verhalten, wenn

$$\alpha 2V^G - V^0 > ep\rho \tag{3-2}$$

gilt und erzielt damit einen erwarteten Gewinn von

$$\frac{1}{2}\pi(\theta = g) + \frac{1}{2}\pi(\theta = b) \Rightarrow \frac{1}{2}(\emptyset + \rho) + \frac{1}{2}(\emptyset + (1 - ep)\rho). \tag{3-3}$$

Durch Umformung ergibt sich der erwartete Gewinn der Agentur zu

$$\pi_{RA} = \alpha 2V^G - V^0 + \left(1 - \frac{1}{2}ep\right)\rho. \tag{3-4}$$

Bei wahrheitsgemäßem Verhalten der Ratingagentur, d.h. $m = \theta$ und somit Separating-Strategie, wird der Emittent wiederum maximal seinen Zusatzgewinn als Gebühr an die Agentur zahlen. Bei einem *guten* Rating kaufen alle Investoren zwei Einheiten der Investition mit Bewertung V^G, während bei einem *schlechten* Rating, das der Emittent nicht kauft, die naiven Investoren

[221] Vgl. Bolton et al. (2012b), S. 2 ff.

mit V^0 und die skeptischen Investoren mit V^B bewerten und eine Einheit kaufen würden. Für die maximale Gebühr[222] der Agentur gilt daher

$$\frac{1}{2}(2V^G - \emptyset) + \frac{1}{2}max[\alpha V^0, V^B] \geq max[\alpha V^0, V^B] \tag{3-5}$$

$$\Rightarrow \emptyset \leq 2V^G - max[\alpha V^0, V^B]. \tag{3-6}$$

Gemäß Lemma 1 darf die Gebühr bei wahrheitsgemäßem Verhalten nicht über $ep\rho$ liegen, d.h. es gilt

$$\emptyset = min[2V^G - max[\alpha V^0, V^B], ep\rho] \tag{3-7}$$

und die Ratingagentur erzielt einen erwarteten Gewinn von

$$\pi_{RA} = \frac{1}{2}\pi(\theta = g) + \frac{1}{2}\pi(\theta = b) \Rightarrow \frac{1}{2}(\emptyset_G + \rho) + \frac{1}{2}(\emptyset_B + \rho) = \frac{1}{2}\emptyset + \rho \tag{3-8}$$

$$d.h.\quad \pi_{RA} = \frac{1}{2}min[2V^G - max[\alpha V^0, V^B], ep\rho] + \rho. \tag{3-9}$$

Es sei angemerkt, dass im Fall $\alpha 2V^G - V^0 > ep\rho$ sowohl unseriöses als auch wahrheitsgemäßes Verhalten plausibel ist. Die Agentur wird hier aber stets unseriöses Verhalten wählen, da ihr Gewinn dann größer ausfällt, denn es gilt

$$\alpha 2V^G - V^0 + \left(1 - \frac{ep}{2}\right)\rho > \left(1 + \frac{ep}{2}\right)\rho \tag{3-10}$$

und:

$$\left(1 + \frac{ep}{2}\right)\rho \geq \frac{1}{2}min[2V^G - max[\alpha V^0, V^B], ep\rho] + \rho. \tag{3-11}$$

222 Ohne Kauf des Ratings würde dem Emittenten $max[\alpha V^0, V^B]$ zur Verfügung stehen (und nicht V^0), da es immer ein Rating gibt und diese Situation auf dem Gleichgewichtspfad liegt.

[4] Herleitung des Wohlfahrtsergebnisses in Szenario 1 (Duopol-Fall)

Die hier gezeigte Herleitung ist bei Bolton et al. (2012) nicht enthalten und dient dem besseren Verständnis. Als Ausgangssituation ergibt sich unter Anwendung der ex ante-Wahrscheinlichkeiten:

$$\begin{aligned}
W_D^{T1} &= \tfrac{1}{2}e^2(2R-u-U) && \omega = g, \theta_1 = \theta_2 = g, \textit{ alle Invest.}\\
&+\tfrac{1}{2}(1-e)^2(R-u) && \omega = g, \theta_1 = \theta_2 = b, \textit{ alle Invest.}\\
&+e(1-e)\alpha(2R-u-U) && \omega = g, \theta_1 \neq \theta_2, \textit{ naive Invest.}\\
&+\tfrac{1}{2}(1-e)^2\big((1-p)2R-u-U\big) && \omega = b, \theta_1 = \theta_2 = g, \textit{ alle Invest.}\\
&+\tfrac{1}{2}e^2\big((1-p)R-u\big) && \omega = b, \theta_1 = \theta_2 = b, \textit{ alle Invest.}\\
&+e(1-e)\alpha\big((1-p)2R-u-U\big) && \omega = b, \theta_1 \neq \theta_2, \textit{ naive Invest.}
\end{aligned}$$

Durch Umformungen erhält man:

$$\begin{aligned}
W_D^{T1} = \tfrac{1}{2}[&e^2(2R-u-U+R-pR-u)+(1-e)^2(R-u+2R-2pR-\\
&u-U)+2e(1-e)\alpha(2R-u-U+2R-2pR-u-U)]
\end{aligned}$$

$$\begin{aligned}
\Leftrightarrow W_D^{T1} = \tfrac{1}{2}[&e^2(2V^0+R-U)+(1-e)^2(2V^0+R-pR-U)+\\
&2e(1-e)\alpha(4R-2pR-2u-2U)]
\end{aligned}$$

$$\begin{aligned}
\Leftrightarrow W_D^{T1} = V^0(e^2+(1-e)^2)+\tfrac{1}{2}\big[&e^2(R-U)+(1-e)^2\big((R-U)-pR\big)+\\
&4e(1-e)\alpha(2R-pR-u-U)\big]
\end{aligned}$$

$$\begin{aligned}
\Leftrightarrow W_D^{T1} = V^0(e^2+(1-e)^2)+\tfrac{1}{2}(e^2-(1-e)^2)(R-U)+(1-e)^2(R-\\
U)-\tfrac{1}{2}(1-e)^2pR+2e(1-e)\alpha(2V^0+u-U)
\end{aligned}$$

$$\Leftrightarrow W_D^{T1} = V^0(e^2 + (1-e)^2 + 2e(1-e)\alpha) + \frac{1}{2}(e^2 - (1-e)^2)(R-U) + (1-e)^2(V^0 + u - U) + 2e(1-e)\alpha(V^0 + u - U)$$

$$\Leftrightarrow W_D^{T1} = V^0(e^2 + (1-e)^2 + 2e(1-e)\alpha) + \frac{1}{2}(e^2 - (1-e)^2)(R-U) + ((1-e)^2 + 2e(1-e)\alpha)(V^0 + u - U)$$

Die letzte Gleichung entspricht Gleichung *(4.2-15)* in Abschnitt 4.2.2

[5] Herleitung des Wohlfahrtsergebnisses in Szenario 2 (Duopol-Fall)

Die hier gezeigte Herleitung ist bei Bolton et al. (2012) nicht enthalten und dient dem besseren Verständnis. Als Ausgangssituation ergibt sich unter Anwendung der ex ante-Wahrscheinlichkeiten:

$$
\begin{aligned}
W_D^{T2} = &\tfrac{1}{2}e^2(2R-u-U) && \omega = g, \theta_1 = \theta_2 = g, \text{ alle Invest.}\\
&+\tfrac{1}{2}(1-e)^2\alpha(R-u) && \omega = g, \theta_1 = \theta_2 = b, \text{ naive Invest.}\\
&+e(1-e)\alpha(2R-u-U) && \omega = g, \theta_1 \neq \theta_2, \text{ naive Invest.}\\
&+\tfrac{1}{2}(1-e)^2\big((1-p)2R-u-U\big) && \omega = b, \theta_1 = \theta_2 = g, \text{ alle Invest.}\\
&+\tfrac{1}{2}e^2\alpha\big((1-p)R-u\big) && \omega = b, \theta_1 = \theta_2 = b, \text{ naive Invest.}\\
&+e(1-e)\alpha\big((1-p)2R-u-U\big) && \omega = b, \theta_1 \neq \theta_2, \text{ naive Invest.}
\end{aligned}
$$

Durch Umformungen erhält man:

$$
\Leftrightarrow W_D^{T2} = \tfrac{1}{2}[e^2(2R-u-U+\alpha R-\alpha pR-\alpha u)+(1-e)^2(\alpha R-\alpha u+ 2R-2pR-u-U)+2e(1-e)\alpha(4R-2pR-2u-2U)]
$$

$$
\Leftrightarrow W_D^{T2} = \tfrac{1}{2}[e^2(3R-u-U-(1-\alpha)R-\alpha pR+(1-\alpha)u-u)+ (1-e)^2(2V^0-pR+\alpha R+(1-\alpha)u-U)+4e(1-e)\alpha(2V^0+u-U)]
$$

$$
\Leftrightarrow W_D^{T2} = V^0((1-e)^2+2e(1-e)\alpha)+\tfrac{1}{2}\big[e^2(2V^0+R-U-(1-\alpha)R+ (1-\alpha)pR+(1-\alpha)u)+(1-e)^2\big((1-\alpha)u+\alpha R-pR- U\big)\big]+2e(1-e)\alpha(V^0+u-U)
$$

$$\Leftrightarrow W_D^{T2} = V^0(e^2 + 2e(1-e)\alpha + (1-e)^2) + \frac{1}{2}\Big[e^2\Big(R - U - (1-\alpha)\big((1-p)R - u\big)\Big) + (1-e)^2(U - R + R - 2U - pR + \alpha R + (1-\alpha)u)\Big] + 2e(1-e)\alpha(V^0 + u - U)$$

$$\Leftrightarrow W_D^{T2} = V^0(e^2 + 2e(1-e)\alpha + (1-e)^2) + \frac{1}{2}(e^2 - (1-e)^2)(R - U) - \frac{1}{2}(1-\alpha)e^2\big((1-p)R - u\big) + \frac{1}{2}(1-e)^2(2V^0 + 2u - 2U - (1-\alpha)R + (1-a)u) + 2e(1-e)\alpha(V^0 + u - U)$$

$$\Leftrightarrow W_D^{T2} = V^0(e^2 + (1-e)^2 + 2e(1-e)\alpha) + \frac{1}{2}(e^2 - (1-e)^2)(R - U) + ((1-e)^2 + 2e(1-e)\alpha)(V^0 + u - U) - \frac{1}{2}(1-\alpha)\Big((1-e)^2(R - u) + e^2\big((1-p)R - u\big)\Big)$$

Die letzte Gleichung entspricht Gleichung *(4.2-17)* in Abschnitt 4.2.2

[6] Beweis von Lemma 3[223]

Die Wohlfahrt im *Duopol*-Fall mit *wahrheitsgemäßem Verhalten* ist im zweiten Intervall kleiner oder gleich der Wohlfahrt im ersten Intervall ($W_D^{T2} \leq W_D^{T1}$). Daher wird im Folgenden die Wohlfahrt im zweiten Intervall (W_D^{T2}) mit der Wohlfahrt des *Monopol*-Falls bei *unseriösem Verhalten* (W_M^G) verglichen. Es gilt:

$$W_D^{T2}(\alpha = 0) = \frac{1}{2}[e^2(2R - u - U) + (1 - e)^2(2(1 - p)R - u - U)] > 0 \tag{6-1}$$

und $W_M^G(\alpha = 0) = 0$. Sowohl W_D^{T2} als auch W_M^G steigen linear mit α, denn die beiden folgenden Gleichungen sind positiv:

$$\frac{d}{d\alpha} W_D^{T2} = e(1 - e)(2R - 2U + 2(1 - p)R - 2u) + \frac{1}{2}\Big((1 - e)^2(R - u) + e^2\big((1 - p)R - u\big)\Big) \tag{6-2}$$

$$\frac{d}{d\alpha} W_M^G = (R - U) + \big((1 - p)R - u\big) \tag{6-3}$$

Bei $\alpha = 1$ gilt:

$$W_D^{T2}(\alpha = 1) - W_M^G(\alpha = 1) \tag{6-4}$$

$$= \frac{1}{2}(e^2 - (1 - e)^2)(R - U) + (2e(1 - e) + (1 - e)^2)\left(\left(1 - \frac{p}{2}\right)R - U\right) - \left(\left(1 - \frac{p}{2}\right)R - U\right)$$

Durch Umformungen ergibt sich für $\alpha = 1$

[223] Vgl. Bolton et al. (2012b), S. 9 f.

$$W_D^{T2} - W_M^G = \frac{1}{2}(e^2 - (1-e)^2)(R-U) - e^2\left(\left(1-\frac{p}{2}\right)R - U\right) > 0. \quad \textit{(6-5)}$$

Gleichung *(6-5)* ist per Annahme ($A3$) positiv für $e \geq \frac{1}{2}$. Damit ist die Wohlfahrt im *Duopol*-Fall mit *wahrheitsgemäßem Verhalten* (W_D^T) für alle $\alpha \leq 1$ größer als die Wohlfahrt im *Monopol*-Fall mit *unseriösem Verhalten* (W_M^G).

[7] Herleitung der Umsatzdifferenz $rev^{II}(\alpha)$ - $rev^{I}(\alpha)$

Einsetzen der Gleichungen *(5.1-22)* und *(5.1-23)* ergibt

$$rev^{II}(\alpha) - rev^{I}(\alpha) = \frac{1}{2}(e^2 + (1-e)^2)(2V^{GG} + \max[\alpha V^0, V^{BB}]) \\ +2e(1-e)\alpha 2V^G - \left[V^G + \frac{1}{2}\max[\alpha V^0, V^B]\right].$$

Durch mehrere Umformungen wird Gleichung *(5.1-26)* erreicht, wie nachfolgende Herleitung zeigt:

$$\Leftrightarrow rev^{II}(\alpha) - rev^{I}(\alpha) = 2e(1-e)\left(\alpha 2V^G - \frac{1}{2}\max[\alpha V^0, V^B]\right) \\ +\frac{1}{2}(e^2 + (1-e)^2)(2V^{GG} + \max[\alpha V^0, V^{BB}] - \\ \max[\alpha V^0, V^B]) - V^G$$

$$\Leftrightarrow rev^{II}(\alpha) - rev^{I}(\alpha) = 2e(1-e)\left(\alpha 2V^G - \frac{1}{2}\max[\alpha V^0, V^B]\right) \\ +\frac{1}{2}(e^2 + (1-e)^2)(\max[\alpha V^0, V^{BB}] - \\ \max[\alpha V^0, V^B]) + (e^2 + (1-e)^2)V^{GG} - V^G$$

$$\Leftrightarrow rev^{II}(\alpha) - rev^{I}(\alpha) = 2e(1-e)\left(\alpha 2V^G - \frac{1}{2}\max[\alpha V^0, V^B]\right) \\ +\frac{1}{2}(e^2 + (1-e)^2)(\max[\alpha V^0, V^{BB}] - \\ \max[\alpha V^0, V^B]) + (e^2 + (1-e)^2)V^{GG} - \\ (e^2 + 2e(1-e) + (1-e)^2)V^G$$

$$\Leftrightarrow rev^{II}(\alpha) - rev^{I}(\alpha) = 2e(1-e)\left(\alpha 2V^G - \frac{1}{2}\max[\alpha V^0, V^B]\right) \\ +\frac{1}{2}(e^2 + (1-e)^2)(\max[\alpha V^0, V^{BB}] - \\ \max[\alpha V^0, V^B]) + (e^2 + (1-e)^2)(V^{GG} - \\ V^G) - 2e(1-e)V^G$$

$$\Leftrightarrow rev^{II}(\alpha) - rev^{I}(\alpha) = 2e(1-e)\left(\alpha 2V^G - \frac{1}{2}\max[\alpha V^0, V^B]\right) + \frac{1}{2}(e^2 + (1-e)^2)(\max[\alpha V^0, V^{BB}] - \max[\alpha V^0, V^B]) + (e^2 + (1-e)^2)\left[\left(\left(1 - \frac{(1-e)^2}{e^2+(1-e)^2}p\right)R - U\right) - \left((1-(1-e)p)R - U\right)\right] - 2e(1-e)\left((1-(1-e)p)R - U\right)$$

$$\Leftrightarrow rev^{II}(\alpha) - rev^{I}(\alpha) = 2e(1-e)\left(\alpha 2V^G - \frac{1}{2}\max[\alpha V^0, V^B]\right) + \frac{1}{2}(e^2 + (1-e)^2)(\max[\alpha V^0, V^{BB}] - \max[\alpha V^0, V^B]) + 2e(1-e)(U - u - V^0)$$

$$\Leftrightarrow rev^{II}(\alpha) - rev^{I}(\alpha) = 2e(1-e)\left(\alpha 2V^G - V^0 + (U-u) - \frac{1}{2}\max[\alpha V^0, V^B]\right) + \frac{1}{2}(e^2 + (1-e)^2)(\max[\alpha V^0, V^{BB}] - \max[\alpha V^0, V^B])$$

Die letzte Gleichung entspricht Gleichung *(5.1-26)* in Abschnitt 5.1.2. Es sei angemerkt, dass Bolton et al. (2010) einen Fehler enthält, da der Term $2e(1-e)(U-u)$ dort nicht vorhanden ist.[224]

[224] Vgl. Bolton et al. (2010), S. 30 f.

[8] Notwendigkeit fallender Grenzkosten der Anfrage

Ohne Annahme ($A8$), d.h. mit *konstanten* Anfragekosten, würde im *Duopol*-Fall zwischen den Ratingagenturen ein instabiler Preiswettbewerb gemäß Bertrand einsetzen und es gäbe keine optimale Gebührenfestlegung und folglich keine Gleichgewichte in reinen Strategien. Dies soll im Folgenden zwecks Veranschaulichung der Notwendigkeit von Annahme ($A8$) dargestellt werden.

Bei der Existenz von zwei Ratingagenturen (*Duopol*) entstehen für Emittenten Anfragekosten K je Agentur. Auf Grund der unterschiedlichen Höhe der Anfragekosten und der Tatsache, dass positive Ratings einen fallenden Grenznutzen haben, gibt es zum einen Emittenten, für die eine Beauftragung *beider* Agenturen sinnvoll ist, zum anderen Emittenten, für die eine Beauftragung *nur einer* Agentur rational ist, und wiederum solche, für die sich eine Beauftragung gar nicht lohnt. In Abhängigkeit von K_{min}, K_{max} und den Ratinggebühren $\emptyset_k$ ergibt sich folglich ein Anteil C derjenigen Emittenten, die *beide* Agenturen mit der Ratingerstellung beauftragen, und ein Anteil D derjenigen Emittenten, die nur *eine* Agentur beauftragen. Ein bestimmter Emittent fragt folglich mit Wahrscheinlichkeit C *beide* und mit Wahrscheinlichkeit D nur *eine* Ratingagentur an. Die skeptischen Investoren gehen daher bei fehlenden Ratings davon aus, dass Fall 1 (keine Beauftragung) mit Wahrscheinlichkeit $(1 - C - D)$ eingetreten ist. Mit Wahrscheinlichkeit D ist gemäß ihrer Erwartungshaltung der Fall 2 eingetreten, d.h. die Beauftragung *einer* Agentur ist erfolgt und es existiert ein unveröffentlichtes Rating $m = B$. Mit Wahrscheinlichkeit C ist der neue Fall 3 eingetreten, d.h. die Beauftragung *beider* Agenturen ist erfolgt und es existieren zwei unveröffentlichte Ratings $m = B$.

Bei der im *Duopol*-Fall zusätzlichen Situation $m_1 \neq m_2$, wo der Emittent nur das *gute* Rating $m_1 = G$ kauft, können die skeptischen Investoren nicht unterscheiden, ob eine Beauftragung der *zweiten* Ratingagentur gar nicht stattgefunden hat oder ob diese in einem *schlechten* Rating ($m_2 = B$) resultierte, welches der Emittent nicht gekauft hat und welches somit nicht veröffentlicht wurde. Hier gehen die skeptischen Investoren mit Wahrscheinlichkeit C davon aus, dass *beide* Agenturen beauftragt wurden und demnach ein zweites Rating existiert, welches *schlecht* ist. Dies führt zu einer Bewertung mit V^0, da sich ein *gutes* und ein *schlechtes* Rating gegenüberstehen. Mit Wahrscheinlichkeit

D wurde nur *eine* Agentur beauftragt und demzufolge *existiert* kein schlechtes Rating, was zur Bewertung mit V^G führt.

Lemma 5 stellt sich bei konstanten Grenzkosten ($K^I = K^{II}$) wie folgt dar:

A) Wenn die Ratingagenturen unseriöses Verhalten wählen, entscheidet der Emittent in Abhängigkeit seiner Anfragekosten:

Keine Beauftragung bei $$min(\emptyset_1^{m=G}, \emptyset_2^{m=G}) + K > \Delta V_{1\,vs.0\,RA}^{m=G} \quad (8\text{-}1)$$

Beauftragung einer RA bei $$min(\emptyset_1^{m=G}, \emptyset_2^{m=G}) + K \leq \Delta V_{1\,vs.0\,RA}^{m=G} \quad (8\text{-}2)$$

und $$max(\emptyset_1^{m=G}, \emptyset_2^{m=G}) + K > \Delta V_{2\,vs.1\,RA}^{m=G} \quad (8\text{-}3)$$

Beauftragung beider RA bei $$(\emptyset_1^{m=G} + \emptyset_2^{m=G}) + 2K \leq \Delta V_{2\,vs.0\,RA}^{m=G} \quad (8\text{-}4)$$

B) Wenn die Ratingagenturen wahrheitsgemäßes Verhalten wählen, entscheidet der Emittent in Abhängigkeit seiner Anfragekosten:

Keine Beauftragung bei $$\frac{1}{2}min\left(\emptyset_1^{m=\theta}, \emptyset_2^{m=\theta}\right) + K > \frac{1}{2}\Delta V_{1\,vs.0\,RA}^{m=\theta=G} \quad (8\text{-}5)$$

Beauftragung einer RA bei $$\frac{1}{2}min\left(\emptyset_1^{m=\theta}, \emptyset_2^{m=\theta}\right) + K \leq \frac{1}{2}\Delta V_{1\,vs.0\,RA}^{m=\theta=G} \quad (8\text{-}6)$$

und $$\frac{1}{2}max\left(\emptyset_1^{m=\theta}, \emptyset_2^{m=\theta}\right) + K > \frac{1}{2}\Delta V_{2\,vs.1\,RA}^{m=\theta=G} \quad (8\text{-}7)$$

Beauftragung beider RA bei $$\frac{1}{2}\left(\emptyset_1^{m=\theta} + \emptyset_2^{m=\theta}\right) + 2K \leq \frac{1}{2}\Delta V_{2\,vs.0\,RA}^{m=\theta=G} \quad (8\text{-}8)$$

Der Verlauf der Dichtefunktion ist in Abbildung 15 dargestellt.[225] Auf Grund der Tatsache, dass mit Wahrscheinlichkeit D nur eine der beiden Agen-

---

[225] Es wird der Fall für *unseriöses* Verhalten der Ratingagenturen abgebildet.

turen beauftragt wird, nämlich jene mit der geringeren Gebühr $\emptyset_{Low}$, setzt zwischen den Agenturen zunächst *Bertrand-Wettbewerb* ein: Beide Agenturen antizipieren die Antwort des Konkurrenten auf das eigene Handeln, bevor sie ihre Gebühr veröffentlichen. Die eigene Gebühr wird "im Geiste" so lange angepasst, bis auf die beste Antwort der anderen Agentur die eigene beste Antwort gefunden ist. Beide Agenturen wissen, dass sie mit Wahrscheinlichkeit *D* keinen Gewinn machen, wenn sie einen Preis größer null[226] setzen, denn die jeweils andere Agentur würde den gesetzten Preis marginal unterbieten.

Abbildung 15: Dichtefunktion bei konstanten Anfragekosten (Duopol)[227]

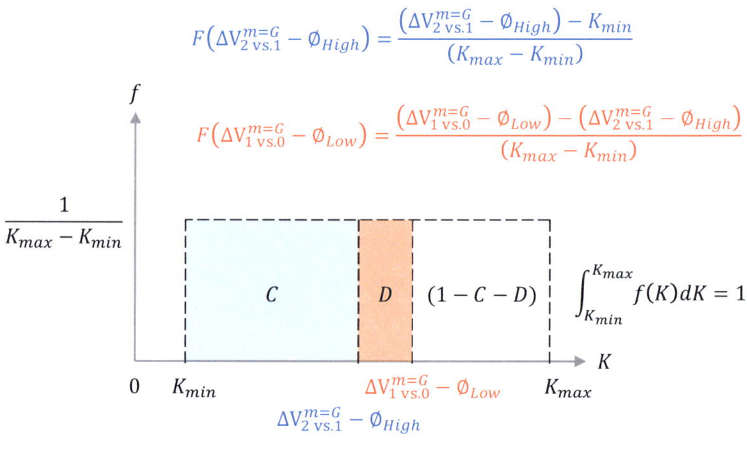

Allerdings wird kein Gleichgewicht bei $\emptyset_1 = \emptyset_2 = 0$ erreicht, da vorher ab einer verringerten Gebühr, für die $\emptyset_{verringert}\, C + \emptyset_{verringert}\, D = \emptyset_{hoch}\, C$ gilt, eine weitere Verringerung nicht sinnvoll ist. Stattdessen sollte die ursprüngliche hohe Gebühr gewählt werden. Dies setzt jedoch wiederum *Bertrand-Wettbewerb* in Gang mit der Folge, dass auf Grund einer Auf-und-Ab-

226 Bei Vernachlässigung von Grenzkosten der Agenturen (sonst gilt Preis gleich Grenzkosten).

227 Quelle: eigene Darstellung

Schaukel keine Gleichgewichts-Gebühr entsteht und somit kein Marktgleichgewicht in reinen Strategien existiert.

Es bleibt anzumerken, dass im Zuge der Verringerung der Gebühren die Wahrscheinlichkeit C ansteigt, denn für mehr Emittenten bzw. mit höherer Wahrscheinlichkeit lohnt die doppelte Beauftragung. Wahrscheinlichkeit D bleibt hingegen unverändert, solange die Gebührendifferenz $(\emptyset_{High} - \emptyset_{Low})$ gleich bleibt. Ferner sei für die graphische Darstellung mit Annahme $(A8)$, d.h. bei unterschiedlichen Anfragekosten je nach Beauftragung der ersten (K^I) bzw. zweiten Agentur (K^{II}), auf Abbildung 11 und die Seiten 125 ff. verwiesen.

Zur Vermeidung der erläuterten Auf-und-Ab-Schaukel und Sicherstellung der Existenz von Gleichgewichten in reinen Strategien wird Annahme $(A8)$ getroffen.

[9] Beweis von Behauptung 4

Der Beweis von Behauptung 4 verläuft analog jenem von Behauptung 3 und wird daher nur verkürzt dargestellt. Die Wohlfahrt im *Duopol*-Fall mit *wahrheitsgemäßem Verhalten* hängt vom Anteil der naiven Investoren ab, d.h. davon, ob $\alpha \in \left[\frac{V^0}{2V^G}, \alpha_D^*\right]$ oder $\in [\alpha_D^*, 1]$. Dabei gilt:

$$\alpha_D^* = 1 - \frac{\frac{2}{3}V^{GG} - \frac{1}{3}(K_{min} + V^0)}{4(K_{max} - K_{min}) - \frac{1}{3}(V^0 - V^{BB})}\left(\frac{V^0 - V^{BB}}{V^0}\right) < 1 \qquad (9\text{-}1)$$

Im ersten Intervall steigt die Wohlfahrt linear mit α an. Im zweiten Intervall hat die Wohlfahrt auf Grund des Terms $\frac{1}{2}\alpha(e^2 + (1-e)^2)V^{BB}$ eine größere positive Steigung als im ersten Intervall. Für $\alpha < 1$ gilt $W_D^{T1^*} > W_D^{T2^*}$ und für $\alpha = 1$ gilt $W_D^{T1^*} = W_D^{T2^*}$. Die zusammengefasste Kurve steigt somit zunächst linear mit α an, fällt bei α_D^* ab und steigt dann wieder linear mit α, vgl. die dicke orangene Kurve in Abbildung 13.

Auch im *Monopol*-Fall hängt die Wohlfahrt bei *wahrheitsgemäßem Verhalten* von α ab, d.h. davon ob $\alpha \in \left[\frac{V^0}{2V^G}, \alpha_M^*\right]$ oder $\in [\alpha_M^*, 1]$. Dabei gilt:

$$\alpha_M^* = 1 - \frac{V^G - \frac{1}{2}(K_{min} + V^0)}{2(K_{max} - K_{min}) - \frac{1}{2}(V^0 - V^B)}\left(\frac{V^0 - V^B}{V^0}\right) < 1 \qquad (9\text{-}2)$$

Im ersten Intervall ist die Wohlfahrt unabhängig von α, während die zusammengefasste Kurve im zweiten Intervall abfällt und dann linear mit α steigt, vgl. die dicke schwarze Kurve in Abbildung 13. Bei $\alpha = 1$ gilt $W_M^{T1^*} = W_M^{T2^*}$.

Für einen Vergleich des *Duopols* mit dem *Monopol* müssen die verschiedenen Terme gegenübergestellt werden: Es gilt $W_M^{T1^*} > W_D^{T1^*}$ für alle $\alpha \leq 1$ und außerdem auch $W_D^{T1^*} \geq W_D^{T2^*}$ und damit $W_M^{T1^*} > W_D^{T2^*}$. Daneben gilt $W_D^{T2^*} < W_M^{T2^*}$ bei $\alpha = 0$ und bei $\alpha = 1$. Da $W_D^{T2^*}$ und $W_M^{T2^*}$ linear mit α steigen, gibt es keinen Schnittpunkt im Bereich $0 \leq \alpha \leq 1$, wodurch der Beweis von Behauptung 4 abgeschlossen ist.

Literaturverzeichnis

Adelino, M. (2009): Do investors rely only on ratings? The case of mortgage-backed securities. Working Paper. Online erhältlich unter: *http://citeseerx.ist.psu.edu/view-doc/download?doi=10.1.1.156.989&rep=rep1&type=pdf,* Zugriff am 06.02.2014 um 09:38 Uhr.

Ashcraft, A.; Goldsmith-Pinkham, P.; Vickery, J. (2010): MBS ratings and the mortgage credit boom. Working Paper, Federal Reserve Bank of New York. Online erhältlich unter: *http://papers.ssrn.com/sol3/papers.cfm?abstract_id=1615613,* Zugriff am 06.02.2014 um 09:27 Uhr.

Alessi, C.; Wolverson, R.; Sergie, M. (2013): The Credit Rating Controversy, Council on Foreign Relations, Online erhältlich unter: *http://www.cfr.org/financial-crises/credit-rating-controversy/p22328,* Zugriff am 08.11.2013 um 17:04 Uhr.

Alp, A. (2013): Structural shifts in credit rating standards. In: The Journal of Finance, Vol. LXVIII, No. 6, Dezember 2013, S. 2435-2470.

Bar-Isaac, H.; Shapiro, J. (2013): Ratings quality over the business cycle. In: Journal of Financial Economics, 108, S. 62-78.

Bartels, B.; Weder di Mauro, B. (2013): A rating agency for Europe – A good idea? Working Paper, University of Mainz.

Berninghaus, S.; Ehrhart, K.-M.; Güth, W. (2005): Strategische Spiele – Eine Einführung in die Spieltheorie. 2. Auflage, Heidelberg: Springer Verlag.

Becker, B.; Milbourn, T. (2011): How did increased competition affect credit ratings? In: Journal of Financial Economics, Nr. 101, S. 493-514.

Behr, P.; Güttler, A. (2008): The Informational Content of Unsolicited Ratings. In: Journal of Banking and Finance, Vol. 32 Issue 4, S. 587-599.

Benmelech, E.; Dlugosz, J. (2009): The credit rating crisis. In: NBER Macroeconomics Annual, S. 161-207.

Blöchlinger, A.; Leippold, M.; Maire, B. (2012): Are Ratings the Worst Form of Credit Assessment Apart from All the Others? Working Paper, University of St. Gallen.

Bolton, P.; Freixas, X.; Shapiro, J. (2007): Conflicts of interest, information provision, and competition in the financial services industry. In: Journal of Financial Economics, 85, S. 297-330.

Bolton, P.; Freixas, X.; Shapiro, J. (2008): The Credit Ratings Game. Working Paper. Online erhältlich unter: *https://www.nhh.no/Admin/Public/Download.aspx?file=Files%2FFiler%2Finstitutter%2Ffor%2Fseminars%2Ffinance%2F2008_fall%2F281108.pdf*, Zugriff am 04.05.2013 um 16:10 Uhr.

Bolton, P.; Freixas, X.; Shapiro, J. (2009): The Credit Ratings Game. Working Paper. In: NBER Working Paper Series, S. 1-34. Online erhältlich unter: *http://www.nber. org/papers/w14712.pdf?new_window=1*, Zugriff am 04.05.2013 um 16:30 Uhr.

Bolton, P.; Freixas, X.; Shapiro, J. (2010): The Credit Ratings Game. Working Paper. Online erhältlich unter: *http://dev3.cepr.org/meets/wkcn/1/1748/papers/Freixas.pdf*, Zugriff am 05.05.2013 um 11:21 Uhr.

Bolton, P.; Freixas, X.; Shapiro, J. (2012a): The Credit Ratings Game. In: The Journal of Finance, Vol. LXVII, No 1, Februar 2012, S. 85-111.

Bolton, P.; Freixas, X.; Shapiro, J. (2012b): Internet Appendix to "The Credit Ratings Game". Online erhältlich unter: *http://www.afajof.org/details/page/3626901/Supplements.html,* Zugriff am 07.08.2012 um 21:07 Uhr.

Bongaerts, D.; Cremers, M.; Goetzmann, W. (2011): Tiebreaker – Certification and multiple credit ratings. In: The Journal of Finance, Vol. 67 Issue 1, Februar 2012, S. 113-152.

Bonsall IV, S. (2014): The impact of issuer-pay on corporate bond rating properties: Evidence from Moody’s and S&P’s initial adoptions. In: Journal of Accounting and Economics, 57, S. 89-109.

Boot, A.; Milbourn, T.; Schmeits, A. (2006): Credit ratings as coordination mechanisms. In: Review of Financial Studies, v 19 n 1, S. 81-118.

Camanho, N.; Deb, P.; Liu, Z. (2012): Credit Rating and Competition. Working Paper, London School of Economics and Political Science, Financial Markets Group.

Cohen, A.; Manuszak, M. (2013): Ratings Competition in the CMBS Market. In: Journal of Money, Credit and Banking, Supplement to Vol. 45, No. 1, S. 93-119.

Doherty, N.; Kartasheva, A.; Phillips, R. (2012): Information effect of entry into credit ratings market: The case of insurers’ ratings. In: Journal of Financial Economics, 106, S. 308-330.

Duan, J.-C.; Van Laere, E. (2012): A public good approach to credit ratings – From concept to reality. In: Journal of Banking and Finance, 36, S. 3239-3247.

Durbin, E.; Iyer, G. (2009): Corruptible Advice. In: American Economic Journal: Microeconomics, 1, S. 220-242.

ESMA (2014): Die ESMA stellt sich vor. Online erhältlich unter: *http://www.esma.europa.eu/de/content/investor-corner-esma-who-we-are-and-what-we-dode*, Zugriff am 10.02.2014 um 14:21 Uhr.

Faltin-Traeger, O. (2009): Picking the right rating agency – Issuer choice in the ABS Market. Working Paper, Columbia Business School.

Faltin-Traeger, O.; Johnson, K.; Mayer, C. (2010): Issuer credit quality and the price of asset backed securities. In: American Economic Review, No. 100, S. 501-505.

Farhi, E.; Lerner, J.; Tirole, J. (2010): Fear of rejection? Tiered Certification and Transparency. Working Paper 30.01.2010, Harvard University. Online erhältlich unter: *http://scholar.harvard.edu/files/farhi/files/tiered_certification-_saved_may_9_ 2013.pdf*, Zugriff am 20.02.2014 um 10:01 Uhr.

Faure-Grimaud, A.; Peyrache, E.; Quesada, L. (2009): The ownership of ratings. In: RAND Journal of Economics, Vol. 40, No. 2, S. 234–257.

Franken, A.; Wicker, R. (2013): SEC must ride herd on credit rating agencies. In: CNN Online 17.05.2013. Online erhältlich unter: *http://edition.cnn.com/2013/05/17/opinion/franken-wicker-credit-ratings/*, Zugriff am 10.02.2014 um 14:57 Uhr.

Fudenberg, D.; Tirole, J. (1990): Perfect Bayesian Equilibrium and Sequential Equilibrium. In: Journal of Economics Theory, 53, S. 236-260.

Fulghieri, P.; Strobl, G.; Xia, H. (2012): The Economics of Solicited and Unsolicited Credit Ratings. Working Paper, University of North Carolina at Chapel Hill.

Gibbons, R. (1992): Game Theory for Applied Economists. New Jersey: Princeton University Press.

Gill, A.; Juranek, S.; Lizarazo, C.; Visnjic, N.; Walz, U. (2012): Anreize, systemische Risiken und Intransparenz: Lehren aus der Finanz- und Staatsschuldenkrise. Sondierungsstudie im Auftrag des Bundesministeriums für Bildung und Forschung, CFS Working Paper, No. 2013/01.

Griffin, J.; Tang, D. (2012): Did Subjectivity Play a Role in CDO Credit Ratings? In: The Journal of Finance, Vol. LXVII, No 4, August 2012, S. 1293-1328.

HB (2013a): Moody's steigert Gewinn und Umsatz um ein Fünftel. In: Handelsblatt Online 08.02.2013. Online erhältlich unter: *http://www.handelsblatt.com/unternehmen/banken/rating-agentur-sundp-gibt-sich-nach-klage-kaempferisch/7773008.html*, Zugriff am 28.07.2014 um 12:17 Uhr.

HB (2013b): S&P gibt sich nach Klage kämpferisch. In: Handelsblatt Online 12.02.2013. Online erhältlich unter: *http://www.handelsblatt.com/unternehmen/banken/rating-agentur-sundp-gibt-sich-nach-klage-kaempferisch/7773008.html*, Zugriff am 10.02.2014 um 14:55 Uhr.

He, J.; Qian, J.; Strahan, P. (2011): Credit ratings and the evolution of the mortgage-backed securities market. In: American Economic Review, No. 101, S. 131-135.

He, J.; Qian, J.; Strahan, P. (2012): Are All Ratings Created Equal? The Impact of Issuer Size on the Pricing of Mortgage-Backed Securities. In: The Journal of Finance, Vol. LXVII, No. 6, S. 2097-2137.

Hirshleifer, D.; Teoh, S. (2003): Limited attention, information disclosure and financial reporting. In: Journal of Accounting and Economics, 36, S. 337-386.

Hirth, S. (2011): Beyond Duopoly – The Credit Ratings Game Revisited. Working Paper 17.11.2011, Aarhus University. Online erhältlich unter: *http://www.greta.it/credit/credit2011/PAPERS/Posters/29/8_Hirth.pdf*, Zugriff am 14.05.2013 um 17:05 Uhr.

Hirth, S. (2013): Credit Rating Dynamics and Competition. Working Paper 09.05.2013, Aarhus University. Online erhältlich unter: *http://sfi.epfl.ch/files/content/sites/sfi/files/Seminars/Hirth.pdf*, Zugriff am 14.05.2013 um 17:16 Uhr.

Hörner, J. (2002): Reputation and competition. In: American Economic Review, Vol. 92, No 3, S.644-663.

Iannotta, G.; Nocera, G.; Resti, A. (2013): Do investors care about credit ratings? An analysis through the cycle. In: Journal of Financial Stability, 9, S. 545-555.

Inderst, R. Ottaviani, M. (2009): Misselling through Agents. In: American Economic Review, 99, S. 883-908.

Jeon, D.-S.; Lovo, S. (2012): Reputation as an entry barrier in the credit rating industry. Working Paper, Toulouse School of Economics.

Jeon, D.-S.; Lovo, S. (2013): Credit rating industry: A helicopter tour of stylized facts and recent theories. In: International Journal of Industrial Organization, 31, S. 643-651.

Kashyap, A.; Kovrijnykh, N. (2013): Who should pay for credit ratings and how? Working Paper, University of Chicago.

Kartik, N. (2009): Strategic Communication with Lying Costs. In: The Review of Economic Studies, 76, S. 1359-1395.

Kisgen, D.; Strahan, P. (2010): Do regulations based on credit ratings affect a firm's cost of capital? In: Review of Financial Studies, Vol. 23 Issue 12, S. 4324-4347.

Kreps, D. (1989): Out-of-equilibrium beliefs and out-of-equilibrium behavior. In: The economics of missing markets, information, and games; Clarendon Press, S. 7-45.

Kreps, D.; Cho, I. (1987): Signaling games and stable equilibria. In: The Quarterly Journal of Economics, Vol. CII, Issue 2, S. 179-221.

Lowenstein, R. (2008): Triple-A Failure. New York Times Magazine, 27. April 2008, Online erhältlich unter: *http://www.nytimes.com/2008/04/27/magazine/27Credit-t.html?pagewanted=all&_r=0*, Zugriff am 07.11.2013 um 17:12 Uhr.

Manso, G. (2011): Feedback Effects of Credit Ratings. Working Paper, MIT Sloan School of Management.

Mariano, B. (2012): Market power and reputational concerns in the ratings industry. In: The Journal of Banking and Finance, 36, S. 1616-1626.

Mathis, J.; McAndrews, J.; Rochet, J.-C. (2009): Rating the raters: Are reputational concerns powerful enough to discipline rating agencies? In: The Journal of Monetary Economics, 56, S. 657-674.

Milidonis, A. (2013): Compensation incentives of credit rating agencies and predictability of changes in bond ratings and financial strength ratings. In: Journal of Banking and Finance, 37, S. 3716-3732.

Morgan, J.; Stocken, P. (2003): An analysis of stock recommendations. In: RAND Journal of Economics, 34, S. 183-203.

OECD (2010): Competition and Credit Rating Agencies. Online erhältlich unter: *http://www.oecd.org/regreform/sectors/46825342.pdf*, Zugriff am 08.11.2013 um 15:25 Uhr.

Opp, C.; Opp, M.; Harris, M. (2013): Rating agencies in the face of regulation. In: Journal of Financial Economics, 108, S. 46-61.

Ottaviani, M.; Sorensen, P. (2006): Reputational cheap talk. In: RAND Journal of Economics, 37, S. 155-175.

Pagano, M.; Volpin, P. (2009): Credit Ratings Failures and Policy Options. Working Paper, London Business School.

Pagano, M.; Volpin, P. (2012): Securitization, Transparency, and Liquidity. In: Oxford University Press.

Reckard, E. Scott (2008): Sub-prime mortgage watchdogs kept on leash. In: Los Angeles Times, 17.03.2008. Online erhältlich unter: *http://articles.latimes.com/print/2008/mar/17/business/fi-subprime17*, Zugriff am 15.08.2014 um 15:34 Uhr.

Schweinzer, P. (2009): Mikroökonomik B – Evolutionäre Spieltheorie. In: Vorlesungsunterlagen 16.07.2009, Universität Bonn. Online erhältlich unter: *http://www.econ 2.uni-bonn.de/lehre/sose09/lehre-uploads/mikrob-12.40.pdf*, Zugriff am 11.02.2014 um 9:14 Uhr.

Securities and Exchange Commission (2008): Summary Report of Issues Identified in the Commission Staff's Examinations of Select Credit Ratings Agencies, Juli 2008. Online erhältlich unter: *http://www.sec.gov/news/studies/2008/craexami-nation070808.pdf,* Zugriff am 07.11.2013 um 18:32 Uhr.

Securities and Exchange Commission (2012): Annual Report on Nationally Recognized Statistical Rating Organizations, Dezember 2012. Online erhältlich unter: *http://www.sec.gov/divisions/marketreg/ratingagency/nrsroan nrep1212.pdf,* Zugriff am 08.11.2013 um 17:44 Uhr.

Securities and Exchange Commission (2013): Annual Report on Nationally Recognized Statistical Rating Organizations, Dezember 2013. Online erhältlich unter: *http://www.sec.gov/divisions/marketreg/ratingagency/nrsroannrep1213.pdf,* Zugriff am 28.07.2014 um 13:55 Uhr.

Sangiorgi, F.; Sokobin, J.; Spat, C. (2009): Credit-Rating Shopping, Selection and the Equilibrium Structure of Ratings. Working Paper, Carnegie Mellon University.

Selten, R. (1974): Reexamination of the Perfectness Concept for Equilibrium Points in Extensive Games. In: Int. Journal of Game Theory, Vol. 4, Issue 1, S. 25-55.

Skreta, V.; Veldkamp, L. (2009): Ratings shopping and asset complexity: A theory of ratings inflation. In: The Journal of Monetary Economics, 56, S. 678-695.

Strausz, R. (2005): Honest certification and the threat of capture. In: International Journal of Industrial Organization, 23, S. 45-62.

Stolper, A. (2009): Regulation of credit rating agencies. In: The Journal of Banking and Finance, 33, S. 1266-1273.

Van Roy, P. (2006): Is there a difference between solicited and unsolicited bank ratings and if so, why? In: National Bank of Belgium, working paper research no. 79, Feb. 2006. Online erhältlich unter: *http://www.nbb.be,* Zugriff am 12.02.2014 um 17:12 Uhr.

Wang, T. (2012): Can reputation concerns always discipline credit rating agencies? Evidence from corporate bond issuance ratings. Working paper, National University of Singapore.

White, L. (2001): The Credit Rating Industry: An Industrial Organization Analysis. Prepared for the Conference on "Rating Agencies in the Global Financial System", online erhältlich unter: *http://citeseerx.ist.psu.edu/*, Zugriff am 07.11.2013 um 18:08 Uhr.

White, L. (2010): Markets – The Credit Rating Agencies. In: Journal of Economic Perspectives, Vol. 24, No 2, 2010, S. 211-226.

Xia, H. (2014): Can investor-paid credit rating agencies improve the information quality of issuer-paid rating agencies? In: Journal of Financial Economics, 111, S. 450-468.